ETHIOPIA ORIENTAL

ETHIOPIA ORIENTAL

FR. JOAO DOS SANTOS

VOLUME-I

Published by

Facsimile Publisher
12 Pragati Market
Ashok Vihar, Ph-2
Delhi-110052
facsimilepublisher.com

Distribution Network
gyanbooks.com
India, USA, Canada, UK, Australia, France

ISBN : 978-93-5324-461-3 (Set)
ISBN : 978-93-5324-462-0 Vol. 1 (HB)
First Published, Bibliotheca, 1891

2nd Impression 2020

Printed at: Gyan Press, Delhi.

Ethiopia Oriental
Author: FR. Joao Dos Santos

ADVERTENCIA DO EDITOR

O nosso bom e prestantissimo amigo, o ex.^{mo} sr. dr. Sousa Viterbo foi forçado, por falta de saude, a deixar a direcção litteraria da nossa Bibliotheca. Lamentâmos a ausencia de tão erudito director, e mais ainda a causa que a motivou. Os serviços que desinteressadamente prestou á nossa empreza o sr. dr. Sousa Viterbo são de ordem tal que não esquecem, mórmente a quem, como nós, preza no mais alto grau o sentimento da gratidão.

Quando pedimos ao sr. dr. Sousa Viterbo o favor de dirigir a nossa Bibliotheca, sua ex.^{a}, com o seu provado amor ás lettras, acolheu com enthusiasmo a nossa idéa de reproduzir os classicos portuguezes, e posto que a sua saude lhe não permitisse, já então, tomar tão trabalhoso encargo, não duvidou acceital-o, para nos guiar com o seu bello talento, e ajudar-nos poderosamente a levar por diante o nosso difficil emprehendimento.

Fez-nos o nosso programma, prefaciou-nos, annotou-nos e reviu-nos as obras que publicamos de Lopo de Sousa e de Gavy de Mendonça, e quando o seu estado de saude o obrigou a abandonar a direccao litteraria da nossa Bibliotheca, não lhe soffreu o animo generoso fazel-o sem que nos prestasse ainda o relevante favor de instar com o nosso, por egual, bom e velho amigo o ex.^mo sr. Luciano Cordeiro, para que acceitasse o pesado encargo de dirigir litterariamente a *Bibliotheca de Classicos Portuguezes*, pedido que nos reiterámos, e a que sua ex.^a se dignou acceder.

Do coração, pois, agradecemos, ao ex.^mo sr. dr. Sousa Viterbo, nosso caro amigo, tantos favores recebidos.

Corre-nos tambem o dever de aqui agradecermos reconhecidissimos ao nosso bom amigo e distinctissimo escriptor o ex.^mo sr. Luciano Cordeiro, o ter accedido a auxiliar-nos com o seu notavel talento, tomando sobre si a direccão litteraria da *Bibliotheca de Classicos Portuguezes*, favor este, tanto mais para agradecer, attento o desinteresse com que é feito, e o sacrificio de sua ex.^a vistos os muitos e importantes trabalhos em que está occupado.

Quinta do Ferro, Abril de 91.

Mello de Azevedo.

ADVERTENCIA PRELIMINAR

ALEM de que pelo seu singular merecimento e pela sua actual raridade, teria a *Ethiopia Oriental* incontestavel direito a um dos primeiros logares n'esta Bibliotheca, — a reproducção da notabilissima obra de João dos Santos tem, n'este momento historico, uma excepcional opportunidade, que a bem dizer lhe imprime o duplo caracter de uma homenagem e de um protesto.

Homenagem á memoria e ao trabalho de um dos tantos «varões assignalados», — na phrase do grande poeta, — que conquistaram para a nação portugueza

Em perigos e guerras exforçados
Mais do que promettia a força humana.

o direito e a gloria de ter, primeiro do que nenhuma e melhor do que todas, descoberto a Africa interior á civilisação e á sciencia.

Protesto contra a conspiração immoral da cubiça mercantil, da aleivosia politica e da venalidade litteraria, que trahindo a sciencia e a civilisacão procura ha annos, — e mais do que nunca agora, açulada pela especulação dos Fife e dos Rhodes, — apagar aquelle direito e aquella gloria, da consciencia universal e da carta politica do Continente Escuro.

Toda a bibliographia estranha que o enorme movimento moderno de exploração geographica tem produzido não conseguiu ainda substituir-se, no espitudo e na revelação das cousas africanas, aos primarios e opulentissimos repositorios geographicos e ethnographicos da nossa exploração antiga, e a *Ethiopia Oriental* é seguramente um dos mais preciosos d'esses repositorios.

Um illustre escriptor estrangeiro, — inglez, ate dos bons tempos em que a geographia e a exploração africana ingleza não vendera a alma e a penna aos syndicatos flibusteiros, — observava que n'um só capitulo a obra do illustre missionario dominicano dizia mais e melhor da região de Sofala do que o grosso volume do classico registo de Modie. (1)

João dos Santos nasceu em Evora. Ignora-se a data. Professou na Ordem de S. Domingos em 5 de novembro de 1584 e missionou longamente na Asia e na Africa Oriental, morrendo em Gôa em 1622. Um dia, esperamos, poderemos dar-nos ao prazer de investigar-lhe miudamente a biographia

(1) Sutherl. *Mem. respect, the Kaffers.* etc. 1845.

como tambem ao de fazermos da sua obra uma verdadeira edição critica largamente annotada, como não nos consente agora o quadro forçadamente modesto d'esta pequena Bibliotheca.

Na *Ethiopia Oriental*, unica obra d'elle que se conhece, compendiou fr. João dos Santos as noções e observações adquiridas nas suas peregrinações, e particularmente na sua missão em Africa. Dedicou-a em 20 de março de 1609 a D. Duarte, marquez de Frechilla e de Mallagon que era bisneto do rei D. Manuel e do duque de Bragança D. Jayme.

Impressa n'aquelle anno, no convento de S. Domingos, por Manuel de Lyra, que em 30 de maio obtivera o respectivo privilegio, a *Ethiopia* não tem tido outra edição portugueza e póde considerar-se hoje um livro extremamente raro, citando-se em Lisboa poucos exemplares mais do que os da Bibliotheca da Ajuda, da Nacional e da Sociedade de Geographia. [1] Uma traducção franceza abreviada, pelo padre theatino Gaetan Charpy, publicou-se em 1684, *in 12.º* sob o titulo de *Histoire de l'Ethiopie Orientale traduit du portugais de Jean dos Santos*, reproduzindo-se, segundo indicação de Barbosa, em 1688. Temos vaga noticia tambem de uma traducção ingleza que deve ser a consultada por Sutherland. [2]

---

[1] O exemplar d'esta ultima, foi adquirido no leilão da bibliotheca do conde de Lavradio que o comprara «em Londres na venda dos livros de Lord Stuart de Rothesay». O cap. final (XXV) foi copiado á mão.

[2] Les Champs d'or, par P. e Pona (Publ. da Sociedade de Geographia, 1891).

Na edicao original um primeiro frontespicio, em portada gravada por Braz Nunes, diz assim:

ETHIOPIA ORIENTAL
E VARIA HISTORIA DE COVSAS
NO TAUEIS DO ORIENTE,
COMPOSTA POLLO PADRE FR. IOÃO.
DOS SANTOS DA ORDEM DOS PREGADORES.
NATURAL DA CIDADE DE EUORA.
DIRIGIDA AO EXCELLENTISSIMO SENHOR
DOM DUARTE MARQUES DE FRECHILLA, & MALAGON, &C.
IMPRESSA NO CONUENTO DE S. DOMINGOS DE EUORA
COM LICENÇA DO S. OFFICIO, & ORDINARIO,
& PRIUILEGIO REAL. ANNO 1609.
POR MANOEL DE LIRA IMPRESSOR

Um segundo frontespicio, apenas no alto e em baixo decorado, diz:

**Primeira
parte.
da Ethiopia ori-
ental, em qve se da relacam dos prin-
cipaes Reynos desta larga Região, dos costumés, ritos & abu-
sos de seus habitadores, dos animaes, bichos & ſeras, que nelles
se crião, de suas minas, & cousas notaveis, que tem assim no
mar, como na terra, de varias guerras, & victorias insignes
que ouue em nossos tempos nestas partes entre Christãos, Mouros & Gen-
tios. Repartida em cinco
livros.**

João dos Santos posto que nao ande apontado como um escriptor classico, como um exemplar de bom e correcto dizer, merece, por mais de um titulo, ser considerado tal. Possuindo o cultismo da sua epocha e da sua ordem, moldando naturalmente nas formas e tendencias d'elle a idéa e a expressao, conserva a originalidade de uma intelligencia e de uma sentimentalidade propria, caracteristica, que alliada a um bello talento descriptivo, da frequentemente ás paginas do dominicano um sabor estimulante de novidade e de impressão directa e ingenua.

*

* *

Já que esta ultima observação nos cahiu da penna, uma outra faremos, como justificação antecipada de uma innovaçao que tencionamos introduzir n'esta bibliotheca, e que, francamente, só entre nós poderá merecer ainda o nome de innovação. Uma das causas da pequena e difficil vulgarisacão dos nossos melhores escriptores affigura-se-nos, de ha muito, ser o processo, melhor diriamos o preconceito erudito que tem presidido á reproducção das suas obras, —a conservacao systhematica, pretenciosamente estereotipica da fórma orthographica, ate simplesmente typographica, dos textos.

Arreda-os logo, este processo, da leitura e até da comprehensão geral, tornando-as fatigantes e difficeis, prejudicando e cortando a cada phrase, senão a cada palavra, o interesse e o prazer da assimilação intellectual, interpondo entre o pensamento que falla e o pensamento que lê uma teia impertinente de formas obscuras, desusadas, que tranca e perturba o convivio, a communicação directa e immediata dos dois.

Obras que seriam gostosamente lidas, hoje ainda; textos que constituiram para o grande publico, para os proprios espiritos menos inclinados pelas suas tendencias e pelas circumstancias da vida, aos prazeres intellectuaes, uma util e estimulante diversão, ficam geralmente desconhecidos ou continuam circumscriptos a um pequeno numero de leitores, em virtude d'aquelle exagerado e supersticioso respeito pela orthographia obsoleta, pela imperfeição typographica, até pela sordidez dos editores que procuravam apenas economisar papel na composição compacta e apertada dos textos! Os proprios erros e transtornos das impressões originaes, as irregularidades e phantasias da abreviação e da pontuação, são religiosamente, feitiçamente acatados e conservados, e quem escreve estas linhas presenceou já a jovial anedocta de uma dissertacao eruditissima em que um dos nossos mais distinctos escriptores se propunha a introduzir no diccionario da lingua certa palavra usada por um classico, que andava esquecida e perdida de ha muito e que, afinal de contas... veiu a descobrir-se que onde devia ficar era... nas *erratas*, onde o proprio classico providencialmente a corregira...

Não se exagere, porém, o sentido ou a intenção critica da opiniao que esboçamos e que nos propomos adoptar.

E' uma opinião como a outra, como a contraria, que a não desrespeita, que nem por sombras pretende apoucal-a na sua auctoridade ou na sua inspiração. Comprehendemol-a e estimamol-a nao somente no que ha de sympathico no criterio que a determina, mas no que pode haver de pratico e de util na sua applicacao em certos casos e para certos fins

Mas é necessario distinguir entre edições exclusivamente destinadas a estudiosos, a amadores a cultores da historia bibliographica ou da historia do movimento e evolucao da lingua na sua forma orthographica e reproductiva, e as edições destinadas ao grande publico, ao que sómente quo ao que sómente póde ler,—e já não é pouc obra antiga, por diversão directa e simples, como lê a obra moderna, vasada nas fórmas graphicas habituaes aos seus olhos e comprehensiveis immediatamente a sua intelligencia.

Portugal offerece esta singularidade triste: — de ser um paiz onde os seus classicos, onde os seus grandes escriptores antigos andam quasi inteiramente sequestrados ao conhecimento, á leitura, por conseguinte ao amor e á instruccão geral.

E se este facto não é indifferente á viciação da lingua e até ao affrouxamento dos grandes sentimentos e estimulos que constituem a cohesão historica e social das nações, não tem sido tambem a esse facto alheio aquelle desastrado preconceito de considerar a obra litteraria antiga como morgado de eruditos e estudiosos, em vez de a fazer triumphantemente entrar na leitura e na instrucção geral por processos de vulgarisação que longe de a prejudicar lhes accrescentam o culto e o amor das gerações modernas.

Vem tudo isto a proposito da idéa, em que estamos, de adoptar—o que não podémos fazer desde já,—nas futuras publicações da nossa Bibliotheca o processo seguido nos mais paizes para a reproducção vulgarisadora das obras antigas, modernisando, actualisando tanto quanto, sem o menor inconveniente, se poder fazer, a fórma orthographica e a disposição typographica respectiva, e reservando todo o respeito para a integridade e para a contextura prosodica e estyllistica dos textos.

Além de tudo obedece esta idéa á que consideramos fundamental n'uma empreza como a da nossa Bibliotheca: — tornar mais e melhor conhecidos os nossos antigos escriptores. *L. C.*

Approvação do P. M. Fr. Antonio Freire

Por mandado do senhor bispo D. Pedro de Castilho inquizidor geral dos reinos de Portugal vi, e examinei estas duas partes do livro da Ethiopia Oriental, e varia historia de cousas notaveis do Oriente, compostas pelo P. Fr. João dos Santos religioso da ordem de S. Domingos, e não tem cousa alguma contra a sancta religião christã, mas antes tem muitas mui curiosas, e notaveis, que além do honesto entretimento e licita recreação de que serve, ajuda muito, assim para consolação da fé, como para exemplo de bons costumes. Pelo que tenho por digno o auctor de muitos louvores, e o livro de licença, para que em beneficio commum se imprima. Em Nossa Senhora da Graça de Lisboa a 23 de maio de 1608. — *Fr Antonio Freire.*

Licença da S. Inquisição

Vista a informação pode-se imprimir este livro intitulado Ethiopia Oriental, e depois de impresso torne a este conselho para se conferir, e dar licença para correr, e sem ella não correrá. Em Lisboa em 24 de maio de 1608.—Bertholameu da Fonseca.—Ruy Pires da Veiga.

Licença da Mesa do Paço

Que se possam imprimir estes livros da Ethiopia Oriental, vista a licença do S. Officio, e como foram vistos na mesa, e depois de impressos tornaram a ella; para se lhes taxar o preço. Em Lisboa a 2 de junho de 1608.—*Machado.*—*Antonio da Cunha.*

Licença do Ordinario

Podem-se imprimir estes livros, autoritate ordinaria, porque não tem cousa que o impida, antes muitas curiosidades, e algumas cousas de edificação. Evora, e de agosto 10 de 1608.—*O Bispo de Nicomedia.*

Licença do P. Provincial

Fr. Martinho Ecay, prior provincial da ordem dos Pregadores n'esta provincia de Portugal, dou licença ao P. Fr. João dos Santos, superior, que ora e do nosso convento de S. Domingos de Evora, para que possa imprimir um livro da Ethiopia Oriental, e varia historia do Oriente, que tem composto, sendo primeiro visto, examinado e approvado pelos padres mestres Fr. Vicente Pereira prior do dito convento, e Fr. Thomás de Brito, e pela sancta Inquisição. Dada n'este convento de S. Domingos de Evora a 15 de outubro de 1607 — *Fr. Martinho Ecay, Prior Provincial.*

Approvação do P. M. Fr. Vicente Pereira prior de S. Domingos de Evora

Vi e examinei por mandado do nosso muito R. P. provincial o P. presentado Fr. Martinho Ecay, este livro da Ethiopia Oriental, e varia historia do Oriente composto pelo P. Fr. João dos Santos, religioso da Ordem de nosso glorioso P. S. Domingos, e não achei n'elle cousa alguma contra a nossa sancta fé catholica, e bons custumes, antes me parece obra mui pia, e curiosa, na qual se vê claramente o animo candido, e religioso do auctor, e entendo que folgarão todos muito de o lêr: não só pela novidade de muitas cousas, que n'elle se contem mas tambem pela fedilidade com que se contam, por haver sido o auctor o sujeito de muitas d'ellas, e testemunha de vista de outras. Pelo que é digna de se imprimir muitas vezes. Dada em Evora no convento de S. Domingos em 15 de abril de 1608. -- *Fr. Vicente Pereira.*

Approvação do P. M. Fr. Thomas de Brito

Por mandado do nosso muito R. P. provincial o P. presentado Fr. Martinho Ecay, vi um livro intitulado Ethiopia Oriental, e varia historia do Oriente em dois volumes, composto pelo padre Fr. João dos Santos religioso da ordem do nosso glorioso P. S. Domingos, e examinei o dito livro conforme as ordenações dos nossos capitulos geraes, e não sómente não achei n'elle cousa alguma contra a nossa sancta fé, ou bons custumes, mas me pareceu mui proveitoso para os que o lerem, e digno de se imprimir. Em Evora no nosso convento de S. Domingos a 14 de Abril de 1608.—*Fr. Thomas de Brito.*

Ao excellentissimo senhor D. Duarte, marquez de Frechilla, e de Malagon etc.

FR. JOÃO DOS SANTOS S. P. D.

E condição tão propria de principes, e senhores acceitar a boa vontade, que seus servos lhe mostram e ainda nos pequenos serviços que lhe fazem, que não é possivel faltar esta em v. excellencia cuja nobresa, e descendencia, que traz dos reis de Portugal seus progenitores, é tão conhecida, não sómente em toda a Europa, na qual com todos os reis e principes tem aliança, e parentesco mui chegado, mas tambem nas mais partes do mundo, que se me quizera deter em tratar d'ella, com muita razão se me podia dizer o que Antaleides rei dos lacedemonios disse a um sophista, que diante d'elle se poz a louvar Hercules, tão conhecido e venerado de todos. *Equis illum accusat?* E Aristoteles nos ensina que as cousas que são notorias, é escusado proval-as. Sendo pois isto assim, e conhecendo eu o nobre e generoso animo de v. excellencia herdado com o real sangue do invictissimo rei D. Manuel de gloriosa memoria seu bisavô, e conquistador das partes orientaes, de que esta minha obra trata, me pareceu estava obrigado a dedical-a a v. excellencia, e por essa razão tomei atrevimento de lhe fazer este pequeno serviço, e offerecer-lhe esta obra, primeiro fructo meu, posto que de pouco artificio, mas acompanhada da boa vontade com que a offereço, espero seja bem recebida de v. excellencia lembrando-me o que se conta de Artaxerxes, o qual fazendo um caminho, e trazendo-lhe seus vassallos alguns presentes, cada um segundo sua possibilidade, um pobre rustico não tendo que lhe offerecer, se foi a um rio, e lhe levou em as mãos uma pouca de agua, e o rei a estimou tanto, que a mandou guardar em um vaso de ouro, dizendo, que nenhum serviço lhe fôra tão acceito como este, estimando mais n'elle a vontade, que a obra: e assim fez muitas mercês ao rustico. Moveu-me tambem a offerecer esta obra a v. excellencia a particular affeição, que tem á nossa sagrada religião dos Pregadores, como a cousa propria, pois é fundada pelo glorioso patriarcha S. Domingos muito parente de v. excellencia por cujo respeito todos os filhos d'ella achamos sempre em v. excellencia muito favor e amparo. E por estas razões confiadamente espero que esta minha obra debaixo da protecção de v. excellencia seja amparada e honrada. N'ella verá v. excellencia muitas cousas notaveis do oriente, e particularmente da Ethiopia Oriental, cuja cabeça é a fortaleza de Moçambique, que o grande D. Constantino, tio de v. excellencia, mandou principiar sendo vice-rei da India, cujas obras heroicas (que sempre viverão na memoria dos homens) mostram o grande valor com que governou aquelle estado. E ainda que esta obra não tivera mais bem que fallar n'elle, só isso lhe bastava para ser de todos bem recebida. Por tanto ponha v. excellencia os olhos n'ella, e ficará com o valor e preço que sem o favor de tal principe não pode ter, cuja vida, saude e estado o Senhor prospere e conserve por muitos annos. D'este convento de S. Domingos de Evora a 20 de março de 1609.—De v. excellencia servo e orador frei João dos Santos.

Eu el-rei faço saber aos que este alvará virem, que havendo respeito ao que na petição atraz escripta diz o P. Fr. João dos Santos da ordem de S. Domingos, hei por bem e me apraz por lhe fazer mercê, que por tempo de dez annos, nem impressor, nem livreiro, nem outra pessoa alguma de qualquer qualidade que seja, possam imprimir nem vender n'estes reinos e senhorios de Portugal, nem trazer de fóra d'elles o livro de que na dita petição faz menção, salvo aquellas pessoas que para isso tiverem seu poder e licença: e qualquer impressor, livreiro ou pessoa que imprimir ou vender o dito livro, ou de fóra o trouxer impresso sem licença do dito P. Fr. João dos Santos, perderá para elle todos os volumes que lhe forem achados, e encorrerá em pena de cincoenta cruzados, metade para minha camara, e outra metade para quem o accusar: e mando ás justiças, officiaes e pessoas a que o conhecimento pertencer, cumpram e guardem este alvará, como se n'elle contém, o qual se trasladará em cada um volume dos ditos livros, no principio, para se saber como assim o houve por bem, que valerá como carta, sem embargo da ordenação do 2.º liv. tit. 20.º que o contrario dispõe.--João Pereira Castello Branco a fez em Lisboa a 30 de maio de 1609.—Rey.— *Que se possa vender este livro a 320 réis. Em Lisboa a 23 de maio de 1609.—Bragança—Magalhães.*

Reverendi Patris Fratris Ignatii Galvam Eborensis, et sacro Ordine Prædicatorum, in Aethiopiam Orientalem, hujus que operis Autorem.

CARMEN

Aethiopum pharetrata parens, quam hice retexunt
Solis equi, cum primum alto se gurgite tollunt:
Exere magnanimi faciem Phætontis adustam
Ignibus, et rabido contractum ardore colorem:
Brachia necte auro, pictis tege tempora plumis,
Fictaque festivis certamina junge choreis.
Nigra licet fueris, labrisque tumentibus, atque
Forta comam: tua regna tamen, tua prœlia, mores,
Aethiopasque tuos pavidus circunspicit orbis.
Et quanvis surdis pars magna altaribus ignes
(Proh dolor!) admoveas, et summi ignara Tonansit
Prœcipiti properes sub tristia Tartara gressu:
Parte tamen meliore tui super Aethera tendis,
Aeterni veneranda sequens prœcepta parentis.
Contulit hœc magni sapiens tibi commoda proles
Dominici, cujus (qua sol utrunque recurrens
Aspicit Oceanum) toto jubar orbe coruscat:
Infixasque luto, et vitiorum mole sepultas
Doctrinœ, ac morum collustrat lumine gentes:
Qualis cum primum rubicundos Lucifer ortus
Pandit, et obstantes roseo secat igne tenebras:
Qualis cum pleno rutili soror aurea Phoebi
Orbe micat; medio qualis Sol orbe refulgens;
Purpureos spargit radios, atque œthera lustrat.
Ergo dum Patris vestigia sacra Ioannes
Insequitur; patriosque lares, populos que reliquit,
Quos Tagus auriferis circunfluit inclytus undis,
Felices que Eborœ campos, quam moenibus altis,

Ingentique olim ductu exornavit aquarum
Pace simul, validisque; potens Sertorius armis:
Et vada salsa secans, tumis se credidit undis,
Oceanique, minis, et primo a sole calentes
(Patre-Deo monstrante viam, coelumque seguendo)
Aethiopas adiit, positosque sub ignibus Indos
Sidereis, nostrœ tradens arcana salutis,
Et leve legis onus: domuitque ferocia verbis
Corda, volente Deo. Picei nunc rector Averni
Sub stygias immersos aquas, fremit ore cruento,
Sœvaque ab Aethiopum non flectit lumina terris:
Dumque suis frustra se pulsum plangit abaris,
Thura videt summo reddi meliora Tonanti.
Salve igitur patriœ decus indelebile nostre,
Aethiopiunque: jubar: tibi flumina grata Cuamœ
Semper erunt: te Senna ferax, teque aurea Tette,
Te cœco regnata olim Sofalla Tyranno,
Et Maurussa ferox, et picti membra Machœ,
Cumque pharetratis dives Mocaranga Botongis,
Argentoque auroque potens regnisque superbus.
Manamotapa suis, et nudi corpora Zimbœ,
Lœtaque palmiferœ celebrabunt regna Quirimbœ.

Finis

PROLOGO DA PRIMEIRA PARTE

Cousa mui sabida é, que as Indias Orientaes foram descobertas em tempo do invictissimo e christianissimo Rei de Portugal D. Manuel, de gloriosa memoria: nas quaes os portuguezes conquistaram novos reinos, e grandes provincias, arvorando n'ellas o gloriosissimo estandarte da salutifera cruz de Christo Nosso Senhor, para que tivessem noticia, e verdadeiro conhecimento as barbaras nações, do mysterio da redempção do genero humano, que este Senhor n'ella tinha obrado por sua infinita misericordia. Tambem é cousa mui notoria, que o primeiro descobridor d'este Oriente foi o valoroso, e prudente capitão D. Vasco da Gama: o qual partindo de Portugal com esta nova empreza aos 8 de junho do anno do Senhor de 1497 chegou ao cabo de Boa Esperança, e depois de passar n'elle muitos trabalhos e tormentas, o dobrou a 20 de novembro do dito anno; e continuando sua derrota, foi correndo a costa do cabo das Correntes, Sofala e Moçambique até Melinde, e d'ahi passou á India. E depois d'elle foi toda esta costa da Ethiopia senhoreada, e conquistada por outros valorosos capitães portuguezes; entre os quaes Pero d'Anhaya teve sua mui gloriosa parte, pois descobriu o rio e terras de Sofala, e fez a fortaleza que hoje alli teem os portuguezes, matando a Zufe, rei da mesma terra, e sujeitando os mouros habitadores de todo esse territorio, no que abriu bastantissimo caminho para se effeituar a vontade do dito rei D. Manuel, cujos santos intentos foram dilatar e augmentar a fé de Christo Nosso Senhor e imprimil-a nos corações d'estas gentes.

E por quanto a christandade d'esta costa foi encommendada aos religiosos do patriarcha S. Domingos, em que eu tambem tive minha parte, residindo n'ella onze annos, determinei relatar algumas cousas notaveis que n'ella me succederam, e juntamente descrever o sitio d'estas terras, suas provincias, e reinos, e o mais que n'elles vi, e alcancei na verdade, assim dos costumes, abusos e ritos de seus habitadores, como de muitos animaes, feras e bichos, assim da terra como do mar de admiraveis naturezas, e propriedades, e de outras muitas cousas maravilhosas que n'estas terras se acham, das quaes todas tive bastantissima noticia, no tempo que andei por toda esta costa. E para mais claresa d'esta historia me pareceu necessario dividil-a em duas partes. Na primeira faço cinco livros da Ethiopia Oriental, relatando em cada um d'elles particulares cousas, assim das terras de que vão intitulados, como de seus habitadores. No primeiro livro trato do Quiteve, rei das terras de Sofala, e de seus costumes. No segundo, do Manamotapa e rios de Cuama, e suas maravilhas. No terceiro de Moçambique e ilhas de Quirimba até o cabo Delgado. No quarto dos principaes reinos, que ha no sertão do Cabo Delgado até ao Egypto, rio Nilo, mar Roxo, e de seus habitadores, e cousas notaveis que tem. No quinto trato da costa de Melinde até ao mar Roxo. Na segunda parte faço quatro livros de varia historia, e cousas notaveis que ha e succederam, assim na Ethiopia, como na India Oriental, e da christandade, que os religiosos de nossa sagrada religião dos Pregadores n'ella tem feito, assim antes como depois de ser descuberta pelos portuguezes, como mais largamente direi no prologo da segunda parte.

E porquanto algumas cousas das que digo, são tão prodigiosas, que quasi são incrediveis, e contadas aos que tem alcançado pouco das muitas maravilhas, que ha pelo mundo, corre muito perigo seu credito para com elles; por tanto logo no principio duvidava sair a lume com a presente historia, entendendo que se não deviam contar estas cousas a similhantes pessoas, que ligeiramente as julgam por fabulosas. Mas como meu intento não é satisfazer a estes, nem contar fabulas affectadas com palavras exquisitas, e bem compostas, uzando para isso de alto estylo de fallar, e linguagem polida, senão contar na verdade as cousas que vi, notei e ouvi a pessoas de credito, por isso não quiz desistir do intento começado, uzando d'esta singella narração, porque a verdade não tem necessidade de palavras rhetoricas, para se declarar; e somente esta acceite de mim o curioso leitor, e não o grosseiro modo que tenho de a relatar.

Este trabalho tomei para manifestar aos que isto lerem quanta variedade de gentes barbaras, superstições, abusos e cousas espantosas n'estas terras ha: e considerando-as todas deem muitas graças ao Senhor de todo o creado, pela mercê que lhes fez em lhe dar melhor nascimento, e maior perfeição de gente racional, do que n'estes barbaros se acha. E com muita mais razão devemos nós reconhecer esta mercê de Deus, pois fomos creados no gremio da christandade, sustentados com o leite da douctrina catholica, e lei da graça. E aquelles que tem por officio pregal-a, e ensinal-a aos ignorantes, se exforcem e movam com zêlo da salvação das almas a passar a estas partes, onde ha tanta multidão de gente que não sabe o verdadeiro caminho de sua salvação, em cuja conversação podem aproveitar muito, trazendo esta gente perdida ao rebanho das ovelhas de Christo, como fazem os religiosos de S. Domingos que por estas partes andam pregando, e fazendo officio de varões apostolicos: e os de Santo Agostinho, que os annos passados entraram na costa de Melinde, e fundaram casa na ilha de Mombaça, onde fazem muito serviço a Deus. E por quanto meu intento (como fica dito) é tratar primeiro da Ethiopia Oriental, e a primeira e mais antiga fortaleza de toda esta costa, é a de Sofala, d'ella me pareceu que devia dar principio a este livro o que farei depois de dar uma breve relação das quatro partes do mundo no primeiro capitulo.

LIVRO PRIMEIRO

Da Ethiopia Oriental em que se dá relação das terras de Sofala, e de toda sua costa, do Quiteve rei de todo este sertão, e dos costumes de seus vassallos gentios e mouros: dos animaes, bichos e aves, assim da terra, como do mar: e de outras cousas notaveis d'esta região.

CAPITULO I

Em que se dá uma breve relação das quatro partes do mundo, conforme a descripção de diversos authores.

Descrevendo os geographos antigos toda a terra que no mundo havia descoberta até seu tempo, julgaram, como diz Orosio, que era situada em triangulo, e por isso a dividiram em tres partes, que são Asia, Africa e Europa. Os modernos accrescentaram a quarta parte, que depois se descubriu no anno de 1497 a que chamaram America, por respeito de Americo Vespucio, florentino descubridor d'ella, como diz Appiano, posto que alguns homens doutos querem dar a honra de seu descubrimento a Christovam Colombo, genovez, affirmando que elle a descubriu no anno de 1492. Esta parte do mundo é cercada em roda do mar Oceano: divide-se das outras tres partes por meio do mar do Norte, e da parte do Sul se divide da terra Austral incognita, pelo estreito que descubriu Fernando de Magalhens portuguez, no anno do Senhor de 1520, o qual tem cento e vinte leguas de comprido, e duas de largo e corre de Leste a Oeste, e tem as boccas ambas em 52 graus e meio da banda do Sul. A terra firme que corre ao longo d'elle de uma e outra parte, é de serras mui altas e fragosas, e tão frias, que quasi todo o anno estão cobertas de neve: criam mui grandes arvores, e particularmente cedros, e tambem muitas feras e bichos peçonhentos.

Esta terra de America é quasi tão grande como as outras tres partes do mundo juntas, e assim a dividiram os geographos em outras tres partes, que são: mexicana, peruana e magallanica. Muita parte d'ella está descuberta pelos hespanhoes, e as provincias mais principaes que tem são a provincia chamada Terra do Lavrador, e a terra dos Bacalhaos, Norombega, Nova Francia, Virginea, Florida, Panuco, Nova Hespanha, cuja cabeça é Mexico, Nicaranga, Guatimala, Xalisco ou Nova Galiza, Nova Granada, Iucatan, Nombre de Dios, Panamá, Pária, Cubagua, Honduras, Vrava ou Veragua, Caribana, Darian, Cabo de Vella, Carthagena, Santa Martha, Venezuela, Terra do Brazil, Rio da Prata, Região Patagonica, Chili, Peru e outras muitas, e mui largas provincias, que deixo por abreviar, nas quaes ha mui grossas minas de ouro e prata, e no seu mar de Levante muitas e ricas perolas.

E' cortada esta terra de muitos e mui grandes rios: entre os quaes os principaes são o rio Orilhana assim chamado porque o descubriu Francisco Orilhana. Tem de boca 50 leguas, e corre quasi todo por baixo da linha Equinocial, por espaço de mil e quinhentas leguas: enchem as marés por elle acima mais de cem leguas: tem muitas ilhas, em uma das quaes habitavam certas mulheres que viviam ao modo das amazonas. O segundo é o famoso rio Maranhão, cuja boca esta em tres graus da parte do Sul: e tem quinze leguas de largo, e muitas ilhas em que se colhe incenso, balsamo, e finas esmeraldas. O terceiro é o rio da Prata cuja boca está em 35 graus da banda do Sul. E' de grandes enchentes como o rio Nilo. Nasce dentro no Peru, e tem muita prata: seus habitadores sao agigantados e vivem cento e cincoenta annos pouco mais ou menos. As ilhas principaes que tem esta terra são a Cuba, que tem duzentas leguas de comprido e setenta de largo. A ilha de S. Domingos, de 150 leguas de comprido e 40 de largo. A ilha de S. João, de 50 leguas de comprido e 18 de largo. A ilha de Santiago, de 50 leguas de comprido e 20 de largo. A ilha de Maracapana, onde os gentios martirizaram tres religiosos da ordem de S. Domingos, que andavam n'ella pregando, e fazendo christandade. Muitas cousas mui notaveis tem esta America, de que não trato por não ser esse meu intento.

ASIA

Asia (segundo escreve Herodoto) tomou este nome de Asio, filho de Maneo: d'onde na cidade Sardis havia uma geração de homens, a que chamavam asios. Tem por seus limites da parte do Ponente o mar Roxo, por onde se divide de Africa: e da parte do Norte o mar Mediterraneo, e o mar Euxino, e os rios Tanais, e Duina, e a lagoa Meotes, por onde se divide de Europa. Pelas outras tres partes é rodeada do mar Oceano, o qual da parte do Norte se chama Scythico, e do Leste Oriental, e do Meio-dia Indico. O monte Tauro a divide em duas partes atravessando-a de Leste a Oeste. A parte que fica para o sul, se chama Asia maior, e a do Norte menor.

Santo Anselmo, (1) dividindo Asia nomeia n'ella sómente trinta e uma provincias, e outros authores mais doze, as quaes todas são as seguintes: as provincias asiaticas do grão duque de Moscovia; Turquia, na qual se incluem as provincias Lycaonia, Cappadocia, Isauria, Lycia, Paphlagonia, Lamech e Phrygia, onde foi Troya, sugeitas ao grão Turco Palestina, Phenicia, Cœlesyria, as tres Arabias Felix, Petrea, e Deserta, Panchaia, Mesopatamia, Susia, Sarmacia, Albania, Bithimia, Lydia, Natolia, Cilicia, Ponto ou Misia inferior, Galacia, Scythia, Armenia maior e menor: Persia, debaixo do qual imperio se comprehendem as provincias: Assyria, Media, Susiana, Parthia, Hyrcania, Bactriana, Paroponasa, Dragiana, Arachosia, Carmania, e grande parte de Armenia maior, todas sujeitas ao Persa, India: a Grão Tartaria: as quinze provincias opolentissimas da China. As ilhas mais principaes que tem são as do Japão, Philippinas, Molucas, Bornéo, Gilolo, Solor e Timor, Java, Sonda, Sumatra, Ceilão, Maldiva, Tana e Urmuz.

Esta parte do mundo é muito maior que Europa e Africa, assim em grandeza, como em riqueza de pedraria, perolas e especiarias. Antigamente foi muito famosa pela monarchia dos assyrios, medos e e parthos, e hoje o é pela dos persas e turcos, e

(1) Lib. de Imag. mundi.

pelo grande poder dos tartaros, mogores e chinas. N'esta parte do mundo foi nosso padre Adão criado, e posto no paraiso terreal, e salvo o genero humano do diluvio universal, pela Arca de Noé, e redimido por Christo Nosso Senhor, e Salvador; e as historias do testamento velho, e muita parte das do novo, succederam n estas terras. N'ellas ha muitos e grandes rios como é o rio Ganges, Indo, Tigre e Eufrates. Muitas grandezas e cousas admiraveis tem Asia, de que não trato, por que como tenho dito, não é esse o meu intento.

EUROPA

Europa tomou este nome de uma princeza chamada Europa, filha de Agenor, rei de Tyro, da provincia Phenicia, situada em Asia, a qual furtou Jupiter, e a levou para a ilha de Creta, que agora se chama Candia, que está no mar Mediterraneo, perto da terra firme de Europa, e por respeito d'esta princeza, ficou seu nome a esta terra, como escreve Pomponio Mella. Da parte do Sul se divide da Africa pelo mar Mediterraneo, e estreito de Gibraltar: e do Levante se divide da Asia pelo mar Euxinio, rios Tanais e Duina, e lagôa Meótis. Da parte Occidental é cercada com o mar Atlantico ou Barbarico, e do Norte com o mar de Inglaterra.

As provincias principaes d'esta terra são as seguintes: Hespanha, na qual se contém Lusitania, Castella, Galisa, Biscaia, Navarra, Leão, Aragão, Valença, Toledo, Murcia, Granada, Cordova e os Algarves, todas sujeitas a El-Rei Philippe nosso senhor. França, maior provincia da Europa, a qual tem quinze arcebispados, cento e oito bispados e cento trinta e duas mil parochias: Italia, onde está Roma, Veneza, Napoles, Genova, Milão, Florença, Ravena, cidades nobilissimas: Tuscia, Ungria, Livonia, Russia, Thracia, Carinthia, Dinamarca, Moscovia, Lacedemonia, Polonia; na qual se incluem as provincias Lituania, Prussia, Russia menor, Podolia, Maçobia, Volhinia, Samogicia: Allemanha alta, na qual se comprehendem as provincias Bavaria, Austria, Suevia, Moguncia, Stiria, Thessis, Elvescia, Alsacia, Rhenes e outras: Allemanha baixa, onde se incluem Lotharingia, Holandia, Zelandia, Frisia, Flandres, Boemia, Hassia, Brabancia, Geldria, Davia peninsula, Promeriana, Stecia, Moravia, Misna, Thuringia e outras: Germania, a qual comprehende Saxonia, Westualia, Franconia, Rhescia, Vindelicia, Norica, Pannonia, e os montes Alpes e parte do Illirico, Trento e quasi toda a nação dos belgas e outras: Grecia na qual se comprehendem Thessalia, Attica, Peloponeso, Epiro, Boecia, Pirrebia, Magnesia, Phtiote, Acarnania, Etolia, Locris, Phocis, Euboya e outras: Esclavonia, a qual comprehende Liburnia, Croacia, Bosnia, Dalmacia e outras menos principaes que deixo por abreviar. As ilhas mais insignes que tem são: Inglaterra, Escocia, Irlanda, Sardenha, Corcica, Sicilia, Negroponto, Stalimene, Candia, Zelanda, Ibiça, Malhorca e Minorca, as Terceiras e outras muitas.

Esta terra de Europa é a menor das quatro partes do mundo, porém excede a todas em nobreza, virtude, gravidade, magnificencia, e quantidade de gente politica. Antigamente senhoreava a toda a Asia, e Africa, como rainha, por via da monarchia grega e romana, e ao presente pela auctoridade da Santa Sé Apostolica, sita em Roma, cabeça do mundo e da christandade, e pelo grande poder de Hespanha, com que são senhoreadas muitas provincias e reinos, assim das Indias Orientaes, como das occidentaes.

AFRICA

Africa tomou este nome de um neto de Abrahão, chamado Affer, da geração de Cethura. O qual passou com seu exercito a esta terra, como escreve Josepho, ([1]) e depois de vencidos seus inimigos, fez assento n'ella e poz-lhe seu nome porque d'antes se chamava Libya, por respeito de uma rainha da mesma terra, assim chamada, mulher que foi de Epapho, filho de Jupiter, de que trata Pomponio Mella. ([2]) Esta parte do mundo tem por seus limites o mar Roxo da banda do Levante, e das outras tres partes o mar Oceano e Mediterraneo. O mar que a cerca da parte do Norte se chama Libyco, e da parte do Ponente Atlantico. O da parte do Sul Ethiopico. Esta terra foi habitada logo no principio sómente de quatro nações de gente, duas naturaes da terra, como são os africanos, que ficam da parte do Norte, e os ethiopes que habitam as partes do Sul: e as outras duas estrangeiras, que foram os fenicianos e os gregos, que povoaram algumas terras da parte do Nordeste e de Levante. Foi mui famosa pela potencia dos carthaginezes, pelo exforço militar dos valorosos capitães Hannibal, Masinissa e Jugurtha. Recebeu muita gloria e fama pelas scien-

([1]) Lib. 1.º de Antiq.
([2]) Lib. 5.º cap. 4.

cias dos egypcios, e por suas maravilhosas fabricas.

Ptholomeo descrevendo esta parte Africa, nomeia n'ella sómente doze provincias mais principaes, começando do estreito de Gibraltar até o mar Roxo: convem a saber, Mauritania, onde está o monte Avila, e uma das columnas de Hercules, Numidia, onde está Argel, Bugia, Tunes e Carthago, ao qual territorio chamamos Africa; Missilia: a provincia chamada a terra dos carthaginezes: a provincia dos massamões: a dos asbitas: geulos: marmaridas: pharusios: garamantes: e a de Ethiopia.

Outros auctores accrescentaram, e nomearam mais as provincias seguintes: O Egypto que tambem dizem ser região de Africa, a qual foi assim chamada por el-rei Egypto, irmão de Danao, chamando-se antes Aërea. Pela parte do Levante se junta esta provincia com o mar Vermelho, e com a região de Palestina, e do Ponente com a região de Cyrenne, e fim de Africa, onde está a grande provincia da Nuvia, cujos povos antigamente foram christãos, e hoje tem mui pouco lume da fé, como o diz Ortelio. E pela parte do Meiodia tem a Ethiopia occidental, e da banda do Norte o mar Mediterraneo, chamado Egypciaco. As principaes cidades d'esta provincia foram Thebas, Abydos, Alexandria, Babylon, Menphis, que hoje se chama Damiata, e o grão Cairo, que antigamente foi assento real do Sultão do Egypto, e hoje e o grão turco.

Junto ao Egypto vive uma casta de africanos, a que chamam adrimachidas, que tem os mesmos costumes dos egypcianos, mas não comem carne de porco, nem de vacca. Logo se seguem os pœnos para a parte do Ponente, os quaes occupam muitas e diversas regiões de Africa, e são mui grandes creadores de gado vaccum. Os Massajetas se vão continuando para o mar egypciaco: os quaes teem as mulheres communs, e são grandes feiticeiros e adivinhadores. D'aqui vão correndo para o Ponente os macas, e os guidanes, que trazem corôas rapadas, como clerigos. Os maxiles vivem junto da lagôa Tritonida, e trazem guedelha muito grande do meio da cabeça para o toutiço, que lhe desce pelas costas abaixo. Da outra parte d'esta lagôa vivem os auses, que trazem topetes mui grandes, como cavallos, que lhe cobrem o rosto, e toda a mais cabeça rapada. Os athelantes vivem junto ao monte Athlas, nao comem carne de animal algum, senão hervas e legumes. Os afros ordinariamente se sustentam de feras, e animaes silvestres, e de leite: mas não comem vacca, nem porco. Deixam crescer o cabello da cabeça da parte direita, e cortam o da esquerda. Os maxiles são muito similhantes a estes em todos os costumes, e além d'isso ordinariamente andam pintados com vermelhão. Os zabicas visinhos d'estes são mui exforçados, e dados á milicia da guerra, e exercicio da caça, e as mulheres a semear e cultivar as terras. Os zingantes vivem no meio d'este sertão de Africa, onde ha muito mel, que é o seu ordinario mantimento, e andam todos pintados de vermelhão. Todas estas nações de barbaros, que ficam ditas, são de côr baça, e o cabello corredio. Vivem no campo como selvagens, e ordinariamente andam nus, salvo aquelles que se cobrem com pelles de bogios, e de outros animaes silvestres.

ETHIOPIA OCCIDENTAL

OU INTERIOR

Tornando pois á Ethiopia (da qual é meu intento tratar mais largamente) é de saber, que esta provincia se chamava antigamente Etherea, e depois se chamou Athlancia, mas agora tem este nome de Ethiopia, que tomou de Ethiope, como dizem Herodoto e Plinio. Esta provincia divide Homero [1] em duas Ethiopias, convem a saber, em Ethiopia Occidental e Oriental. A Ethiopia Occidental começando do Cabo de Boa Esperança (que lhe fica para o Ponente) vae correndo pelo meio da terra até o Egypto, que está da parte do Levante, e confina da banda do Sul com a Ethiopia supra Aegyptum, á que chamam Ethiopia Oriental, e da banda do Norte com as terras da Libya, que vão correndo para o Nascente, onde habitam os trogloditas, a quem os gregos chamam pastores. Estes são como selvagens, porque comem todos os animaes immundos, e circuncidam os filhos; e como diz João Bohemo, [2] põem nomes a seus filhos não de seus antepassados, como fazem outras nações, senão de animaes, chamando a uns bois, a outros carneiros: e tambem chamam a estes mesmos animaes paes e mães, porque lhe dão a sustentação de cada dia, como os paes dão aos filhos. Quando tem algumas brigas entre si, e as mulheres se mettem entre elles para os apartar, logo deixam a briga sem alguma contradicção e lhes obedecem. Tem pelo

(1) Osorio lib. 4 de reb gest Eman.

(2) Lib. 1 de Moribus gent. c. 6.

maior mal de todos desejar um homem de viver, que não presta para fazer algum feito heroico em sua vida. Junto a estes vivem os vizophagos, tão ferozes e exforçados, que pelejam com os leões. D'aqui se vão continuando os isophagos, esparmatogaphos, cyneces, acridogaphos, canimos, e os ichthyophagos, todos barbaros e pretos de cabello crespo. E d'estes ultimos diz Bohemo que tem por grande bemaventuranca não possuir aquellas cousas, que quando se perdem, causam dor e sentimento a quem as perde.

ETHIOPIA ORIENTAL

OU SUPRA AEGYPTUM [1]

A Ethyopia Oriental comecando do mesmo Cabo da Boa Esperanca vem correndo toda a costa do mar oceano ethiopico, do Ponente para o Levante ate o mar Vermelho, onde se fenece, ficando-lhe da banda da terra em longo a Ethiopia Occidental. Esta provincia em partes é fertilissima, e mui abundante de mantimentos, e creacoes de vaccas, cabras, ovelhas e muitas gallinhas. E' povoada de muita diversidade de nacões, nao sómente nas linguas, mas tambem nos costumes, e feicões do rosto. Em partes é deserta, aspera, e infructifera onde se criam muitas feras, como sao leões, tigres, onças, ursos, e muitos animaes silvestres e bravos como sao: elefantes, badas, bufaros, vaccas bravas, que sao mui similhantes as mansas, veados, empophos,

(1) Osorio ub sup.

que são similhantes a cavallos, mas ainda muito maiores, nondos que são similhantes a rocins castanhos pequenos, algum tanto derreados das cadeiras, mas correm como vento: merus, que são como asnos, os quaes todos tem cornos e unha fendida: muitas zebras mui pintadas, e formosas, e muitos outros animaes e bichos infinitos. E' terra calidissima, doentia, e prejudicial aos estrangeiros, e mais em particular aos portuguezes, porque n'ella adoecem ordinariamente e morrem de febres: mas nem isso é bastante para lhes reprimir a cobiça, e sede com que passam a ella em busca de suas minas e riquezas, offerecendo-se a trabalhos, perigos e mortes, pelas alcançar. Isto que tenho dito summariamente da Ethiopia, baste por agora, porque as demais particularidades suas direi pelo discurso da historia que se segue.

E por que para o bom entendimento e credito de qualquer historia, e necessario saber-se o fundamento d'ella, e a razão em que se funda o autor que a conta para que assim mais facilmente se venha em conhecimento de sua verdade (sendo a historia que pretendo tratar da Ethiopia Oriental de que tive larga noticia em onze annos que n'ella residi) pareceu-me que ficava obrigado antes que d'ella fallasse, dizer a causa que tive para ir a estas partes, e como andei por ellas, e para que effeito, por que vendo-se as cousas que adiante contar como testemunho de vista, se lhe dê o credito devido.

No anno do Senhor de mil e quinhentos e oitenta e cinco, sabendo o bispo de Malaca, que então era D. João Gayo Ribeiro, o grande numero de christãos que os religiosos da ordem dos Pregadores tinham feito, e faziam cada dia nas ilhas de Solor e Timor (como pastor que era d'aquellas partes, desejando que fosse de bem em melhor, o augmento e conservação de sua christandade) escreveu algumas cartas ao archiduque de Austria, Alberto, que n'esse tempo era cardeal, e governava este reino de Portugal, e outras ao nosso padre provincial, que então era o padre mestre frei Jeronymo Corrêa, nas quaes pedia com muita instancia lhe mandassem padres d'esta sagrada religião, para cultivarem e sustentarem aquella christandade, que lá tinhamos á nossa conta. Lidas estas cartas foram logo manifestadas aos religiosos d'esta nossa provincia, e muitos d'elles se offereceram logo para ir a esta nova empreza, entre os quaes eu tambem me offereci para os ajudar na conversão das almas, porque assim podesse merecer e alcancar a salvação da minha.

Tanto que as náos de viagem estiveram aviadas, nos embarcamos todos, e partimos da barra de Lisboa aos treze dias do mez de abril do anno do Senhor de mil e quinhentos e oitenta e seis. Dobramos o Cabo da Boa Esperança a 2 de julho, e chegamos a Moçambique a 13 de agosto, onde a obediencia me deixou, para d'ali passar a Sofala, e residir na sua christandade, da qual tratarei na segunda parte, dando agora o primeiro logar á descripcão d'estas terras, e gentes da Ethiopia. E porquanto a fortaleza de Sofala é a mais antiga e a primeira que os portuguezes n'ella edificaram, d'aqui me pareceu devia comecar a historia seguinte.

CAPITULO II

Da fortaleza de Sofala e suas povoações

A fortaleza de Sofala está em vinte gráos e meio da banda do Sul, situada na costa da Ethiopia Oriental, perto do mar, e junto a um rio, que tem de boca uma legoa, pouco mais ou menos, e nasce pela terra dentro obra de cem legoas, nas terras a que chamam Mocarangua, e passa por uma cidade que chamam Zimbaoé, onde vive sempre o Quiteve, que é rei de muita parte d'estas terras, e de todo o rio de Sofala. Por este rio acima navegam os moradores da fortaleza de Sofala, e levam suas mercadorias até Manica, que é terra de muito ouro, situada pelo sertão dentro mais de sessenta legoas, onde vendem suas fazendas, e trazem muito ouro em pastas, lascas e em po.

E' a fortaleza de Sofala quadrada e cercada de muro de vinte e cinco palmos de altura. Tem quatro baluartes redondos nos quatro cantos, guarnecidos de artilheria grossa e miuda. Em uma quadra da banda do mar, tem uma larga e formosa torre de dois sobrados, e ao pe d'ella uma sala formosissima, as quaes casas são aposentos do capitão da fortaleza. Nos baixos d'esta sala tem o capitão suas despensas, e no vão da torre do chão até o primeiro sobrado, uma mui formosa e boa cisterna de agua da chuva, de que bebe ordinariamente a mais da gente de Sofala, por ser muito melhor que a dos poços, e não bebem do rio, porque ali é toda sua agua muito salgada. Dentro d'esta fortaleza está a egreja matriz, que é a freguezia de toda a gente da terra. Na quadra do muro que vae para a banda da povoação, está uma formosa casa, que serve de feitoria, onde se recolhem todas as fazendas, assim roupas e contas, que vem de Moçambique, como marfim, que se compra e junta por todas estas terras.

Junto a esta fortaleza de Sofala está a povoacão dos moradores christãos, na qual havia no tempo que eu lá estava mais de 600 almas de confissão, em que entravam portuguezes, mestiços e gente da terra. N'esta povoação esta uma ermida da invocação do Espirito Santo. Nós fizemos outra da invocação de Nossa Senhora do Rosario nas casas em que moravamos, e fóra da povoacão fizemos outra da invocação da Madre de Deus em um palmar nosso, que é o melhor posto e sahida que tem Sofala, a qual é de muita romagem e devoção da gente da terra. E ambas estas ermidas deixámos bem ornadas de peças e ornamentos, quando nos fomos de Sofala.

Os moradores d'esta fortaleza ordinariamente são

mercadores, uns se occupam em ir a Manica ao resgate do ouro, com roupas e contas, assim do capitão, como suas, e outros ao rio da Sabia, e ás ilhas das Bocicas, e a outros rios que estão perto de Sofala, ao resgate do marfim, ambar, gergelim e outros legumes, e muitos escravos. As mulheres d'esta terra todas se occupam em semear arroz, em o que andam a maior parte do anno, ora cavando a terra, ora semeando, despondo e mondando; o que tudo fazem a poder da enxada, e nada se semea com arado.

Outra povoação ha em Sofala de mouros, afastada da fortaleza obra de dois tiros de espingarda, na qual haveria no tempo que eu lá estava cem vizinhos, os quaes são vassallos da nossa fortaleza, e muito sujeitos ao capitão, e aos mais christãos. Todos são pobres e mizeraveis, e ordinariamente vivem de servir aos portuguezes em seus caminhos e mercancias, e de marinheiros. As mouras tambem se occupam nas sementeiras, como fazem as christãs, e de tudo o que colhem pagam o dizimo á nossa egreja.

CAPITULO III

Da fundação da fortaleza de Sofala, e da traição e guerra que os mouros lhe fizeram, em que foi morto o rei da terra, e os portuguezes senhores d'ella

O capitão que reside na fortaleza de Sofala, é posto pelo capitão de Moçambique, e n'ella residiam antigamente os capitães de Sofala e Moçambique, e na ilha de Moçambique não havia mais que uma feitoria, onde estava um feitor do capitão de Sofala, até que em tempo que governava a rainha D. Catharina por El-Rei D. Sebastião, se mandou fazer a fortaleza de Moçambique, com receio dos turcos do Estreito de Meca, que foi no anno do Senhor de 1558, sendo vice-rei da India D. Constantino, e depois de feita a fortaleza, residiam os capitães seis mezes em Moçambique, e outros seis em Sofala; mas já agora sempre os capitães estão na fortaleza de Moçambique, e n'esta de Sofala põem outro de sua mão, com particular provisão que para isso tem dos vice-reis da India.

Esta fortaleza foi feita por Pedro da Nhaya no anno do Senhor de 1505, o qual foi a esta costa por mandado d'El-Rei D. Manuel, de gloriosa memoria, com uma armada de seis náos: e depois de passar na viagem muitos trabalhos, chegou ao rio de Sofala, onde entrou com quatro náos mais pequenas, deixando as duas grandes no mar, por não poderem entrar a barra, que é muito baixa. E depois que desembarcou foi fazendo esta fortaleza por consentimento do rei da terra, que era mouro, chamado Zufe, o qual era cego de ambos os olhos, de uma doença que teve. Mas depois que Pero da Nhaya teve a fortaleza quasi feita, o rei Zufe se arrependeu de ter dado consentimento para se fazer a tal fortaleza nas suas terras, e por conselho dos principaes mouros seus vassallos, determinou matar aos portuguezes, e tomar-lhes a fortaleza. Esta traição foi logo descoberta por um mouro abexim, que morava na mesma terra, chamado Açotes, grande amigo de Pero da Nhaya: e com este aviso se fizeram logo prestes todos os portuguezes dentro na fortaleza, para resistir aos mouros, os quaes vieram no mesmo dia que para isso tinham determinado, cuidando que nao sabiam os portuguezes de sua traição, nem estavam apercebidos: no que se acharam muito enganados, por que começando de abalroar a fortaleza com muita furia, acharam tanta resistencia, e exforço nos portuguezes, que não podendo esperar seu impeto, voltaram as costas, fugindo para os aposentos onde estava o rei fortalecido, e os portuguezes lhe foram dando nas costas, até entrarem as cazas do proprio rei: o qual, ainda que cego, pretendeu vender sua vida a troco de tirar a dos inimigos: pelo que fez alguns tiros com azagaias, que tinha junto de si, e feriu alguns portuguezes, entre os quaes um foi Pero da Nhaya: mas durou-lhe pouco esta resistencia, por que logo foi morto pelos portuguezes, com muitos de seus vassallos, e os demais vencidos e desbaratados.

No principio d'esta briga acudiu Açotes, com cem homens da sua obrigação e familia e se poz logo da parte de Pero da Nhaya seu amigo, e pelejou com toda sua gente em defensão dos portuguezes, como leal e fiel amigo. Pelo qual respeito, Pero da Nhaya o fez rei dos mouros de Sofala, e reinou n'ella toda a sua vida pacificamente, assim com os mouros como com os portuguezes. E Pero da Nhaya acabou a dita fortaleza em paz, e falleceu n'ella depois de a ter feita, ficando em seu logar por capitão Manuel Fernandes, que n'esta costa andava por feitor d'El-Rei. No anno de 1586, em que eu fui a esta fortaleza, achei ainda n'ella alguns mouros velhos, e algumas mulheres christãs, que haviam sido mouras, naturaes da mesma terra, que se lembravam mui bem d'esta guerra, e de quando se fez a fortaleza, que n'este tempo havia mais de oitenta annos que era feita.

Já que fallei n'este reino de Sofala; é de saber que antigamente em muitas fraldas do mar d'esta costa, e particularmente nas bocas dos rios, e nas ilhas, havia povoaçoes mui grandes, habitadas de mouros, com seus termos cheios de muitos palmares, e fazendas, e cada uma d'estas cidades tinha seu rei, como era este Zufe de Sofala; os quaes tinham paz e commercio com os reis cafres senhores do sertao. mas já hoje ha muito poucos reis d'estes mouros, por que os mais d'elles se acabaram com a entrada dos portuguezes n'estas terras, como foram os de Sofala, onde ja não ha reis mouros, nem casta d'elles; e no logár d'estes reis ficaram os capitaes de Sofala, que tem agora o mesmo commercio, e amizade, que elles tinham com o Quiteve rei de todas estas terras do sertão.

CAPITULO IV

Das creações, arvores e fructos, que ha em Sofala, e suas terras

NAS terras de Sofala ha muitas hortas que tem hortaliça como a de Portugal, e muitas arvores de fructo, como são romeiras, que todo o anno tem romãs umas verdes, outras maduras, e outras em flôr: muitas figueiras de Portugal, que todo o anno dão figos pretos, excellentissimos, mui similhantes aos figos rebaldios. Muitas parreiras, que dão uvas duas vezes no anno, umas em janeiro, e outras em julho. Larangeiras e limeiras de muitas e boas limas. Pelos campos e matos ha infinidade de manjaricões e jasmins, com suas flores brancas mui cheirosas. Ha muitos ananazes como os do Brazil, excellentissimos. Muitas figueiras da India, que dão mui grandes ramos de figos, os quaes são do tamanho de pepinos, e quando sao maduros fazem-se amarellos, e cheiram, e sabem muito bem. Alguns ramos de figos vi n esta terra que tinha cada um d'elles setenta figos, e mais, todos juntos em uma pinha, como um cacho de uvas, e escassamente o podia um homem levantar do chão. Ha muitos e grandes palmares, que dão infinitos cocos, e vinho de que tratarei mais largamente adiante. Ha mui grandes canaviaes de canas de assucar ao longo do rio que os cafres semeiam e cultivam cada anno, não para fazer assucar (como se podera fazer se n'esta terra houvera engenhos) senão sómente para comer: as quaes canas são muita parte do mantimento com que se sustentam. Ha muito milho e arroz, muitos inhames, batatas. feijões, e outra muita variedade de legumes, e tudo isto mui barato.

Em todas estas terras ha muito gergelim, muito alvo e bom de que se faz azeite, e d'elle comem ordinariamente todos, como em Portugal se come o da oliveira. Para se fazer d'elle azeite piza-se muito bem em uns vazos de pau, feitos ao modo de um gral, mas tão grandes que dão pela cinta de uma pessoa. Os cafres lhe chamam chuni, e os portuguezes pilão. Depois que o gergelim está bem pizado, e feito em massa, espreme-se muito bem com os mesmos paus com que o pizam, e lança um oleo mui claro e formoso, a que chamam azeite de gergelim, e o bagaço que fica espremido, comem os cafres com o milho cozido em logar de manteiga ou de conduto. Da mesma maneira se faz o azeite de coco depois de secco e avellado, o qual azeite arde melhor, e dá mais claro lume que o de oliveira; além d'isso é mui excellente para as feridas e chagas, e sómente com elle se curam os cafres, lavando e untando suas feridas.

No reino de Manica se criam umas arvores pequenas em cima de serras e rochas, as quáes a mor parte do anno estão secas, sem folha nem verdura; mas tem tal propriedade, que se lhe cortam algum ramo e o deitam na agua, em espaço de doze horas rebenta e floresce com folhas verdes, mas se o tiram da agua, tanto que se enxuga, torna a ficar tão seco como d'antes. Dizem os cafres, que ainda que este pau esteja colhido dez annos, se no cabo d'elles o meterem dentro na agua, que logo florescerá, e ficará verde. Este pau moido e dado a beber em agua, é bom para estancar camaras de sangue: chamam-lhe os cafres mungodao; parece-se muito com carrasco, mas não tem as folhas tão asperas.

Outro pau ha, que os cafres chamam matuvi, nome que significa o esterco do homem, e a causa de lhe porem este nome é por que tem o mesmo ruim cheiro, tão nogento que não ha pessoa que o possa soffrer. Na India tambem ha d'este pau, sua arvore é como espinheiro, dizem os cafres e a gente da India, que tem grande virtude contra o ar, e por esse respeito o trazem muitas pessoas enfiado como contas e atado no braco, junto da carne e particularmente os meninos de tenra edade.

Ao longo do rio de Sofala, em duas partes estão dois matos devolutos, sem dono proprio, cheios de larangeiras e limoeiros, e quantos querem colher d'elles o fazem livremente: e são tantos os limões, que os cafres carregam embarcações d'elles e vem pelo rio abaixo até Sofala, onde os vendem quasi de graça, e os moradores da fortaleza enchem barris e panellas do sumo e dos mesmos limões salgados, que mandam para a India, onde são mui estimados e comem-se com o arroz.

O pão ordinario que se come em Sofala é de milho e arroz misturado, de que fazem uns bolos, a que chamam mocates. Emquanto estão quentes são soffriveis, mas depois de frios, não ha quem os possa comer. Os portuguezes bebem de ordinario vinho de palmeiras e os cafres vinho de milho que fazem mui forte que embebeda, como adiante direi. A carne que se come commummente são gallinhas, das quaes ha infinitas, que os cafres criam para vender aos portuguezes, e dentro em Sofala dão doze por um bertangé preto, que ali vale o mais dois tostões: e se as vão comprar a suas casas onde moram, pelo rio acima, dão dezeseis e dezoito pelo mesmo panno, que sahe cada gallinha a onze réis pouco mais ou menos: as quaes são muito boas e quasi tamanhas como as de Portugal. Tambem ha muitos porcos manços que se criam pelas casas, muitas cabras e vaccas, muita carne de veados, porcos do mato e outros animaes silvestres de que tratarei mais largamente em outro logar.

CAPITULO V

Dos costumes do Quiteve, rei das terras e rio de Sofala e de quem succede no reino por sua morte

O rei de todas estas terras do sertão e rio de Sofala, cafre de cabello revolto, gentio, não adora cousa alguma, nem tem conhecimento de Deus, antes diz que elle o é de suas terras e por tal é tido e reverenciado de seus vassallos, como adiante direi. A este rei chamam Quiteve, nome commum a todos os reis d'este reino e assim perdem o nome proprio que tinham antes que fossem reis, nem são mais nomeados por elle.

Este Quiteve tem mais de cem mulheres, todas de portas a dentro, entre as quaes ha uma ou duas, que são suas mulheres grandes, como rainhas; e as mais são suas mancebas e muitas d'estas são suas proprias irmãs e filhas, das quaes todas usa, dizendo que os filhos que d'estas lhe nascem são os verdadeiros herdeiros do reino, que não tem mistura de sangue alheio e que estes defendem e sustentam sempre o reino, muito melhor que os que descendem de gente e reino estrangeiro.

Quando morre o Quiteve, tambem suas mulheres grandes tem obrigação de morrer com elle para o servirem e viverem com elle no outro mundo (que é outra brutalidade sua) e para cumprimento d'esta lei tão deshumana, no mesmo ponto em que o rei morre tomam peçonha, que tem prestes para isso, a que chamam lucasse, com que morrem. O rei que succede no reino, tambem succede por marido a todas as mulheres que ficaram do rei passado, das quaes algumas são suas irmãs, tias e sobrinhas e de todas usa por mulheres, tirando sua propria mãe, se tambem era mulher do rei seu antecessor. D'esta lei não uzam mais que os reis, por que os mais cafres ainda que sejam grandes senhores, não podem casar com suas irmãs nem filhas sob pena de morte.

O principe que succede no reino, de ordinario é um dos filhos mais velhos do rei defunto e de suas mulheres grandes, que são as legitimas e quando estes não tem prudencia para governar, succedem os segundos ou terceiros filhos e se tambem não são sufficientes, succede algum irmão inteiro do rei defunto, se é exforçado e de bom governo. E a causa d'esta desegualdade n'esta successão é por dizerem os cafres que qualquer filho legitimo dos reis passados d'aquella terra pode ser herdeiro do reino de que seu pae foi rei e aquelle tem mais direito na herança, que tem mais partes para governar, pelo que não escolhem para rei o principe mais velho nem mais chegado, senão o mais prudente e exforçado. Esta escolha ordinariamente está na vontade do rei vivo o qual em sua vida vae logo pondo os olhos em quem tem partes para poder reinar e a esse favorece mais, tratando com elle as cousas do governo e mostrando que este lhe ha de succeder no reino, pelo que é de todos venerado e temido. No tempo que eu estava em Sofala, o rei que então vivia tinha mais de trinta filhos, entre legitimos e bastardos e a nenhum d'elles nomeava por principe herdeiro, senão a um seu irmao que muito amava por ser homem prudente, e de grande governo: pelas quaes partes, e pela fama que já corria de succeder no reino a seu irmão, era de todos tão amado, como se já fôra rei, pelo que em morrendo seu irmão, pouca duvida haveria em lhe succeder.

O modo que tem em succeder é o seguinte. O dia que morre o rei não se faz mais que negociar o enterramento, que e leval-o a uma serra, onde se enterram todos os reis, e o dia seguinte de madrugada vae-se o principe nomeado pelo rei defunto ás casas reaes, onde estão as mulheres do rei já esperando por elle, e de seu consentimento entra em casa, e assenta-se com as principaes d'ellas em uma sala publica, no lugar onde se os reis assentam a ouvir as partes, o qual está cuberto com um panno, ou corredicas por diante, que ninguem pode vêr o rei, nem as mulheres que estão detraz: e d'ali mandam logo aos principaes ministros e officiaes que vão por toda a cidade, dando vozes ao povo, que façam festas ao novo rei, que já está de posse da casa real pacificamente, com as mulheres dos reis passados, e que todos o vão reconhecer por seu rei: o que logo fazem todos os grandes que se acham na côrte, e os nobres da cidade indo ás casas reaes, que já estão bem acompanhadas com as guardas, e officiaes costumados, e com licenca d'estes entram poucos e poucos na sala onde esta o rei novo com as mulheres, indo arrastando-se pelo chão, até ao meio da sala, e d'ali fallam ao novo rei dando-lhe a obediencia devida, sem verem o rei nem as mulheres, que estão detraz, e o rei responde de dentro, e agradece a boa vontade que lhe mostram como leaes vassallos. Isto concluido com breves palavras, manda o rei levantar as corredicas, e mostra-se aos que estão na sala, no qual passo todos lhe batem as palmas (que é o seu modo de cortezia) e logo se tornam a abaixar as corrediças, e os da sala se vão para fora arrastando pelo chão como entraram, e estes sahidos entram outros, e d'este modo vao dar obediencia ao novo rei todos os que se acham na côrte, e a mór parte d'este dia se gasta n'esta ceremonia, havendo grandissimas festas, tangeres, e bailes em toda a cidade. No dia seguinte manda o rei seus embaixadores por todo o reino denunciar a morte do rei passado, e sua successão pacifica, e que todos vão a côrtes ver-lhe quebrar o arco, de que tratarei abaixo no capitulo setimo.

CAPITULO VI

Do segundo modo que os principes tem em succeder na herança do reino por eleição das mulheres do rei

Ha differenças algumas vezes na eleição d'estes principes, por que como as mulheres grandes dos reis passados sejam muitas, e cada uma tenha filhos d'elles, são muitos os pretendentes ao reino, e cada qual deseja ser rei, e os que tem posse fazem muito por adquirir a gente da sua banda, para que favoreçam sua causa, ordenando algumas vezes alteraçoes e levantamentos do povo, outras peitando as mulheres dos reis, para que os admittam e lhes deem posse pacifica do reino, consentindo que entrem nas casas reaes: porque é lei que nenhum principe entre nas taes casas em que ellas estao, sem licenca, nem tome posse do reino sem sua vontade, e o que por força entrar, e tomar posse, perca o direito que tem na successão do reino, e ninguem poderá contradizer, ao que as mulheres n'esta eleicão fizerem, como se verá no caso seguinte.

Junto do reino do Quiteve, está outro de que é rei o Sedanda, cujas leis e costumes são mui similhantes aos do Quiteve, por serem todos estes cafres da mesma naçao, e antigamente serem estes dois reinos de um só rei como adiante direi. No tempo que eu estava em Sofala, succedeu que o rei Sedanda enfermou de uma grave doença contagiosa de lepra, e vendo que seu mal era incuravel declarou principe que lhe succedesse no reino, e tomou peçonha com que morreu, como é costume fazerem os reis que tem alguma deformidade em sua pessoa como adiante direi. De maneira que morrendo este Sedanda com a peçonha que bebeu, logo o principe que elle tinha nomeado em sua vida pretendeu entrar nas casas reaes, e assentar-se com as mulheres dos reis passados no logar costumado, onde lhe haviam de fazer as ceremonias da posse, que tenho dito: mas succedeu-lhe o negocio mui differente do que esperava, por que as mulheres do rei tinham grandissimo desgosto d'elle, por sua ruim condição, e outras imperfeições que lhe acharam, pelo que mandaram secretamente de noite chamar outro principe, em que tinham postos os olhos, por ser mais exforçado e mais bemquisto, e assentaram-se com elle no logar publico dos reis, e mandaram aos officiaes que fossem pela cidade dizer ao povo, que já tinham rei, e que todos lhe fossem dar a obediencia devida; de modo que quando o principe nomeado pelo rei morto se viu frustrado de sua pretenção, fugiu por que o não matassem, e o rei que as mulheres elegeram ficou reinando, mas não pacificamente, por que o principe que fugiu como era poderoso, e já tido por successor do rei que se matou, juntou muita gente, e veiu com guerra para tomar posse do reino, e entrou nas casas reaes com mão armada, e affronta das mulheres do rei que dentro estavam, o que lhe foi mui estranhado de todos, por que n'aquella casa ninguem entra por força, e esta que fez este principe foi bastante para todos o deixarem, e se lançarem da parte das mulheres e do rei que ellas tinham eleito, e o levantado fugiu sem mais erguer cabeca.

CAPITULO VII

De como o Quiteve quebra o arco, e se mata por defeitos de sua pessoa, e como lhe fallam

ANTES que comece de governar o rei novo que succede no reino, manda recado por todo elle que venham a côrtes todos os senhores e grandes, para verem quebrar o arco a el-rei, que é o mesmo que tomar posse do reino e governo, e n'estas côrtes é costume mandar matar alguns d'aquelles senhores que se ali ajuntam, dizendo que são necessarios para irem servir ao rei defunto no outro mundo, pelo que manda então matar alguns de quem se teme, ou a quem não tem boa vontade, com esta capa de virtude fingida, e mau costume recebido entre élles. E depois de matar estes, faz outros senhores novos de sua mão em logar dos que matou. E por esta razão muitos senhores, e particularmente alguns se temem, e se sentem desafeiçoados ao novo rei nao querem ir a côrtes temendo a morte, e fogem do rei para outros estrangeiros, por que ántes querem perder o estado que possuiam, que arriscar suas vidas á vontade do rei novamente eleito.

Antigamente costumavam os reis d'esta terra beber peçonha com que se matavam quando lhe succedia algum desastre, ou defeito natural em sua pessoa, como era serem impotentes, ou doentes de alguma enfermidade contagiosa, ou quando lhe cahiam os dentes dianteiros com que ficassem feios, ou qualquer outra deformidade, ou aleijão. E por não terem estas faltas se matavam, dizendo que o rei não havia ter defeito algum, e quando o tivesse, era mais honra sua que morresse logo, e fosse á outra vida melhorar-se do que lhe faltava, pois lá tudo era perfeito. Mas o Quiteve, que reinava no tempo que eu estive n'estas terras, não quiz imitar n'isto a seus antepassados, como discreto e terrivel que era, porque caindo-lhe um dente dianteiro, mandou logo apregoar por todo o reino, e notificar que soubessem todos como lhe caira o dente, e que quando o vissem com elle menos, o não desconhecessem, e se seus antepassados se matavam por similhantes cousas, que foram muito nescios, e elle o não havia de fazer, antes quando a morte natural lhe viesse, que lhe pesaria muito com ella, por que tinha necessidade da vida, para sustentar o seu reino e defendel-o de seus inimigos, e que o mesmo encommendava a seus successores que fizessem.

Se querem os cafres fallar a este rei, logo á entrada da porta se deitam no chão, e deitados entram para dentro da casa arrastando-se até onde o rei está, e d'ali deitados de ilharga lhe fallam sem olharem para elle, e emquanto lhe vão fallando, juntamente vão batendo as palmas (que é a principal cortezia de que uzam os cafres) e depois de concluido seu negocio a que foram, do mesmo logar se tornam para fóra do modo que entraram, de maneira que nenhum cafre póde entrar em pé a fallar ao rei, nem menos olhar para elle quando lhe falla, salvo se são familiares e particulares amigos d el-rei, ou quando está em conversação com elles. Os portuguezes quando lhe vão fallar não entram arrastando-se pelo chão, como fazem os cafres, senao em pé, mas entram descalcos, e chegando junto do rei deitam-se no chão, recostados sobre um lado, quasi assentados, e d'esta maneira fallam ao rei sem olharem para elle, batendo-lhe tambem as palmas, de quatro em quatro palavras, como é costume.

Dos chinas se conta que usam quasi da mesma reverencia quando fallam aos presidentes ou juizes, porque tanto que entram na sala onde elles estão logo á entrada se põem de joelhos e assim vão entrando até o meio da sala, com a cabeça baixa e os olhos postos no chão, e d'alli fallam o que querem com voz baixa e humilde, e recebendo a resposta, d'alli mesmo se tornam, vindo recuando para traz sem levantarem os olhos, nem virarem as costas ao juizes com que fallaram.

Este Quiteve costuma ter a uma ilharga da casa em que falla com as partes, algumas panellas grandes cheias de vinho, que os cafres fazem de milho, ao qual vinho chamam pombe: e com este costuma convidar os que o vão visitar, assim cafres como portuguezes, e ainda que os portuguezes não possam beber o tal vinho, forçadamente o hão de beber e festejar, mostrando que o rei lhe faz grande mimo e mercê, porque se fizer algum o contrario, se diser que não é costumado a beber aquella casta de vinho, logo o rei lhe arma uma querella, ou trapaça, a que os cafres chamam empofia, dizendo que deixa de beber por lhe desprezar o seu vinho, ou por cuidar que lhe dá n'elle peçonha, fazendo d'elle mau rei, e assim o manda sair fóra da sua casa ficando muito agravado, ou fingindo que o fica do portuguez. E logo lhe manda recado que se não saia fóra da cidade sem sua licença, e primeiro que o pobre do homem haja licença do rei para se tornar para sua terra, gasta quanto tem, com dadivas e peitas que lhe dá assim a elle como a seus vassallos. D'estas empofias costuma o Quiteve fazer muitas, sobre quaesquer cousas, ainda que muito leves, quando vê que lh'as podem pagar os culpados n'ellas.

CAPITULO VIII

Das exequias que o Quiteve faz em cada um anno aos reis defuntos, onde ordinariamente lhe falla o diabo

ESTE Quiteve todos os annos em o mez de setembro, quando apparece a lua nova, sobe a uma serra muito alta situada perto da cidade em que mora, chamada Zimbaohe, e em cima d'ella faz grandes exequias pelos reis seus antepassados, que todos ali estão sepultados: e para este effeito leva muita gente comsigo, assim da sua cidade, como d'outras muitas partes do seu reino, que manda chamar. E a primeira cousa que fazem, tanto que chegam acima da serra, é comer e beber do seu pombe até que se embebedam todos, e o rei é o primeiro que isto faz (cousa muito costumada, e não estranhada entre os cafres) e n'estes comeres e beberes continuam oito dias com muitas festas: uma das quaes, e a principal de que el-rei usa, é pemberar, como elles lhe chamam, correndo de uma parte para outra, do modo que em Portugal usam o jogo das canas. Para estas festas se veste o rei, e mais grandes do seu reino dos melhores pannos de seda que tem, ou de algodão, e atam pela testa uma fita larga com muitos cadilhos tecidos n'ella, como franja de alcatifas, os quaes lhe ficam pendurados sobre os olhos e rosto, como topete de cavallo, e divididos tantos de uma parte como da outra, e todos a pé, remetem uns contra os outros, com arcos e frechas nas mãos fazendo que atiram, e pelejam, despedindo todas as frechas por alto, de modo que se não firam, e d'esta maneira dão mil carreiras e voltas com muitos momos, até que cansam e se não pódem bulir e aquelles que mais aturam no campo esses são os mais exforçados e valentes e ganham o premio, que está posto no jogo. Garcia de Mello que estava por capitão de Sofala no tempo que eu lá residia, mandou fazer uma fita larga com grandes franjas de seda e ouro, e a mandou com outras peças de preço ao Quiteve, e o que mais estimou foi a fita para quando pemberasse, por que é jogo de que usa muitas vezes.

Depois que o rei tem festejado oito dias, então se põe em feição de chorar os defuntos, que ali estão enterrad s, no qual pranto juntamente quantos ali estão continuam dois dias ou tres, até que se mete o diabo em um cafre d'aquelle ajuntamento, dizendo que é a alma do rei defunto, pae do rei vivo que ali está fazendo aquellas exequias, e que vem fallar a seu filho. O cafre endemoninhado fica logo tal como quem tem o diabo no corpo, estirado no chão, feio, mal assombrado, e fóra de seu juizo, e d'esta maneira falla o diabo pela sua boca todas as linguas estrangeiras d'outras nações de cafres, que muitos dos que estão presentes entendem. E além d'isso começa logo de escarrar, e fallar como fallava o rei defunto que representa, de modo que parece ser o proprio, assim na voz como nos meneios, pelos quaes signaes conhecem os cafres que já é vinda a alma do rei defunto como elles cuidam. Sabido isto pelo rei que ali está fazendo as exequias, vem logo acompanhado de todos os grandes ao logar onde está o endemoninhado, e prostram-se todos diante d'elle, fazendo-lhe grandes cortezias, e logo se apartam todos para uma banda, e fica o rei só com o endemoninhado, fallando amigavelmente como quem falla com seu pae, que é defunto, e ali lhe pergunta se ha de ter guerras, e se vencerá n'ellas seus inimigos, se haverá fomes, ou trabalhos no seu reino, e o mais que d'elle quer saber, e o diabo lhe responde a todas estas perguntas, e lhe aconselha o que ha de fazer mintindo-lhe ordinariamente, no mais do que lhe diz, como falso, e inimigo que é do genero humano, e nem isto basta para estes cegos deixarem de lhe dar credito, vindo cada anno a consultal-o da maneira que tenho dito. Depois d'esta pratica, sae-se o diabo d'aquelle corpo deixando o negro endemoninhado muito cansado, moido, e sempre mal assombrado. Isto concluido vae-se o rei para sua casa com toda a mais gente que ali veiu ás exequias, e os cafres louvam grandemente ao seu rei, por ser tão bemaventurado, que lhe vem fallar os reis defuntos, que elles tem por bem aventurados, e poderosos no outro mundo, e que podem conceder ao rei vivo quantas cousas lhe pedir. Alguns portuguezes, se acharam já n'este ajuntamento acaso, e viram todas estas cousas que tenho dito.

D'este modo que o diabo tem em fallar a estes barbaros, usa com os màis dos gentios, como eu soube de algumas partes onde se fazia o mesmo n'esta costa, e ainda na India. O P. Mendonça no livro que fez da China, refere, que navegando uns frades descalços da China para as Philippinas em um navio de chinas gentios, tiveram tão grande tormenta, que os chinas com medo da morte começaram de chamar o diabo, que lhe succorresse, e os religiosos por outra parte se pozeram a esconjurar, e a amaldicoar os demonios, de modo que não acudiram aos brados dos gentios, como costumam em taes apertos, antes se ouviu claramente a voz de um demonio, que dizia: Não acudimos nem respondemos a vossas petições, por que no-lo estorvam esses frades que levaes comvosco. Mas indo a tormenta por diante, tornaram os chinas a consultar os demonios por escripto, do qual modo nunca deixa de lhe responder, como logo fez (não obstante quantos esconjuros os padres faziam) e respondeu aos chinas, que não temessem, porque antes de tres dias chegariam a porto seguro, no que lhes mentiu como faz ordinariamente, porque não chegaram a terra senão depois de muitos dias.

Junto das ilhas Philippinas estão outras ilhas povoadas de gentios chamados illocos, os quaes adoram o diabo, fazendo-lhe muitos sacrificios, nem tem outro deos a quem adorem: de modo que os mais dos gentios tem trato e commercio com o diabo, uns embocadamente, como fazem os cafres nas suas exequias, cuidando que são almas dos defuntos; outros clara e descobertamente, sabendo que são demonios como fazem os chinas, e illocos, e outros muitos, que aqui não refiro por abreviar.

CAPITULO IX

De como estes cafres não adoram cousa alguma, e de alguns dias que teem de guarda, em que não trabalham, e dos paraisos que cuidam haver

Cuido certamente que a nação dos cafres é a mais barbara, e bruta que ha no mundo, porque nem adoram a Deus, nem tem idolos a que adorem, nem imagens, nem templos, nem usam de sacrificios, nem menos tem ministros dedicados ao culto divino, cousa que toda a nação de gente tem, pelo instincto natural, que os move á religião, e culto sagrado, principalmente tendo noticia da outra vida como estes cafres tem, e assim difficultosamente se convertem, nem aceitam a lei de Christo, que muitas vezes lhes ensinamos, e pregamos, nem menos a dos mouros, que de continuo andam misturados com elles, e vivem nas suas terras, e são quasi como cafres, assim na côr negra, como nos costumes, e conversação; sómente sabem confuzamente que ha Deus grande, a que chamam Molungo, mas não lhe rezam, nem se encommendam a elle. Quando padecem algumas necessidades ou esterilidades, ao rei se soccorrem, cuidando firmemente que elle é poderoso para lhe dar todas as cousas que desejarem, e houverem mister, e que tudo póde alcançar dos defuntos seus antepassados, com os quaes lhes parece que falla. Pela qual razão, ao rei pedem a chuva, quando lhe falta, e todas as mais bonanças de tempos para suas novidades, e quando lhe vão pedir qualquer cousa d'estas levam-lhe grande presente, o qual o rei acceita, e responde que se tòrnem embora para suas casas, que elle terá cuidado de satisfazer a sua petição; e tão barbaros são, que vendo quantas vezes o rei lhe não dá o que lhe pedem, não se desenganam, antes de novo lhe levam móres offertas, e n'estas idas e vindas gastam muitos dias, até que vem alguma conjuncção de chuva, com que ficam os cafres satisfeitos, tendo para si que o rei lhe não concede o que lhe pedem, senão depois de o terem bem peitado, e importunado: e o mesmo rei assim o diz, para os sustentar em seu erro.

Estes cafres tem muitos dias de guarda, em que não trabalham, dados pelo rei, sem elles saberem a que hora, nem por que causa lh'os mandam guardar, sómente sabem quando vem os taes dias, em que fazem grandes festas e bailes. Chamam a estes dias musimos, que quer dizer almas de santos já defuntos, e tenho para mim que á honra d'estes seus negros santos guardam estes dias. Um portuguez morador em Sofala foi com suas mercadorias ao Zimbaohe, onde mora o Quiteve, para d'ahi passar as Manicas, onde ha muitas minas de ouro, e estando n'esta cidade do Quiteve mandou matar uma vacca em sua casa, para dar de comer a seus escravos, e a outra gente que levava comsigo para lhe ajudar a vender suas mercadorias, e n'este dia que se matou a vacca, se celebrava uma festa d'estes musimos que tenho dito. Esta nova foi logo levada ao Quiteve por via de seus malsins, que tem infinitos para lhe mexericarem quanto se faz na cidade, e ainda em todo o reino, o qual Quiteve mandou logo dizer ao portuguez, que fizera muito mal de quebrantar o seu dia santo, matando n'elle a vacca, e já que tal fizera, deixasse estar a vacca sem lhe pôr mais mão, por que o musimo d'aquelle dia havia de comer a propria vacca, e que a cobrissem com rama. D'esta maneira esteve a vacca morta em casa do portuguez, sem consentir o rei que se tirasse nada d'ella, e ali apodreceu, e cheirava tão mal, que o portuguez se quiz sair da casa por esse respeito, e tomar outra, mas o Quiteve o não quiz consentir, senão que em pena da morte da vacca no dia do seu musimo lhe soffresse o ruim cheiro, ou que pagasse a empofia que tinha feito, pela qual razão vendo-se o portuguez forcado, e obrigado da pena em que vivia, veiu a concerto com o rei, e pagou-lhe cincoenta pannos da empofia que fizera, e não comeu a vacca, antes lhe soffreu o ruim cheiro muitos dias. Esta observancia tão rigorosa d'este dia santo, mostrou o ladrão do Quiteve, mais para roubar o portuguez, que por querer que lhe guardasse o tal dia.

Não tem estes cafres noticia da creação do mundo, nem que Deus fez o homem, nem que ha inferno para os maus, e gloria para os bons, mas com tudo sabem que a alma do homem é immortal e que vive eternamente no outro mundo, e cuidam que lá vivem com suas mulheres, muito a sua vontade, e levam lá melhor vida que n'este mundo, mas não sabem em que parte esta este logar da sua habitação. Perguntando eu algumas vezes a cafres honrados e bem entendidos, em que logar estavam seus reis defuntos, e os mais a quem tinham por santos, se lhe parecia que estavam no ceo, me responderam que no ceo não estavam mais que Deus, a quem chamam Mulungo, e que os seus defuntos estavam em umas terras, e logares mui fartos, alegres e frescos, mas não sabiam em que parte, aos quaes logares chamam paraizos de contentamentos, festas e alegrias.

Este mesmo erro tão barbaro tem os gentios de Camboja, affirmando que ha vinte e sete paraizos, uns mais nobres e melhores que os outros, onde se recolhem as almas dos justos que passam d'esta vida, segundo seus merecimentos, e tambem as almas dos brutos animaes: e pela mesma ordem dizem que ha treze infernos, onde vão os peccadores, uns mais abaixo, outros menos, segundo suas culpas; de modo que todas, ou as mais das nações, ainda que barbaras, entendem que depois da morte ha outra vida, na qual se da premio aos bons, e castigo aos maus. Estes cafres tambem sabem que ha diabo, a quem chamam musuca, e que é mau, e faz muitos males aos homens. Fazem muita festa o dia que vem a lua nova o qual costume cuido tomaram dos mouros que andam por estas terras espalhados, e fazem o mesmo. Dizem que o sol quando se poe vae dormir. Não lêem nem escrevem, nem tem livros, e todas as cousas e historias antigas, de que tem noticia, sabem somente por tradição de seus antepassados. Tem para si que os bogios foram antigamente homens e mulheres, e assim lhe chamam na sua lingua gente de primeiro.

CAPITULO X

De tres generos de ministros de que se serve o Quiteve

Tem o Quiteve duzentos ou trezentos homens de guarda, a que chamam inficis, que e o mesmo que algozes carniceiros. Estes andam cingidos com uma corda grossa pelo pescoço e pela cintura, e trazem nas mãos uma machadinha de ferro mui luzente, e uma maça de pau de comprimento de um covado, que são os instrumentos com que matam a quem el-rei manda matar, dando-lhe primeiro com a maça na cabeça como a porco, com a qual pancada derrubam logo no chão a quem quer que dão, e com a machadinha lhe cortam logo a cabeça. Estes ordinariamente andam gritando ao redor das casas e cercas d'el-rei, dizendo, inhama, inhama, que quer dizer, carne, carne, significando n'isto, que lhe mande o rei matar alguem e que lhe dê que fazer no seu officio de algozes.

Tem este rei outro genero de cafres, a que chamam marombes, que é o mesmo que chocarreiros, os quaes tambem andam gritando ao redor das casas reaes, com vozes mui desabridas, dizendo muitas cantigas e prozas, em louvor do rei, entre os quaes lhe chamam senhor do sol e da lua, rei da terra e dos rios, vencedor de seus inimigos, em tudo grande, ladrão grande, feiticeiro grande, leão grande e todos os mais nomes de grandeza, que elles podem inventar, ou sejam bons, ou maus todos lhe attribuem. E quando este rei sae fóra de casa, vae rodeado e cercado d'estes marombes, que lhe vao dizendo estes mesmos louvores com grandissimos gritos, ao som de alguns tambores pequenos, e de ferros e chocalhos, que lhe ajudam a fazer maior estrondo e grita.

Serve-se mais o Quiteve do outro genero de cafres, grandes musicos, e tangedores que não tem outro officio mais que estarem assentados na primeira sala do rei e á porta da rua e ao redor das suas casas, tangendo muita differença de instrumentos musicos e cantando a elles muita variedade de cantigas e prosas, em louvor do rei, com vozes mui altas e sonoras. O melhor instrumento, e mais musico de todos em que estes tangem, chama-se ambira, o qual arremeda muito aos nossos orgãos. Este instrumento é composto de cabaços de aboboras compridas, uns muito grossos, e outros muito delgados, armados de tal feição que ficam todos juntos, postos por ordem, os mais pequenos e mais delgados, que são os tiples primeiro, postos da mão esquerda em revez dos nossos orgãos e logo apos os tiples, se vão seguindo os mais cabaços. com suas vozes differentes; de contraltos, tenores e baixos, que por todos são dezoito. Cada um d'estes cabaços tem uma bocca pequena feita na ilharga, junto ao pé e em cada fundo tem um buraco do tamanho de um patacãoe n'elle posto um espelho, feito de umas certas teas de aranha, muito delgadas, tapadas e fortes, que não quebram. E sôbre todas as boccas d'estes cabaços, que estão eguaes, e postos em carreira, tem armada uma ordem de teclas de pau delgadas, e sustentadas no ar com umas cordas, de modo que cada tecla fica posta sobre a boca de seu cabaço, em vão, que não chegue á mesma boca. Depois d'isto assim armado, tangem os cafres por cima d'estas teclas com uns paus, ao modo de paus de tambor, nas pontas dos quaes estão pegados uns botões de nervo, feitos em peloiros, muito leves, do tamanho de uma noz, de maneira que tangendo com estes dois paus por cima das teclas, retumbam as pancadas dentro nas boccas dos cabaços, e fazem uma harmonia de vozes mui consoantes e suaves, que se ouvem tão longe como as de um bom cravo. D'estes instrumentos ha muitos, e muitos tangedores, que os tocam muito bem.

Outro instrumento musico tem estes cafres, quasi como este que tenho dito, mas e todo de ferro, a que tambem chamam ambira, o qual em logar dos cabaços tem umas vergas de ferro, espalmadas. e delgadas, de comprimento de um palmo, temperadas no fogo de tal maneira, que cada uma tem sua voz differente. Estas vergas são nove somente, e todas estão postas em carreira, e chegadas umas as outras, pregadas com as pontas em um pau, como em cavalete de viola, e d'ali se vão dobrando sobre um vão que tem o mesmo pau ao modo de uma escudella, sobre ó qual ficam as outras pontas no ar. Este, tangem os cafres, tocando-lhe n'estas pontas que tem no ar, com as unhas dos dedos pollegares, que para isso trazem crescidas e compridas; e tão ligeiramente as tocam, como faz um bom tangedor de tecla em um cravo. De modo que sacudindo-se os ferros e dando as pancadas em vão sobre a bocca da escudella ao modo de berimbau, fazem todos juntos uma harmonia de branda e suave musica de todas as vozes mui concertadas. Este instrumento é muito mais musico que o outro dos cabaços, mas não soa tanto e tange-se ordinariamente na casa onde está o rei, porque é mais brando e faz mui pouco estrondo.

Outros muitos instrumentos tem estes cafres, a que elles chamam musicos, de que usam, mas eu chamo-lhe atroadores de ouvidos, como são umas cornetas grandes de uns animaes bravos que chamam paraparas e por razão d'este nome chamam ás cornetas parapandas, as quaes tem uma voz mui terrivel e espantosa que soa tanto como uma trombeta bastarda. Tem muitos tambores de que usam, ao modo de atabales, uns grandes e outros pequenos, que temperam e ordenam de maneira, que uns lhe respondem em tiple e outros nas demais vozes, ao som dos quaes cantam os mesmos tangedores, com vozes tao altas o desabridas, que atroam toda a terra onde cantam e tangem. Quando o Quiteve manda embaixadores para alguma parte, sempre manda em sua companhia estes tres generos de gente, os quaes sempre vao exercitando seu·officio, uns tangendo, outros gritando e bailando e gabando ao seu rei da maneira que fica dito. D'estes tres generos de cafres se serve o Quiteve sempre em sua casa, como de moços da camara para mandados, e muitas vezes lhe servem de correios para algumas partes do seu reino: os quaes indo com este titulo, por todas as terras por onde passam são venerados e bem recebidos de todos e sustentados de todo o mantimento que lhe é necessario, de graça, e se lh'o não dão de boa vontade, elles o tomam por força, sem haver quem lh'o contradiga e mais em particular os inficis carniceiros, porque estes como taes tem menos temor e respeito aos outros cafres e fazem absolutamente tudo o que querem, e todos lhes tem grandissimo medo por serem carniceiros e andarem costumados a matar gente, e trazendo sempre comsigo por sua divisa os instrumentos de morte, convem a saber: cutello e corda, que a todos atemorisa e assombra.

CAPITULO XI

De tres generos de juramentos espantosos de que usam estes cafres

TREZ generos de juramentos tem estes cafres, de que usam em juizo, terribilissimos e espantosissimos, dos quaes usam quando algum cafre tem commettido alguma culpa grave, de que não ha prova bastante ou quando nega alguma divida ou quaesquer outras cousas similhantes, pelas quaes seja necessario deixar a certeza d'ellas no juramento dos culpados e elles querem jurar para prova de sua innocencia. O primeiro juramento e mais perigoso chama-se juramento de lucasse, que é um vaso cheio de peçonha o qual dão a beber ao que jura, dizendo-lhe que se elle não tem a culpa que lhe põe, ficará são e salvo da peçonha, mas se a tem, logo morrerá com a beberagem, pela qual razão os que se acham culpados, quando os chegam e obrigam a juramento, ordinariamente confessam sua culpa, por não beberem a peçonha, mas se elles são innocentes e não tem a culpa que lhe dão, bebem mui confiadamente a peçonha sem lhe fazer algum mal e com esta prova ficam absolutos d'aquella culpa que lhe punham e o accusador em pena do falso testemunho que deu contra o que accusou, fica captivo do mesmo accusado innocentemente, e perde todos os seus bens, mulher e filhos; metade para el-rei e a outra metade para o accusado.

Ao segundo juramento chamam os cafres juramento de xoca, que é o ferro de uma enxó mettido no fogo e depois de estar mui vermelho e abrazado o tiram do fogo com uma tenaz e o chegam a bocca do que ha de jurar, dizendo-lhe que lamba com a lingua o ferro vermelho, porque se não tem a culpa que lhe attribuem, ficará são e salvo do fogo sem lhe queimar a lingua, nem os beiços, mas que se tem culpa logo lhe pegará o fogo na lingua, beiços e rosto e lh'o queimará. Este juramento é mais ordinario e usam muitas vezes d'elle não sómente os cafres, mas tambem os mouros, que n'estas partes habitam, e o que peor e, que tambem alguns christãos deram já este juramento a seus escravos sobre furtos que suspeitavam terem-lhe feito. De um certo morador de Sofala me affirmaram algumas pessoas que dera este juramento a um seu escravo para que jurasse como lhe não furtara uma pouca de roupa, o qual cafre innocente da tal culpa lambera trez vezes o ferro abrazado em fogo sem lhe fazer mal algum.

O terceiro juramento é de menos perigo, mas não de menos admiração: chamam-lhe os cafres juramento de calão, que é uma panella mui grande cheia de agua quente, que leva um almude e esta e amargosa de certas hervas que lhe deitam. Esta agua morna dão a beber ao que jura, dizendo-lhe que se é innocente da culpa que lhe põe, beberá toda aquella agua de um golpe sem descançar e toda lhe caberá na barriga e depois a lançará outra vez pela bocca fóra, sem lhe fazer algum mal: mas se elle fôr culpado, não poderá beber, nem levar para baixo uma só gota, por que se lhe atravessará na garganta e o affogará.

Estes tres modos de juramento se viram ja experimentar algumas vezes entre estes cafres, com os quaes muitos que juravam falso morriam da peçonha que bebiam, a outros se lhe pegava o fogo na lingua e nos beiços e a outros finalmente se lhe atravessava na garganta a beberagem sem poderem d'ella engolir cousa alguma; e pelo contrario se viu tambem aos innocentes que juravam verdade. não lhe fazerem mal os taes juramentos. Cousa que muito me espantou sempre, nem eu o crera se m'o não contaram pessoas de credito, que se acharam algumas vezes onde fizeram similhantes experiencias, nem sei a que attribua uma tão grande maravilha, salvo a Deus querer mostrar a innocencia d'aquelles que eram accusados falsamente, sem terem culpa ou tambem como dizem mui doutos theologos, poderem estas cousas deixar de fazer damno ao corpo por artificios do demonio, para assim os assegurar mais nos erros em que vivem, trazendo-os cegos toda a vida.

Lucio Siculo, Isidoro e Solino fazem menção de uma fonte que está em Sardanha, na qual se faz uma manifesta e espantosa prova dos ladrões de que se tem suspeita que furtaram alguma cousa, por que estes se é verdade que furtaram, e juram mentira, lavando-se na fonte ficam logo cegos, e os que juram verdade, lavando-se na mesma fonte ficam-lhe os olhos mais claros e com melhor vista do que tinham d'antes.

Na sagrada Escriptura temos outro similhante exemplo no livro dos Numeros, onde se conta como Deus manifestava o peccado ou a innocencia da mulher de quem havia suspeita ser adultera, sem haver d'isso prova bastante, por que o marido que tinha similhantes suspeitas de sua mulher, a levava ao sacerdote, o qual lhe dava umas certas aguas amargosas a beber, e se ella era comprehendida no tal adulterio, as aguas lhe trespassavam e corrompiam as entranhas, de modo que lhe apodrecia o ventre, e d'esta maneira ficava ella infame, e manifesta sua culpa; mas se a mulher era innocente da culpa que lhe punha o marido, ficava salva, e fóra de todo o perigo das aguas, e com esta prova se descobria sua innocencia, e ficava honrada. As quaes cousas todas succediam d'este modo por divina providencia, como mais copiosamente se póde vêr no dito livro. Da mesma maneira se póde presumir que Deus permite que se manifeste a culpa dos maus e a innocencia dos bons, por meio d'estes juramentos que tomam, para justificarem suas causas, acudindo, como justo que é, pela justica dos innocentes. Outro juramento similhante a estes refere João Perez no livro da sua Astronomia. Finalmente estes juramentos que tenho dito de que usam os cafres, foram muitas vezes experimentados, e vista sua experiencia por pessoas de credito, e tudo isto são cousas mui notorias e sabidas em Sofala, como fica dito.

CAPITULO XII

Das feições, trajos, vestidos e officios d'estes cafres, e da caçada real que fazem

Os mais d'estes cafres são pretos como azeviche, de cabello crespo, e gentis homens e mais particularmente o são os macarangas, que vivem nas terras do Quiteve. Todos trazem a cabeça cheia de cornos por galanteria, os quaes fazem do mesmo cabello, torcidos, e direitos para cima como um fuzo, e dentro n,elles metem uns paus delgados, para que andem direitos, sem se poderem dobrar, e por fóra os trazem enrolados com uma fita de certa casca de herva como casca de trovisco, a qual em quanto está fresca pega como grude, e depois de secca fica pegada e dura como pau. Com estas fitas cingem os cabellos em molhos da raiz até á ponta, fazendo de cada molho um corno muito bem feito, e n'isso tem toda sua bizarria e galanteria, concertando-se uns aos outros. Zombam muito dos homens que não trazem cornos, dizendo que andam como mulheres, porque o homem como macho ha de ter cornos, comparando-se n'isso com os silvestres animaes, entre os quaes as femeas não teem cornos, como são os veados, merus, zebras, paraparas e nondos. Nenhum cafre pode trazer os cornos da feição e modo que os traz o Quiteve, o qual traz quatro cornos, um de palmo sobre a moleira, como unicorne, e tres de meio palmo, um d'elles sobre o toutiço e dois sobre as orelhas, cada um de sua parte mui direitos para cima, e por respeito d'estes cornos andam todos com a cabeça descoberta, e não usam de chapeus.

O vestido do rei, e dos mais senhores, é um panno fino de algodao ou de seda, tingido da cinta para baixo até os artelhos, e outro muito maior do mesmo algodão que os cafres tecem, a que chamam machiras, ou de seda, lançado pelos hombros ao modo de capa, com que se cobrem e embuçam, deixando sempre a ponta do panno da mão esquerda tão comprida, que lhe vá arrojando pelo chão, e quanto mais lhe arrasta, mais magestade e gravidade é para elles, e todo o mais corpo trazem nú. Andam todos descalços, até o mesmo rei. Os demais cafres pobres, que são quasi todos, andam nus, assim homens como mulheres, sem se extranhar, nem terem d'isso pejo, e os que mais bem vestidos andam, trazem uma pelle de bogio pendurada da cinta para baixo, por diante, como avental de ferreiro, e as mulheres o mesmo, e todo o mais corpo anda nú, por causa de serem mui pobres, e não terem posse para comprar um panno com que se cubram, pelo menos da cinta até o joelho. Este é o vestido e traje da mor parte de toda esta cafraria, salvo d'aquelles cafres que tem commercio com os portuguezes, ou vivem entre elles, porque os mais d'estes andam cingidos com um panno da cinta até o joelho, e os que mais pódem trazem outro panno maior pelos hombros a modo de capa, com que se cobrem, e o de mais corpo todo nú.

Entre todos estes cafres não ha officiaes, salvo ferreiros que fazem frechas, azagaias, enxadas, machados, e umas meias espadas, a que chamam lupangas, e tecelões, que fazem alguns pannos grossos de algodão, do tamanho de um lençol meão a que chamam machiras; este algodão fiam as mulheres, o que fazem quasi impropriamente, por que o seu officio mais ordinario é cavar, roçar e fazer sementeiras, e tão propria é a enxada na mao das cafras, como a roca na cinta das mulheres de Entre Douro e Minho, pelo que os cafres que acertam de ter mulheres trabalhadeiras, são mais ricos e tem melhor comer. Alguns cafres tambem rocam e cavam, e ajudam suas mulheres, mas são mui poucos os que isto fazem, por que todos são preguicosos e amigos do ocio, e dados a folgar, cantar e bailar; e por este respeito são pobres, e no que mais se exercitam, é em caçar silvestres animaes, bogios e feras para comerem.

O Quiteve costuma fazer algumas cacadas reaes, a que leva todos os cafres da cidade em que mora, que são tres ou quatro mil homens, pouco mais ou menos, e com toda esta gente se vae aos matos, que estao perto da cidade, e cerca muita parte d'elles em roda, e d'esta maneira vem todos em ala batendo o mato, e enxotando quantos animaes n'elle estão com grande grita e alaridos, até os virem cercar em algum campo descoberto, onde se juntam tigres, onças, leões, elephantes, bufaros, veados, porcos, javalis e outros muitos animaes bravos de que os matos são bem povoados, e depois que tem este gado cercado, e encerrado entre si, então lhe lançam os cães, e lhe atiram com flexas e azagaias e matam muita parte d'elle, de que fazem muita chacina e tassalhos, assim para o rei, como cada um para si. N'esta caçada que o Quiteve faz muitas vezes, é licito aos cafres poderem matar leão, e não em outro tempo, ou logar fóra d'aqui, por que ha em todo este reino uma lei, que o Quiteve tem posta, em que manda sob pena de morte, que nenhuma pessoa mate leão, por que elle chama-se leão grande, e como tal diz que é obrigado a conservar a vida dos mais leões, e sómente em sua presença permitte que os possam matar por recreação sua. D'esta carniça comem todos n'aquelle proprio logar com muita festa e regosijo, e a mais carne trazem para suas casas.

CAPITULO XIII

Das vivendas e logares dos cafres, e dos mantimentos que comem, e modo que tem em julgar suas empofias e causas

POSTO que muitos cafres d'esta Ethiopia vivem pelos matos, embrenhados em suas choupanas, com suas mulheres e filhos, como silvestres animaes, com tudo os mais d'elles habitam em povoações pequenas, e outras mui grandes de dois e tres mil visinhos. Em cada povoação d'estas mora um governador, ou capitão posto pela mão do rei, o qual tem jurisdiccão para julgar as empofias e demandas dos cafres da sua povoação em cousas leves, mas não em casos graves, por que de todos esses toma conhecimento o rei, e diante d'elle se tratam, e elle os julga verbalmente como lhe parece. As penas de dinheiro ou de bens alguns, em que os réos são condemnados por el-rei ou por algum capitão, a metade d'elles são para o julgador e a outra metade para o auctor: e o reu paga tudo á risca.

As casas em que vivem estes cafres são redondas, de madeira tosca, cobertas de palha do modo de um palheiro do campo. Esta casa mudam de uma parte para outra cada vez que elles querem. O movel que tem dentro é uma panella em que cosem o milho que comem, e duas enxadas para cavarem, um arco e flechas com que caçam, uma esteira de junco que elles mesmos tecem, em que dormem, e mais ordinario n'elles é dormirem no chão, e quando tem frio fazem fogo no meio da casa, e dormem ao redor d'elle, marido e mulher e filhos, mettidos no borralho como gatos. Esta pobreza e vida miseravel, é ordinaria de toda a cafraria, no que sentem pouca pena, por nascerem e se criarem d'este modo: e tão costumados andam já com estes trabalhos, que os tem por vida e natureza, como brutos animaes, a que são similhantes em muitas cousas.

O mantimento ordinario dos cafres, é milho, legumes, fructas do mato e pescado, que tomam nos rios em covões, e caniços, e todo genero de animaes que matam pelos matos, e brenhas, como são bogios, cães, gatos, ratos, cobras e lagartos, assim da terra como dos rios, a que elles chamam gonas, e nós crocodilos, de modo que a nenhuma carne perdoam.

Em algumas partes d'esta cafraria, e mais em particular na terra firme, que está defronte das ilhas do Cabo Delgado, ha muitas canas, como as de Portugal bravas, que nascem pelos valados, os quaes de tres em tres annos, e muitas vezes de dois em dois, dão e criam umas espigas mui grandes, cheias de grão quasi do modo e feição de centeio de que os cafres colhem uma grande novidade de que se sustentam e fazem d'elle tanto caso quasi como do milho. Eu comi algumas vezes pão que se fez d'esta semente e achei que era muito bastante mantimento. Tambem ha muito arroz por estas terras, mas os cafres não lhe são tão affeiçoados como ao milho, que é mais substancial, e põe mais força que o arroz mas ordinariamente o semeam para vender aos portuguezes, e mais em particular na costa de Melinde e do Cabo Delgado, onde ha infinito arroz que é veniaga de muitos mercadores.

O vinho ordinario que bebem estes cafres, é feito de milho, a que chamam pombe. Este fazem da maneira seguinte. Primeiramente deitam de molho em agua um alqueire de milho, pouco mais ou menos, onde o deixão estar dois dias, nos quaes rebenta e nasce, e depois d'isso lhe escorrem aquella agua, e o enxugam duas ou tres horas, e elle bem enxuto o pizam muito bem até que fica como massa, o que fazem em um gral mui grande que dá pela cinta a uma pessoa, ao qual os cafres chamam cuni e os portuguezes pilão, como fica dito. Feita esta massa põe ao fogo um grande azado meio d'agua e depois que ferve lhe vão botando obra de meio alqueire de farinha de milho, pouca e pouca, indo mexendo como quando se faz um caldo; e como ferve um pouco tiram o azado do forno e deitam-lhe dentro a massa que tem feita dè milho pisado, mexendo-a sempre até que se desfaz em polme e d'esta maneira fica este azado dois dias, nos quaes está o cozimento fervendo e cozendo sem ter fogo como faz o mosto das uvas, e a cabo de dois dias o bebem, e d'esta maneira fazem cada dia. Este pombe embebeda como vinho, se bebem muito d'elle sustenta tanto que muitos cafres não comem nem bebem outra cousa mais que este pombe e sómente com elle vivem. Se o deixam estar no azado quatro ou cinco dias faz-se muito azedo e quanto mais azedo é mais embebeda, e com esse folgam os cafres porque dizem que lhe põe mais força.

Em toda esta cafraria se cria uma certa herva que os cafres semeiam, a que chamam bangue, a qual é da propria feição do coentro espigado e parece-se muito com elle na semente e na palha, mas não na folha por que esta a tem ao modo de goivos. Esta palha e folhas seccam os cafres, e depois de bem seccas as pizam e fazem em pó, e d'este comem uma mão cheia, e bebem-lhe agua em cima, e assim ficam mui satisfeitos, e com o estomago confortado, e muitos cafres ha que com este bangue se sustentam muitos dias sem comer outra cousa, mas se comem muito junto, embebedam-se com elle de tal modo como se bebessem muito vinho. Todos estes cafres são mui amigos d'esta herva, e ordinariamente a comem e com ella andam meios bebados, e os que são costumados a ella escusam o pombe porque só com ella se satisfazem.

CAPITULO XIV

De algumas leis que os cafres tem, e das sortes de que usam e lançam em todos seus tratos.

Todos estes cafres primeiro que façam alguma cousa, ou seja caminho, ou mercancia, ou sementeira, lancam sortes para saberem se lhe succederá bem ou mal, e se a sorte lhe sae differente do que elles querem, não fazem aquelle dia o que determinavam fazer. Por estas sortes adivinham tambem muitas cousas perdidas, ou furtadas, e estes cuido eu que são feiticeiros, posto que elles se não manifestam por taes. As sortes de que todos usam, são uns pequenos pedaços de pau redondos, espalmados e furados pelo meio e mais pequenos que tabolas de jogar: a estes paus ou sortes chamam os cafres chacatas, e todo o cafre traz estas chacatas comsigo enfiadas em uma linha, para usar d'ellas quando lhe succede alguma cousa duvidosa; n. s quaes casos lançam estas sortes do modo que cá fazem com dados, umas tantas vezes.

e n'ellas dizem elles que se lhe mostra o que querem saber ou de bem ou de mal e tanto credito lhe dão como nós ao Evangelho. Os cafres que se acham sem estas chacatas, quando lhe succede alguma cousa duvidosa que hajam de consultar pela sorte, então fazem outro modo de sortes no chao, com certos riscos a que tambem dão muito credito.

Dos chinas se conta que tambem lançam estas sortes diante dos idolos e se ellas não lhe acodem á sua vontade, dão muita pancada nos idolos e queimam-lhe os pés ou mãos e quando menos mal lhe fazem é metel-os na agua, ou dar com elles em terra tantas vezes até que lhe sae boa sorte: e posto que depois ao experimentar o negocio sobre que lançaram a sorte lhe succeda ao contrario do que esperavam, com tudo nunca se acabam de desenganar e ter as taes sortes por falsas e incertas.

Alguns cafres ha que sao grandes feiticeiros e fallam com o diabo a quem chamam mestre das feitiçarias. E porque os mais d'elles são inclinados a este vicio, por tanto é prohibido pelo rei da terra que ninguem seja feiticeiro sem sua licença, porque sómente elle e seus amigos quer que usem d'esta sciencia. E todo o cafre que fôr feiticeiro sem licença de el-rei, tem pena de morte e perda de seus bens, mulher e filhos, metade para el-rei e metade para quem o accusar. E com ser esta pena tão rigorosa nao faltam muitos feiticeiros secretos, e todos o foram se poderam, segundo são inclinados a este vicio, e com ser isto assim affrontam-se muito de lhe chamarem moroy, que quer dizer feiticeiro. Esta mesma pena do feiticeiro tem o ladrão, a que chamam bava, e a mesma tem o adultero, e qualquer pessoa pode matar estes tres generos de gente em flagrante delicto sem por isso ter pena alguma. Se comtudo a parte agravada não quer que morra o adultero que lhe fez o adulterio ou o ladrão que o roubou, ou o feiticeiro que lhe fez feitiços, então ficam os taes malfeitores captivos das mesmas partes a que agravaram e elles os podem vender e fazer d'elles o que quizerem como de cousa sua, e assim lhe chamam depois de captivos o seu ladrão o seu adultero o seu feiticeiro. Esta pena de perder os bens para el-rei é mui commum entre estes cafres por quaesquer delictos, pelo que os mais d'elles juntam (como elles mesmos dizem) fazenda para el-rei, porque ou tarde ou cedo, elles fazem, ou lhe erguem cousas por onde a percam.

CAPITULO XV

Dos casamentos, partos e mortalhas d'estes cafres

Os cafres d'estas terras compram as mulheres com que casam a seus paes ou mães, e por ellas lhe dão vaccas, pannos, contas, ou enxadas, cada um segundo sua possibilidade e segundo a mulher é. Pela qual razão os cafres que tem muitas filhas para casar, são ricos e vivem muito contentes com ellas porque tem muito que vender. Se algum cafre vive descontente de sua mulher, pode-a tornar a quem lh'a vendeu, mas fica perdendo todo o preço que deu por ella quando a comprou, e o pae ou mãe é obrigado a tomar a filha engeitada, e depois de a ter em seu poder fica descasada do marido que a repudiou e o pae a póde tornar a vender e casar com outro marido. A mulher não se póde apartar do marido, nem deixal-o, nem engeital-o, porque em certo modo fica como sua captiva, que lhe custou seu dinheiro.

Quando estes cafres casam não tem mais cerimonias que concertarem-se as partes e o dia do casamento fazerem grandes bailes, festas e jogos em que se acham presentes quantos moradores ha n'aquelle lugar, onde se faz o casamento, e cada um dos convidados traz sua offerta de milho ou farinha, inhames, grãos, feijões e o mais que cada um póde ou quer trazer e tudo isto dão aos noivos para ajuda dos gastos d'aquelle dia, e a mór parte d'estas offertas se gasta n'estas bodas em comer e beber. Todo o cafre que quizer ter duas mulheres, o póde fazer se tem posse para isso, mas são poucos os que podem e assim não tem mais de uma, salvo os grandes e senhores do reino porque esses tem muitas, entre as quaes uma so é mulher grande, principal e mais estimada, ficando as outras como mancebas.

Algumas cafras ha n'estas terras, tão agrestes como as feras e silvestres animaes, o que mostram claramente em seus partos, porque muitas d'ellas quando lhe dão dôres de parir vão aos matos, e n'elles andam passeando de uma parte para outra, recebendo o cheiro do mato silvestre com que parem mais depressa, como se foram cabras; e depois que parem, vão ás lagoas ou rio e n'elle se lavam e os filhos que pariram e d'ali se tornam para suas casas com elles nos braços sem se apertarem porque não tem com que o possam fazer nem o costumam, nem mesmo se deitam na cama porque a não tem para si, nem para os tenros filhos mais que uma esteira ou uma pouca de palha, onde quando muito se deitam o dia que pariram, salvo se ficam doentes como muitas vezes lhe acontece.

Quando algum cafre morre, não sómente o choram seus parentes e amigos, mas tambem os moradores do logar, ou aldeia em que morava, e o pranto dura todo aquelle dia em que morreu, e o mesmo dia o levam a enterrar em cima da esteira ou catre em que morreu: e se o defunto tinha algum panno para sua mortalha, vae amortalhado n'elle, e senão vae nú como andava sendo vivo. Fazem-lhe a cova dentro no mato, onde o metem quasi assentado e junto d'elle põem uma panella de agua e um pouco de milho, o qual dizem que é para o defunto comer e beber n'aquelle caminho que faz para a outra vida, e sem mais cerimonias o cobrem de terra e sobre a cova lhe põem, a esteira ou o catre em que o levaram a enterrar onde se gastam e consomem com o tempo, sem mais se servirem d'elles, ainda que sejam novos, porque teem grande agouro em tocar na esteira ou catre em que alguem morre, tendo para si que d'aquelle tacto se lhe póde pegar a morte ou algum mal.

Os parentes e amigos choram o defunto oito dias, pela manhã, ao meio dia e ao sol posto; uma hora de cada vez pouco mais ou menos, o qual pranto fazem bailando e cantando em voz alta muitas lamentações e prosas lastimosas feitas ao seu modo, todos juntos em pé, postos em roda, e de quando em quando entra um dos circumstantes no meio da roda, e dá uma volta ou duas e logo se torna a seu logar; e depois que acabam este pranto assentam-se todos em roda e comem e bebem pela alma do defunto que choravam. Isto concluido vae-se cada um para sua casa. Para este convite contribuem os parentes mais chegados do defunto.

Todos estes cafres são deshumanos e crueis uns para os outros. Se algum d'elles adoece e não tem mulher ou parentes e amigos. que lhe queiram muito e curem d'elle, ordinariamente morre ao desamparo, porque nenhum outro cafre ha que se dôa d'elle nem lhe dê cousa alguma de comer, ainda que o veja estar perecendo e morrendo com fóme e necessidade, da qual doença commummente morrem todos, por serem mui pobres e miseraveis, e avaros de qualquer cousa de comer ou beber que tenham: e quando muito o que fazem a estes desamparados, é leval-os algum seu amigo ao mato e deital-os ao pé de uma arvore ou mouta, pondo junto d'elles uma panella de agua e um pouco de milho, para que comam e bebam se poderem, e ali os deixam até que acabam de morrer, sem mais terem cuidado d'elles; e ainda que algum cafre passe por junto d'elles e os veja lamentar ou gemer, não se doe d'elles, para os remediar. Alguns cafres ha que tem esta deshumanidade tanto por natureza, que em si mesmos executam sua crueldade, porque em se sentindo mal, e parecendo-lhe que já estão no ultimo da vida, mandam-se levar ao mato e postos ao pé de uma mouta se deixam morrer como brutos animaes.

CAPITULO XVI

De cafres alvos e homens que criaram filhos a seus peitos, e de outras monstruosidades

Algumas cafras houve nos reinos de Mocaranga que pariram filhos muito alvos e louros como flamengos, sendo seus paes negros como pez. No tempo que eu andava n'estes reinos do Quiteve, estava uma creança d'estas branca na sua côrte, que o rei ali tinha e sustentava por cousa mui estranha e prodigiosa. O Manamotapa tinha em sua casa outros dois cafres alvos, com a mesma admiração. Dizem os cafres que estas creanças que nascem brancas de mulheres pretas são filhos do diabo, porque elle os gera n'estas cafras, estando ellas dormindo. D. Jeronymo Coutinho, vindo da India por capitao mór das naus, no anno do Senhor de 1600, trazia na sua nau uma cafrinha muito alva, que lhe deu na India o viso-rei D. Francisco da Gama, conde da Vidigueira, a qual eu vi em Gôa em sua casa e depois na ilha de Santa

Elena, onde estivemos todos, vindo eu na mesma armada. Esta cafrinha, filha de dois cafres pretos, era tão alva, que até as pestanas dos olhos tinha brancas: falleceu no mar vindo da ilha de Santa Elena para Portugal.

Em um rio chamado Inhaguea, que está entre Sofala e o rio Luabo, vi uma negra velha de mais de sessenta annos, parida de poucos mezes, estar dando de mamar ao filho que pariu sendo d'aquella edade. Muitas cafras parem dois e tres filhos de um parto: eu vi uma em Sofala, que pariu trez, morreu-lhe um e criou dois até serem de perfeita edade.

Um cafre christão vi em Sofala, chamado Pedro, o qual morrendo-lhe a mulher depois de parir uma filha d'ahi a um mez, elle mesmo tomou a menina, e lhe deu de mamar, a seus peitos, com leite que n'elles teve e a criou perto de um anno até que lhe morreu de lombrigas e não por falta de leite, e depois da menina fallecer se lhe seccaram os peitos, e nunca mais teve n'elles leite. Um dia me mostraram este cafre em Sofala, e contando-me d'elle o caso extraordinario que tenho dito, o mandei chamar e perguntei-lhe o modo que tivera para lhe vir leite aos peitos. Elle me respondeu que a muita pobreza e necessidade em que se vira posto nos matos onde morava com uma criança sem mãe, chorando, sem ter quem lhe desse de mamar, essa o ensinara e movera a meter-lhe o seu peito esquerdo na boca, para d'esta maneira a fazer calar, chupando n'elle em secco e depois lhe dava papa muito rala a beber; e continuando isto dois ou tres dias no cabo d'elles lhe acudiu leite ao mesmo peito em que a menina mamava, e pouco e pouco lhe veiu crescendo o leite em tanta quantidade, que foi bastante para crear sua filha perto de um anno, até que morreu, como fica dito.

Contando eu na India este caso, me disseram pessoas de credito, que na fortaleza de Ormuz houve um judeu de signal (dos quaes vivem muitos na India) o qual tambem criou um filho a seus peitos por falta da mãe e mulher sua, que lhe falleceu na dita fortaleza, deixando a criança de pouca edade, e por ser pobre não quiz buscar ama para o filho, porque tinha leite nos peitos mui bastante para o criar, como criou.

Um cafre vi no rio dos Bons Signaes, a que os cafres chamam Quelimane, o qual tinha peitos mui grandes sahidos para fóra, como peitos de uma mulher que cria, mas este nunca teve leite n'elles, porque lhe perguntei, e me informei d'isso, dizendo-me que de sua propria natureza tinha os taes peitos, e que já seu avô da parte da mãe tivera os mesmos peitos grandes.

Gabriel Rebello, feitor e alcaide-mór que foi da fortaleza de Maluco, no livro que fez das cousas notaveis d'aquellas ilhas Malucas, dirigido a D. Constantino, vice-rei que foi da India, diz que um seu compadre e amigo morador na mesma fortaleza de Maluco, chamado Francisco Palhã tinha um grande bode em sua casa, juntamente com outras cabras, o qual tinha uma grande têta cheia de leite, em que lhe mamavam os cabritos, e elle os consentia e agasalhava, como se fôra sua propria mãe.

Depois que vim da India para Portugal, soube como em Moura, villa nobre do Alemtejo, vivia um homem pobre, que ordinariamente ganhava de comer por seu suor, ao qual cummummente chamavam pae velho, e por este nome era mui conhecido n aquella terra. D'este homem me affirmaram, que havia muitos annos que tinha leite nos peitos, e ainda hoje sendo de edade de mais de sessenta annos, o tinha em tanta abundancia, como póde ter uma mulher que cria, o que elle tambem dizem que fez, dando de mamar a duas crianças, filhas de uma sua sobrinha, ou parenta, em cuja casa elle estava. Este homem ainda hoje vive, e perguntando eu por elle a pessoas de Moura, para me inteirar na verdade d este prodigio, me disseram que algumas vezes viram este homem sobre apostas e porfias que outros faziam, se tinha leite ou nao, apertar o peito com a mão, e lancar leite d'elle que lhe esguichava fóra em muita quantidade, e tão grosso, que o provava na unha onde se tinham algumas gotas pegadas e penduradas na mesma unha sem cahirem. A um religioso da ordem de S. Domingos, indo ter a esta villa, mostraram este homem, e lhe contaram como elle dera de mamar a duas crianças, e as ajudara a criar, da maneira que fica dito.

CAPITULO XVII

Das guerras que teve o governador Francisco Barreto com os cafres do Quiteve

Poucos annos havia que el-rei D. Sebastião tinha tomado o governo de Portugal, quando mandou Francisco Barreto com titulo de governador e capitão geral de uma grossa armada, para ir a Sofala conquistar as minas de ouro, que havia no reino de Mocaranga, e particularmente as minas da Manica: em cuja conquista o dito goverdador teve grandes e crueis guerras com o Quiteve, rei das terras que estão entre Sofala e a Manica, por que sempre este lhe quiz tolher e defender a passagem para as ditas minas, situadas no reino d'outro seu visinho, chamado Chicanga, e não podia o governador passar a estas minas, sem atravessar todo o reino d'este Quiteve, o qual não queria consentir, assim por não terem os portuguezes commercio, nem trato com o Chicanga seu inimigo, levando-lhe a suas terras muitas roupas e contas, para resgatarem com ellas ouro das suas minas, com que podia ficar muito rico e poderoso, cousa que elle não queria vêr em seu inimigo, como tambem por lhe não devassarem suas terras atravessando-lhe todo seu reino: pelo que sempre defendeu esta entrada aos portuguezes, e muitas vezes sahiu ao encontro a Francisco Barreto, que ora caminhava por terra, ora nàvegava pelo rio de Sofala acima, seguindo sempre sua conquista com sua gente, e soldadesca ordenada; nos quaes caminhos o Quiteve lhe representava muitas batalhas, e pelejava com os portuguezes mui esforçadamente, dando-lhe muito trabalho e matando alguns: o que tambem fazia com muito risco de seus cafres, porque os portuguezes sempre iam matando n'elles e desbaratando-lhe seus exercitos e ciladas, que os mais dos dias lhe armavam emboscados pelos caminhos. E o Quiteve não tratava de outra cousa mais, que de juntar gente de refresco e mandal-a cada dia pelejar com Francisco Barreto, para que lhe tolhesse o caminho, mas nada bastava para desfazer o exforço e animo constante dos portuguezes, que sempre foram rompendo e desfazendo os recontros dos inimigos padecendo juntamente grandes fomes, por falta dos mantimentos que os cafres lhe esconderam e tiraram de todas as povoações e terras por onde os portuguezes passavam, e d'esta maneira com fomes e guerra continua, e com suas armas ás costas, foram caminhando até á cidade de Zimbaohe, onde estava o Quiteve, o qual sabendo de sua chegada, fugiu da cidade, e recolheu-se em umas grandes serras que perto estavam, com suas mulheres, e muita parte da gente da cidade. que levou para sua guarda, de maneira que chegando Francisco Barreto á cidade, achou n'ella pouca resistencia, e logo lhe poz fogo, queimando muita parte da povoação: e depois d'isso foi continuando seu caminho para o reino de Manica, onde chegou d'ahi a dois dias, sem haver quem lhe tolhesse a passagem, antes o Chicanga sabendo de sua chegada o mandou visitar ao caminho com muitos mantimentos, e vaccas, notificando-lhe como estava mui alvoraçado para o vêr em seu reino. Francisco Barreto lhe mandou agradecer esta boa vontade e gasalhado que lhe fazia, e juntamente lhe mandou um bom presente de roupas e contas, com que o cafre ficou mui satisfeito e contente: e tanto que Francisco Barreto chegou á sua cidade, o sahiu a receber com muita festa, e todos os dias que alli esteve o tratou com muito amor, cortezia e gasalhado, dando-lhe todos os mantimentos necessarios para seu exercito mui abundantemente. N'este tempo assentou Francisco Barreto pazes com o Chicanga, para que d'ali por diante podessem os portuguezes entrar livremente pelo seu reino com suas mercadorias, e resgatar o ouro de suas minas, sem haver quem lh'o estorvasse. As quaes pazes e amizàde o Chicanga acceitou com muito gosto, promettendo de as guardar e sustentar com muita fidelidade para todo sempre.

Tanto que os portuguezes se viram na terra do ouro, cuidaram que logo podessem encher saccos d'elle e trazer quanto quizessem; mas depois que estiveram alguns dias em cima das minas, e viram a grande difficuldade e trabalho que os cafres tinham, e o grande risco e perigo de suas vidas, a que se punham para o tirar das entranhas da terra e das pedras, ficaram frustrados de seus pensamentos.

Este ouro tiram os cafres da terra, e se apanha de tres maneiras. A primeira e mais ordinaria é, fazendo grandes covas e minas, por baixo das quaes andam cavando a terra pelas veias que já conhecem, e d'ali a tiram para fóra e a lavam com agua em gamellas, e assim lhe tiram todo o ouro que a terra tem. Isto fazem com muito perigo de suas vidas, por que muitas vezes se arruinam as minas, e os apanham debaixo, e assim morrem muitos n'este officio: mas é o interesse e cubiça tanta, que tem das roupas que os portuguezes lhe dão pelo ouro, que a todos os perigos se arriscam, pelo tirar das entranhas da terra. O segundo modo de apanhar o ouro é, quando chove, porque então andam os cafres todos pelas regueiras dos campos e das serras em busca do ouro, que então fica descoberto com as enxorradas e correntes das aguas, onde se acham muitas lascas e pedaços de ouro. Terceiramente se tira o ouro de certas pedras que se acham em minas particulares, dentro nas quaes pedras estão muitas veias de ouro, e para lh'o tirarem as quebram e fazem em pó, e depois lavam todo aquelle pó em gamellas, e o que não é ouro se desfaz com a agua e vae fóra, e o ouro fica pegado no fundo da gamella, d'onde o recolhem. A este ouro das pedras chamam os cafres matuca, e é ouro baixo e de poucos quilates, e a todo o outro ouro chamam dahabo, quer seja em pó, quer em lascas.

Depois que Francisco Barreto assentou pazes com o Chicanga, despediu-se d'elle e tornou a voltar pelo mesmo caminho, com determinação de passar pela cidade do Quiteve, e fazer-lhe cruel guerra, quando elle não quizesse pazes com os portuguezes: mas o Quiteve sabendo de sua volta, tomou melhor conselho que d'antes, e o dia que Francisco Barreto começou de entrar pelo seu reino, lhe mandou commetter pazes; as quaes Francisco Barreto aceitou com muito gosto, por assegurar este caminho aos mercadores de Sofala. E visto o pouco proveito que o Quiteve tinha de lhe atravessarem suas terras, levando as mercadoras a outro reino, para de lá trazerem ouro, pareceu bem que lhe dessem alguma coisa para o contentar, e assentaram que o capitão de Sofala que então era, e o que fosse d'ali em diante, seria obrigado a dar ao Quiteve em cada um anno duzentos panos de tributo: pelo qual respeito o Quiteve lhe faria todas suas terras francas e seguras, para que os portuguezes d'ali por diante as podessem livremente atravessar, e levar suas mercadorios ao reino de seu visinho Chicanga, e trazer de lá ouro, sem ninguem lh'o contradizer, nem fazer agravo algum: e assim mais faria todo o rio de Sofala franco, para que os moradores da fortaleza mandassem buscar a elle mantimentos livremente. Aceitadas estas pazes e concertos por ambas as partes, tornou-se Francisco Barreto para Sofala pacificamente, deixando todas as terras do Chicanga e Quiteve quïetas e de paz com os portuguezes. (*)

(*) A Sociedade de Geographia de Lisboa publicou no seu *Boletim* a narrativa contemporanea da expedição de Barreto, pelo P. Monclaio.

L. C.

CAPITULO XVIII

Da curva, ou tributo, que os portuguezes e os cafres pagam ao Quiteve e de como se arrecada.

Já fica dito no capitulo atraz, que pagava o capitão de Sofala de tributo ao Quiteve rei d'aquelas terras, duzentos panos em cada um anno por lhe franquear as terras. Estes duzentos panos valem dentro em Sofala mais de cem cruzados, e isto entre os portuguezes, mas entre os cafres valem mais de cem mil réis. A este tributo chamam os cafres curva, a qual manda o Quiteve buscar e arrecadar em cada um anno dentro a Sofala da maneira seguinte:

Manda quatro embaixadores, que para isso elege, a quem os cafres chamam mutumes. Um d'estes representa n'esta jornada a pessoa do rei, a quem todos os cafres tem a mesma reverencia e respeito n'este caminho sómente. Ao segundo mutume chamam boca d'el-rei, o qual vem para fallar e dar a embaixada do rei. Ao terceiro chamam olho d'el-rei.

porque este tem cuidado de vêr tudo quanto se faz n'esta jornada e embaixada, assim de mal, como de bem, para depois que tornar a côrte relatar tudo ao seu rei, e juntamente para vêr quanta roupa e que tal é a que se lhe entrega. Ao quarto mutume chamam orelha d'el-rei; o qual vem para ouvir tudo o que se diz n'esta embaixada, assim da parte do rei, como da parte do capitão de Sofala, e se os embaixadores acrescentam ou diminuem alguma cousa das embaixadas. Todos estes quatro embaixadores ordinariamente são senhores e ás vezes filhos do mesmo rei, e mais em particular o que vem em seu nome, porque este sempre é maior senhor que os outros trez. A todos estes cafres dá o capitão muitos panos e contas, com que ficam satisfeitos e contentes, além da curva que lhes entreg para o Quiteve, as quaes dadivas são os interesses de sua embaixada: e o Quiteve despacha a estes com similhantes officios, por lhe fazer muita mercê e honra e lhes dar esta occasião de grangear o interesse e dadivas que o capitão lhes dá

Estes embaixadores quando vem buscar esta curva, trazem comsigo mais de cem cafres, assim para os acompanharem, como para levarem as roupas e contas da curva ás costas, como é seu costume, E antes que cheguem á povoacão de Sofala, obra de meia legua pouco mais ou menos, mandam recado ao capitão, de como já são chegados e logo o capitão os manda receber pelo Xeque de Sofala, que é mouro, com outros alguns mouros, para virem em companhia dos cafres até á fortaleza: os quaes entram na povoação todos juntos da maneiea seguinte.

Primeiramente, vem na dianteira alguns tangedores de tambores, e outros instrumentos e alguns bailadores e todos vem cantando e tangendo e atroando a terra toda com suas desabridas e desentoadas vozes, com as cabecas ornadas de penachos de rabo de galo. Logo detraz d'estes se seguem os demais cafres, ordenados todos em uma fileira: no cabo dos quaes vem os quatro mutumes por sua ordem, e no ultimo logar vem o que representa a pessoa do Quiteve, e á sua ilharga o Xeque dos mouros, e d esta maneira mui bem ordenados, entram em Sofala. O capitão da fortaleza os aguarda e recebe com muita cortezia, em uma sala da fortaleza, onde esta acompanhado de todos os portuguezes que ha na terra, e d'ali os manda apresentar no lugar dos mouros, onde os sustenta de todo o necessario os dias que ali estão, que são sete, ou oito. N este recebimento costumava o capitão mandar disparar a artilharia da fortaleza, para com isso festejar aos mutumes, mas elles se assombravam de tal maneira com o estrondo d'ella, que lhe pesava muito de a ouvir, e achavam que era uma festa muito pesada para elles: e assim pediram ao Quiteve mandasse dizer ao cepitão, que quando a sua gente fosse buscar a curva, escondesse os inhafutes da fortaleza (que assim chamam ás peças de artilheria) porque gritavam muito, e eram mui agastados, e não havia quem lhe podesse soffrer os seus gritos: e além d'isso, que todos quantos ouviam aquelle estrondo tão espantoso, ficavam assombrados d'elle de tal modo, que se seccavam e mirravam e muitos morriam d'isso. Este recado mandou o Quiteve ao capitao e de então para cá não despararam a artilheria, e tem os cafres tão grande medo d'ella, que nem a mao ousam de lhe por em cima quando vão á fortaleza, na porta da qual estão tres peças grossas. Da maneira sobredita manda o Quiteve todos os annos buscar esta curva, ou tributo, que Francisco Barreto lhe prometteu, quando fez pazes com elle, no tempo da conquista, como fica dito. (*)

Os cafres vassallos d'este Quiteve tambem lhe pagam seus tributos, da maneira seguinte. Em todas as aldeas e povoações que ha no reino do Quiteve, se faz uma grande seára de milho para el-rei, e todos os moradores do lugar são obrigados a trabalhar n'ella certos dias no anno, que para isso estão já determinados; de modo que os cafres de cada povoação, roçam, cavam e semeiam e colhem esta seara, que n'aquelle lugar se faz para el-rei, a qual o mesmo rei manda arrecadar por seus feitores, que para esse effeito tem em cada lugar. Este é o tributo que todos pagam a este rei, sem outra cousa alguma mais, salvo os mercadores cafres, que

(*) Convem lembrar que estes supostos *tributos*, são de antiga e geral pratica na politica e na administração colonial de todos os povos que as teem tido ou teem. E' um processo alem de sensato, equitativo de compensar e gratificar os pobres regulos indigenas. Pois na longa turba de ignorantes e acintosos exploradores e propagantistas que ao serviço das cubiças e das intrigas dos syndicatos pseudo-evangelicos e mercantões teem inteiramente desauthorisado a geographia africo-ingleza, não teem faltado alguns que pretendem valorisar o facto tão singela e expressivamente narrado por Santos, como argumento contradictorio da nossa soberania, ou como elles velhacamente dizem: das nossas pretenções!... Esquecem ou ignoram o que pagavam e *pagam ainda*, grossamente os hollandezes, os francezes, etc., *e mais do que todos os inglezes*, aos chefes e cabecilhas indigenas de varios territorios e povos da imperatriz das Indias.

tratam em roupas e contas, e em outras mercadorias com os portuguezes, porque esses pagam de cada vinte peças tres para el-rei.

Os portuguezes mercadores, que vão com suas fazendas a Manica, e passam pelas terras do Quiteve, pagam de tributo, ou direitos ao mesmo Quiteve, de vinte pannos um, e o mesmo pagam das contas, e d'esta maneira passam seguros por suas terras, até ao reino da Manica, onde estão as minas de ouro.

CAPITULO XIX

De alguns costumes, abusos e agouros, que teem os mouros de Sofala

Em muitos lugares d'esta costa da Ethiopia Oriental, vivem alguns mouros baços, e nos costumes quasi similhantes aos mesmos cafres e avantajados ainda em muitas superstições barbaras. Quando algum mouro d'estes casa, o dia de seu recebimento busca outro mouro valente e bem disposto, que o leve ás costas, de sua casa até á da noiva, sem descançar no caminho ainda que seja de meia legoa, como algumas vezes acontece, porque todos estes mouros de Sofala vivem espalhados pelos palmares circumstantes da fortaleza, que são como as quintas de Portugal, distantes uns dos outros algumas vezes quasi uma legua. E se acontece cansar no caminho o mouro que leva o noivo ás costas, e não poder chegar com elle até á casa da noiva, em tal caso se não faz o casamento n'aquelle dia, por que tem os mouros por grande agouro não poder o desposado chegar á casa da mulher que ha de ser sua, sem descancar no caminho quem o leva; e assim escolhem outro dia, e buscam outro mouro mais exforçado, que o possa levar de uma só vez, sem descancar no caminho, e é tão usada esta ceremonia entre elles, que nenhum mouro casa sem ella.

Todos os mouros d'esta costa, ainda que sejam muito pobres, e não tenham de comer em sua vida, com tudo fazem muito por ter guardado um panno fino ou canequim para se amortalharem quando morrem. Enterram-se tambem nos matos como os cafres, e dentro na cova lhe metem arroz, milho, manteiga e agua em algum vaso e depois cobrem tudo de terra.

Sobre a cova lhe põem duas pedras levantadas como marcos, uma á cabeceira e outra aos pés, as quaes untam de sandalo moido cheiroso, não sómente logo quando enterram o defunto, mas tambem pelo tempo em diante, vem alli seus parentes untar-lhe as pedras de sandalo, e lançar-lhe arroz sobre as covas, e alguns lhe põem um testo com brazas acesas sobre a cova, com incenso dentro, que esteja defumando aquelle lugar. Trazem estes mouros a enterrar seus defuntos em cima das esteiras, ou catres em que morrem, os quaes lhe deixam ficar sobre as mesmas covas e ninguem se serve mais d'elles, ainda que sejam novos, e alli se gastam e consomem com o tempo, e este costume parece que tomaram dos cafres, que todos fazem o mesmo.

Os moradores de Sofala, christãos, tambem quando lhe morrem os escravos mandam que os levem a enterrar sobre os catres, ou esteiras em que morreram, e não consentem que lhe tornem a levar para casa as taes esteiras, ou catres, senão que fiquem sobre as covas dos defuntos, que ordinariamente se enterram no adro: mas eu sempre os mandava tirar e lançar no rio, ou levar para nossa casa para o fogo, assim por desoccupar o adro, como por lhe tirar estes agouros, o que soffriam mal alguns naturaes da terra, particularmente mulheres: e chegou a tanto sua paixão, que me mandaram avisar com titulo de caridade que não bolisse com as mortalhas e alfaias dos defuntos, porque não era cousa boa, antes me poderiam vir por isso muitos males, causados pelos mesmos defuntos: mas eu tomei seu conselho tanto ao contrario, que d'ali por diante, nem consenti que catre algum, ou esteira lhe ficasse sobre as covas, mas todas logo mandava lançar no rio: o que fazia (como tenho dito) por vêr se lhe podia tirar estas superstições e abusos, vendo elles que nenhum mal me vinha por isso, como diziam que me poderia vir.

Todos os naturaes d'esta terra, assim mouros e gentios como christãos, dão muito credito a sonhos, de modo que se sonham em cousas boas, andam mui alegres e contentes, esperando que lhe succeda alguma cousa boa, ou lhe venha alguma boa nova: e pelo contrario se sonham ruins sonhos, andam muito tristes e pensativos, cuidando no mal que lhes pode succeder. E posto que algumas vezes lhes succeda ao contrario de seus sonhos, nem por isso deixam de lhe dar credito. Se lhe bole o olho direito, dizem que lhes ha de vir alguma boa nova, ou que hão de vêr muito cedo alguma cousa que lhes dê grande contentamento, e pelo contrario, se lhe bole o olho esquerdo. Se ouvem gritar alguma coruja de noite junto de sua casa, ou lhe passa voando por cima d'ella ou pousa no seu telhado, acodem logo com muita pressa a tomar as crianças nos braços, e depois d'isto andam por toda a casa com um panno ou ramo na mão, sacudindo o ar para fora da casa, como quem enxota moscas, porque teem para si que o brado e voz da coruja deixou o ar d'aquella casa inficcionado, de modo que lhes mata as creancas, como se fossem embruxadas.

Outro agouro teem os naturaes d'esta terra, e particularmente os cafres gentios, que é, se lhe dão alguma pancada com cousa vã por dentro, como é canna ou palha, fogem e gritam como se os matassem e antes querem que lhe deem com um pau ou ferro, ainda que lhe dôa, que não com cousa vã por dentro, porque dizem que assim como a canna é vã, assim faz minar e seccar a quem leva suas pancadas, e pouco e pouco se vae consumindo, até que morre. Outros muitos agouros e superstições tem estas gentes mui arreigados no coração, que não ha poder-lh'os tirar, por mais razões que lhe dêem para isso e particularmente as mulheres de Sofala: o que lhe nasce da mistica conversacão que teem com as cafras, que uzam d'estas cousas.

CAPITULO XX

Da ilha Maroupe, situada no meio do rio de Sofala e da caça que n'ella se cria

No rio de Sofala, obra de quatro leguas da fortaleza pelo rio acima, começa uma ilha chamada Maroupe, que tem oito leguas de comprido, e no mais largo legua e meia, pouco mais ou menos. Um portuguez chamado Rodrigo Lobo, era senhor da mór parte d'esta ilha, da qual lhe fez mercê o Quiteve por ser mui seu amigo e juntamente lhe deu titulo de sua mulher, nome que o rei chama ao capitão de Moçambique e ao de Sofala e aos mais portuguezes que muito estima, significando com o tal nome, que os ama e quer que todos lhe façam cortezia, como a sua mulher, e realmente assim é, que todos os cafres veneram muito os portuguezes que teem titulo de mulheres d'el-rei. N'esta ilha tinha Rodrigo Lobo muitos cafres seus escravos e os mais que n'ella moravam, todos eram seus vassallos, Algumas vezes fomos a ella, eu e o padre meu companheiro, a cathechisar e baptisar alguns d'elles, que pela mór parte eram gentios, outras vezes a folgar, porque é a ilha de muita recreação, por haver n'ella grandes pescarias e caça de muitos e varios animaes, como são veados, merús, paraparas, nondos, gazellas, vaccas bravas, que teem pouca differença das mansas, muitos porcos do matto e javalis, e outras muitas castas de feras, que andam em bandos como vaccas ou cabras.

Os moradores d'esta ilha de tres maneiras caçam estes animaes. A primeira e mais ordinaria, é em covas que fazem pelos valles da ilha, onde se recolhem de noite a comer. Estas covas são de altura de um homem e de tres varas de comprido e vara e meio de largo na bocca da cova, e no fundo mui estreitas, de modo que cahindo a caça dentro, trocam-se-lhe os pés em baixo, e não pode tornar a saltar fóra e alli fica entallada e presa, sem se poder mais bolir, onde os cafres a matam sem perigo, nem trabalho, ou a tiram viva. Estas covas armam com paus atravessados por cima e cobertos de palha ou de rama, de modo que não haja signal de cova.

A segunda maneira de caçar é fazendo-lhe cerco da banda da terra, com muita gente e cães que ladrem e façam fugir a caça para o rio, onde tem postas ao longo da terra muitas embarcarões pequenas a que chamam almadias, com dois caçadores em cada uma, um assentado na pôpa, com um remo na mão prestres para remar, e outro na prôa com azagaias, para ferir e matar a caça. Isto preparado no rio e a gente das embarcações mui agachada e quieta, sem fallar, por não ser vista nem sentida da caça, faz a gente da terra uma meia lua e a vae cercando e açulando-lhe os cães, com grande estrondo e grita, e ella fugindo vae buscar o rio para o atravessar a nado á outra banda, como costuma, mas tanto que se lança na agua, acodem mui depressa as almadias remando, e tomam a caca no meio do rio, viva, e alli a prendem e levam á borda da agua, onde a matam sem trabalho algum, nem perigo, e com muita festa. E assim é esta caçada de mais gosto e regosijo que a primeira, porque n ella se toma muitas vezes todo um bando d'estes animaes.

A terceira maneira com que se mata todo o genero de caca, e no tempo das cheias do rio, no qual os mais d'aquelles campos da ilha se alagam e a caça toda foge para os altos da ilha, onde fica cercada sem poder fugir para nenhuma parte. Alli ficam leões, tigres, oncas, elephantes, veados, porcos e todo o mais genero de animaes silvestres e feras, juntos uns com os outros, sem se fazerem mal, como se estiveram em a arca de Noé; e esta conformidade lhe causa o temor das enchentes das aguas que alagam os campos e afogam muitos d'elles. N'este tempo se vão os cafres a estes altos, em almadias, e de dentro d'ellas ferem estes animaes com frechas e azagaias: os quaes vendo-se feridos e acossados, se lançam a nadar sobre as aguas e cuidando assim escapar das feridas se mettem na morte, porque os caçadores vão logo remando em suas almadias e seguindo toda a caça que foge, e no meio das aguas a prendem e matam sem resistencia nem perigo algum, e de suas carnes fazem muita chacina e tassalhos, que comem e vendem todo o anno. Estas caçadas são mui estimadas e celebradas entre os cafres, assim por serem de muito gosto, como por serem de muito proveito.

Um anno succedeu que o dono d'esta ilha, Rodrigo Lobo, fez uma caçada, com muitos cafres seus escravos e vassallos, moradores na mesma ilha, e entre muito gado que mataram, juntamente foi morto um leão, (cousa mui defésa em todo o reino do Quiteve, senhor e rei d'estas terras, como atraz fica dito) vendo-se pois o senhor da ilha com o leão morto e que o rei o havia logo de saber, (porque os cafres nenhum segredo tem e são mui inclinados a dar uma ruim nova) mandou metter o leão em uma almadia e cobril-o de rama, e poz-lhe em cima vinte pannos e mandou tudo ao Quiteve, dizendo que elle Rodrigo Lobo, sendo mulher d'elrei e andando fazendo a seara para seu marido, o viera acommetter aquelle leão, alevantado e descortez para a mulher de seu rei, pela qual razão lhe deu com o cabo da enxada na cabeca, por honra de seu marido, e que alli lh'o mandava morto, para que acabasse de tomar vinganca d'elle e do aggravo que fizera a sua mulher. O Quiteve recebeu o presente e mandou-lhe dizer que fizera muito bem de matar o leão, pois fôra descortez a sua mulher. E d'esta maneira se acabou esta empofia, que Rodrigo Lobo temia pagar pelo menos com perder a ilha, e se fôra cafre com perder a vida e todos seus bens para a corôa, conforme a lei do Quiteve. Mas como Rodrigo Lobo era grande amigo seu e sabia fallar ao modo dos cafres, por metaforas, buscou esta invencao para contentar ao Quiteve, como de feito contentou, e declarou que a lei que tinha posta não se entendesse em Rodrigo Lobo, sua mulher muito amada.

CAPITULO XXI

Dos leões, tigres e onças que ha n'esta ilha e de alguns casos que n'ella succederam

No meio da ilha de Maroupe, de que atraz fallei, meia legoa das casas em que mora o senhor da ilha com toda sua gente, está um bosque muito formoso, mais de uma legoa em roda, de arvoredo silvestre, tão alto, que se vae ás nuvens e tão basto e copado por cima, que não dá logar ao sol para entrar n'elle, pelo que em algumas partes é escuro e medonho. Aqui dentro é casa e morada de leões, tigres, onças, elephantes e porcos montezes. Um dia fomos dentro a este bosque, eu e o padre meu companheiro, para vermos uma caçada de porcos, que o dono da ilha quiz fazer, por respeito de nos recrear e fazer mimo: para o que mandou ajuntar mais de cincoenta escravos e vassallos seus caçadores, assim para segurança de nossas pessoas, como para o effeito da caça, os quaes iam todos armados de arcos, frechas e azagaias e algumas espingardas, e d'esta maneira atravessámos o bosque, em que achámos muitos porcos, e d'elles foram mortos tres e tomados alguns leitões pequenos. Tambem encontrámos elephantes e tigres e alguns bufaros, que todos se desviaram de nós e fugiram, com que muito folgamos.

Em uma cova fomos dar com um cachorro, filho de tigre, de edade de um mez, pouco mais ou menos, o qual trouxemos comnosco para casa, e logo na noite seguinte veiu a mãe pelo faro até ás portas da casa onde estava o filho, bramindo, tão raivosa, que parecia querer-nos comer e matar a todos, e d'esta maneira continuou quatro noites, até que o filho morreu, por falta dos cafres que o não quizeram criar pelo odio que teem a estas feras, e depois de morto foi lancado no campo para aquella parte do bosque d'onde a mãe vinha em busca d'elle, e ao outro dia não foi achado, do que presumimos que a mãe o achou e o levou ou comeu, porque d'alli por diante não tornou mais a bramir nem rodear a casa de noite, como d'antes fazia com muita ferocidade.

Estando nós um dia á tarde assentados n'esta ilha, á porta da casa com o senhor d'ella, veiu a nós um cafre seu escravo e disse se queriamos vêr seis leões que tinham áquella hora passado o rio da terra firme para a ilha, que nos levantassemos, porque elles vinham atravessando o valle, que estava junto das casas. Eu e o padre meu companheiro quasi que estivemos em duvida de os ir vêr ao campo, mas o senhor da ilha e o cacador nos asseguraram, dizendo que os leões e os tigres d'aquella ilha não accommettiam gente alguma, nem lhe faziam mal, salvo se acaso se encontravam com ella ou se os assanhavam, e a causa d'isto era porque lhe sobejava a caça, de que andam enfarados, por haver na ilha infinita. Entao nos levantamos e os fomos vêr d'um alto que estava junto da casa, mas não lhe vimos mais que meios corpos, e as cabeças levantadas, por causa da muita herva que no valle havia, e assim foram passando para a parte do bosque, tão seguros e confiados como senhores do campo e das armas.

Aquella mesma noite, já pela madrugada, ouvimos grandes latidos de tigre, e roncos de leão, mui perto das casas em que dormiamos; e o caso foi, que um leao veiu seguindo um merú, até que o apanhou junto das nossas casas, e estando comendo n'elle, acudiram trez ou quatro tigres, e rodearam o leão para lhe apanhar a presa, e isto dizem os cafres que fazem os tigres ordinariamente, andando pelo rasto do leão, quando mata a caça, para comerem os sobejos que lhe ficam depois que se farta: de maneira que assim o faziam estes aqui. Mas o leao como não estava ainda farto, roncava-lhe como cão, que está comendo muito sofrego, tendo outros diante que lhe querem tomar o que come: e de quando em quando fazia que remettia aos tigres, de que elles fugiam algum tanto, mas logo tornavam a perseguir o leão com latidos, para que largasse a caça, mas comtudo nenhum d'elles ousava chegar a pegar n'ella. Estando elles n'esta contenda, chamou-nos o senhor da ilha, dizendo que fossemos vêr a briga das feras, que era muito para vêr: o que nós logo fizemos, e estando vendo, e esperando o fim d'ella, mandou o senhor da ilha a dois escravos seus caçadores, que presentes estavam, que fossem tomar a presa ao leão, os quaes foram dando grandes brados, e apupos, para que se fossem as feras e deixassem a caça: o que os tigres logo fizeram, tanto que viram a determinação dos caçadores, mas o leão nunca se quiz bolir, nem teve de vêr com os caçadores, antes se deixou estar bem de vagar comendo, e roncando aos caçadores, que se chegaram; os quaes tornaram a voltar, e disseram ao senhor que o leão não estava ainda farto, porque emquanto o nao está, tendo a caça morta diante de si, nao a larga ainda que o matem, porque é mui sofrego, e carniceiro; mas depois que se fartou elle mesmo se levantou, e se foi passeando mui de vagar, e tão seguro, como quem não temia coisa viva, e depois que desappareceu, foram os cafres, e trouxeram o merú quasi todo, porque o leão lhe não tinha comido mais que o pescoço, e muita parte dos peitos, e alguns bocados das ancas; e o leão não tornou ali mais, nem os tigres.

Estes tigres teem mui grande faro de coisa morta, porque muitas vezes vinham ao adro da egreja do Espirito Santo de Sofala, a desenterrar os defuntos, que estavam enterrados de fresco, e os comiam, como eu vi por trez vezes, pela qual razão mandava sempre fazer as covas muito fundas. Uma manhã se achou n'este mesmo adro um tigre morto em cima de uma cova, com as unhas mettidas na terra, comecando de cavar, e abrir a cova. Este era tão velho que já tinha os dentes todos quebrados e podres, e estava tão magro, que não tinha mais que a pelle e o osso, e muita parte do corpo pellado, ou gasto: tinha mais de vinte signaes de feridas velhas, e algumas de palmo, que deviam ser d'outros tigres com quem tinha pelejado, o que elles ordinariamente fazem sobre o comer, de modo que este veiu aqui morrer, ou de velho, ou de fome, ou de tudo junto.

CAPITULO XXII

Da variedade de animaes que ha nos mattos de Sofala, e como se matam as onças, e do bicho inhazara

Em todas as terras de Sofala se criam muitas e varias especies de animaes silvestres, e muitas feras, bichos e caça, como são porcos de duas ou trez castas, cuja carne é muito boa, lebres, veados, gazellas, vaccas bravas, que são quasi da feição das nossas mansas. Ha muitas zebras formosas, e pintadas, mui similhantes a mulas na feição do corpo, e quasi da mesma natureza, porque quando correm mettem a cabeça entre as maos, e vão correndo e respingando, com outros effeitos de mula: teem unha redonda nos pés e maos, como mula. As pinturas que teem sao umas cintas de cabello branco e preto, mui formosas, de largura de dois dedos, bem compassadas por todo o corpo, pes, e mãos e cabeça, uma branca e outra preta, de cabello mui brando e macio como seda. Ha muitos merús, que são como asnos, mas teem cornos, e unha fendida, como veados, cuja carne é muito boa para comer: teem uma cinta branca muito formosa, de meio palmo de largura, que lhe cinge as ancas, e desce pelas coxas abaixo ate aos joelhos: teem o mais cabello de todo o corpo cinzento, e aspero. Ha muitos nondos, que são quasi como rocins gallegos, todos de uma côr castanha, escura, e cabello curto e macio, teem uma feição nas cadeiras, que parecem derreados, e a causa é porque teem os pés mais curtos que as mãos, e d'esta maneira correm muito mais que veados. Ha muitos bufaros mui bravos, em cujos cornos morrem ordinariamente os caçadores d'esta terra, porque são mui ciosos das femeas e dos filhos, e em vendo qualquer pessoa, logo a vão buscar e accommetter com mais furia que um bravo touro.

Ha muitos gatos de algalea, muitos bogios e monos grandes. Em casa de Garcia de Mello, que então era capitão de Sofala, estava um bugio que tinha ambos os sexos, de macho e femea. As bugias femeas dizem os cafres que teem seu costume de purgação cada lua, como se foram mulheres. Nos matos d'estas terras se cria uma certa casta de cachorros, que não são maiores que gozos, a que os cafres chamam impumpes, os quaes ordinariamente andam em alcatéas, e quando querem caçar alguma vez, todos juntamente a accommettem, e vão correndo apoz ella, e pegando-lhe nas pernas, e saltando-lhe nas ancas, e comendo n'ella, porque teem tanta força na bocca e dentes, que em pegando e levando o bocado fóra, tudo é um, e d'esta maneira vão seguindo um veado, ou qualquar outra caca, e comendo-lhe as pernas, ate que de fraca e cancada cáe no chão, onde a acabam de comer. Correm muito, e são mui ligeiros; quando vão caçando não ladram. São todos ruivos pelas costas e brancos pela barriga, e fogem muito da gente.

Em toda esta Ethiopia se criam muitos e grandes elephantes, de cuja natureza e propriedades tratarei adiante. Ha muitos leões, quasi tamanhos como bezerros de seis mezes, mui carrancudos e medonhos, todos pardos sobre escuro. Ha muitos tigres pouco menores que os leões: não são pintados como os da India; mas todos são de uma côr cinzenta, fusca, e mal assombrada; quasi que arremedam os lobos d'este reino; são mais cobardes que todas as outras feras, porque não se sabe que accommettessem alguma gente. Ha muitas onças, mui pintadas, e de formosa côr; são muito maiores que um libreu, e muito mais compridas, em todas as feições do corpo. e cabeça mui similhante aos nossos gatos. São tao carniceiras, que as mais das noites veem dentro á povoacão de Sofala, fazer preza nos porcos e cabras que acham desgarradas dos curraes em que dormem fechadas, por este respeito: a sua principal rele e apanhar cães e gatos, para comerem, e mui poucas vezes accommettem gente. Uns cafres estavam uma noite comendo em uma casa de Sofala, todos em roda assentados no chão, como é seu costume, entre os quaes estava um gato. N'este tempo veiu uma onça do campo, e saltou dentro na cerca da casa, onde os negros estavam assentados, sem ser sentida de ninguem, e chegando-se a elles deu um salto e apanhou o gato do meio d'elles e acolheu-se com elle na bocca e tornou a saltar a cerca para fóra, e foi-se. Isto é mui ordinario n'ellas, porque saltam estas cercas em claro, que são de madeira, de quinze palmos de altura, pouco mais ou menos.

Os moradores de Sofala armam a estas onças e tomam algumas da maneira seguinte: Fazem no campo, fóra da povoacao, umas casinhas de madeira grossa e bem mettida pela terra, que se não possa arrancar, as quaes casinhas sao de comprimento de duas varas de medir, e de quatro palmos de altura, e dois palmos de largo sómente, quanto a onça possa entrar; são cobertas de madeira mui bem atada. Em uma ponta teem uma porta de alçapão, como porta de ratoeira, e dentro na outra ponta tem um repartimento, como camarinha, onde mettem um cachorro, e junto d'elle armam a ponta d'uma corda, que sustenta a porta da casinha no ar, como ratoeira, e d'esta maneira deixam esta armadilha de noite, na qual o cachorro fica ganindo e gritando, a cujas vozes acode a onca e rodeando a casinha, entra pela porta dentro, para tomar a presa, e tanto que chega junto d'ella, toca com as mãos ou com o focinho na ponta da corda, que está subtilmente armada, e logo desarma, e cae a taboa por detraz, e fecha a porta, ficando a onça dentro entallada, que não se pode virar, por ser a casinha muito estreita, nem menos pode comer o cachorro, por causa do repartimento da madeira que tem no meio, que lh'o defende, de modo que alli fica presa, até que veem de madrugada os armadores e alli dentro as matam as estocadas por entre os paus da casinha.

Nos matos de Sofala se criam uns bichos a que os naturaes chamam inhazaras, os quaes são tamanhos como grandes porcos e quasi da mesma feicão; teem o cabello muito preto e ralo, cinco dedos em cada pe e quatro em cada mao, como dedos de homem, e n'elles unhas mui compridas e agudas. Vivem debaixo do chão em covas que elles mesmos fazem ao modo de covas de coelho, com duas ou tres bocas. O seu mantimento principal são formigas, cavando com as unhas os formigueiros, que n'estas terras ha muitos e mui grandes: e depois que teem as formigas assanhadas, mettem pelos buracos dos formigueiros a lingua, que teem de comprimento d'um covado, redonda e delgada, como uma vella de cera, na qual as formigas pegam, e depois de bem cheia, o bicho a recolhe para dentro da boca e engole as formigas, e tantas vezes faz isto, até que se farta. Tem o focinho muito comprido e delgado, e as ventas grandes e abertas, e as orelhas mui compridas e delgadas, da feição de orelhas de mula, peladas, sem cabello algum. Não tem dentes em toda a bocca: tem um rabo de um palmo, muito grosso, direito e sahido na ponta como fuso. Um bicho d'estes mataram os nossos escravos, indo aos mattos buscar madeira, e o trouxeram para casa, onde o chamuscaram, abriram e tiraram todo o deventre: no qual não acharam esterco algum, mais que as tripas cheias de vento sómente, de que muito se espantaram todos os que isto viram, e disseram alguns naturaes da terra, que já tinham ouvido a seus antepassados, que estes bichos se sustentavam sómente do ar, e que muitas vezes o tinham visto estar com a boca aberta para o vento. Outros diziam e affirmavam, que tambem comiam formigas, porque todas as vezes que os encontravam no matto, os achavam em cima dos formigueiros, cavando a terra com as unhas e comendo as formigas, do modo que fica dito. A carne d'estes bichos é muito boa, e come-se; é quasi como carne de porco, mas não tem toucinho e suas entranhas são propriamente como as de porco.

CAPITULO XXIII

Dos lagartos e cobras peçonhentos e de outra variadade de bichos que ha nos mattos de Sofala

Em todo este territorio de Sofala, e rios de Cuama, se criam nos mattos grandissimos lagartos pintados, da mesma feição dos que ha em Portugal: teem de comprimento vara e meia e mais, como tinha um que eu vi morto; são tão grossos como uma perna d'um homem: teem muito grandes e agudos dentes e a lingua farpada na ponta e muito negra. Não accomettem a gente, salvo se os assanham, porque então remettem sem medo algum e mordem cruelmente, e sua mordedura é peçonhenta, mas porém não tanto que mate.

Algumns pessoas querem affirmar, que estes lagartos da terra vão á borda dos rios, onde lhe sahem os lagartos da agua, e alli se ajuntam uns com outros e fazem geração, mas eu tenho isto por grande patranha, pois até agora não ha nenhum natural da terra que tal visse: pelo que alguns que isto escreveram, deviam fazel-o por falsas informações. Os cafres matam estes lagartos e comem-lhe a carne, e affirmam que é a mais saborosa de todas as carnes dos bichos do mato

N'estas proprias terras se criam mui grandes e peçonhentas cobras, particularmente umas a que os cafres chamam cangâres, que são tão grossas como uma grossa perna de um homem, e teem de comprimento dezoito e vinte palmos. Estas são mui damninhas, porque matam o gado meudo, como são porcos, cabras, ovelhas e gallinhas, para comerem, e são tão peçonhentas, que toda a cousa viva que mordem, logo morre, se lhe não acodem com alguma contra peçonha.

Nas terras de um rei cafre chamado Biri, que estão junto da Manica, de que já fallei atraz, se cria uma certa casta de cobras pequenas, do tamanho de um covado, a que os cafres chamam ruca inhanga, as quaes são tão peçonhentas, que seccam a herva ou pau em que mordem cada dia, quando não acham cousa viva em que possam morder, como é seu costume ou natureza, porque n'esta mordedura deixam grande parte da peçonha, com que parece ficam desalivados, e quando mordem em alguma cousa viva, logo o animal mordido incha como um odre, e dentro em vinte e quatro horas lhe cae o cabello, unhas, cornos e dentes e morre sem haver contra peçonha que lhe resista. D'estas cobras faz o rei Biri uma certa confeição de massa com que unta as frechas, a qual é tão fina e forte, que em tocando qualquer frecha d'estas untadas em qualquer cousa viva, como lhe tire sangue, logo lhe causa os mesmos effeitos, que faz a mordedura da mesma cobra. Ninguem pode uzar d'esta peçonha nas frechas, senão o proprio rei Biri, que o tem prohibido sob pena de morte e perda da fazenda.

Uma cobra d'estas mordeu a um cafre d'aquelle reino, e elle vendo-se mordido, e com grandes dôres, e sabendo que não havia de escapar da morte, foi no alcance da cobra para lhe fazer o mal que podesse, e voltando ella para o tornar á morder, como fez, elle lhe ferrou com as mãos ambas, e a levou á bocca, e lhe mordeu tambem com grande raiva, dizendo: tão peçonhento sou eu como tu és, e se eu morrer, tu não ficarás viva, e assim aconteceu, que largando elle a cobra, não poude fugir, e ambos morreram no mesmo dia. Isto ainda que pareça ficção de cafres, comtudo algumas pessoas de credito d'esta terra me affirmaram que acontecera na verdade o que tenho dito.

Muitas vezes ouvi dizer na India, que houve um homem na ilha de Ormuz, ruivo e sardo, grande jogador de tavolas, o qual era tão peçonhento, que todas as moscas que pousavam na sua cabeça, ou mãos, ou rosto, logo morriam se lhe picavam, e se lhe não picavam ficavam atordoadas sem poder voar. Pelo qual respeito elle as não enxotava de si, como faz a mais gente, antes dizia: deixae-as vós picar em mim, que ellas o pagarão; e assim quando se levantava d'um logar, o deixava cheio de moscas mortas, e atordoadas; d'onde se póde vêr que não sómente nas feras e bichos se gera a peçonha, mas tambem nas creaturas racionaes.

Em toda esta cafraria se criam muitos zangãos, da maneira seguinte. Fazem um pelouro de barro pegado nas paredes, ou telhados, com muitos buracos, ao modo de um favo de abelhas, ou vespas, e em cada buraco mettem um bixinho, como aquelles que se soem crear nas couves, uns verdes, outros pretos, outros brancos, e pardos, de maneira que não são todos de uma casta, senão quaesquer que acham, os quaes levam entre os pés, e voam até o seu favo, que tem feito de barro, e em cada buraco mettem seu bicho, e tapam-lhe a porta com barro fresco, ficando os bichos todos entaipados. E alli dentro se geram d'elles outros zangãos com pernas e azas, e tanto que são gerados, elles mesmos furam o barro, e saem para fóra, e voam. E estes depois de grandes fazem a mesma criação, de maneira que de filhos alheios de diversas castas, fazem filhos proprios, cousa que muito me espantou.

Ao longo do rio de Sofala, e de Cuama, se criam infinitos bixos como escaravelhos pequenos, cujo rabo lhe luz de noite como uma braza viva, dos quaes tambem ha n'este reino. Estes tanto que vem a noite, se levantam em bandos pelos ares, e são tantos, que alumiam quasi todo o ar, e fazem espanto a quem não tem noticia do que isto é, como eu sei que fizeram a certas pessoas estrangeiras n'estas terras, uma noite escura que dormiram ao longo d'este rio, os quaes fugiram com medo para a povoação dos cafres, cuidando que eram feiticeiras.

Criam-se n'estas terras muitos cameleões, os quaes se fazem cada hora de mil côres, e estas tomam de cousas em que pousam, porque se estão sobre a terra, tornam-se pardos como a mesma terra, se na herva verde, ficam logo da mesma côr das hervas, se em cousa vermelha, tornam-se vermelhos, e assim nas demais côres. São do tamanho, e quasi da mesma feição de um lagarto pequeno de um palmo: teem grande cabeça, e quasi vã, porque a enchem de vento, e logo a vazam; teem quatro pés altos, como pés de rã, andam devagar, e não correm: saltam como rãs, mas não com tanta ligeiresa; sustentam-se do ar.

Ha n'estas terras uma casta de ratos mui pequenos, que cheiram a almiscar, não sómente tomados na mão, mas por onde quer que passam, deixam suavissimo cheiro; mordem muito, e sua mordedura é peçonhentissima.

N'estas terras ha muito grandes morcegos, os quaes se criam nos troncos das arvores, e entre os ramos das palmeiras: são tamanhos como grandes pombos: os cafres os matam, e lhe esfolam a pelle, e commummente os comem cosidos, e assados; e dizem que são mui gordos, e saborosos como galinhas.

Nos matos de toda esta cafraria se criam mui grandes kagados, os quaes são todos pretos, e melanconisados, e tamanhos como grandes rodellas. Teem muita carne, e mui gorda, e os cafres fazem muito caso d'elles, para os comerem assados, e cozidos. Alguns portuguezes comem d'elles cozidos, e temperados como galinha. Outra muita variedade de bichos se criam n'estas terras, que deixo por abreviar.

CAPITULO XXIV

Da variedade de passaros que ha nas terras e limites de Sofala

Nas terras de Sofala, e ao longo do seu rio, ha muita diversidade de passaros de muitas castas, e de varias e formosas côres: e alguns d'elles que cantam mui suavemente, e se criam em gaiolas, particularmente uns, a que chamam inhapures, que se parecem muito com canarios na côr, e na musica. Ha tambem muitos passaros de Portugal, como são rôlas de tres ou quatro castas, umas das quaes são mui formosas, e teem as azas douradas, que parecem de fino ouro. Arveloas, que cantam excellentissimamente, o que de ordinario fazem pela manhã, pela sesta, e ao sol posto. Muitas andorinhas, pardaes, poupas, gaios, papagaios verdes pequenos. Ha muita caça, como são patos de tres castas, uns d'elles que são muito maiores que os de Portugal, pretos pelas costas, e brancos pela barriga: teem uma crista vermelha no meio da cabeça, muito dura, e aguda como corno: a estes chamam patos gregos. Muitas adens de quatro castas, e muitas marrecas tambem de diversas castas e feições, algumas muito pintadas e formosas. Muitas garças reaes, e ribeirinhas, como as de Portugal.

Ha muitos pelicanos, os quaes são tamanhos como um grande gallo do Perú; são brancos, mas não muito claros, e teem os pés muito grossos e curtos, e ordinariamente andam dentro no rio caçando peixe para comer. Ha muitos guinchos, que tambem andam á caça de continuo; são tão grandes como milhanos, e teem a cabeça e as azas pretas como azeviche, e uma colleira branca pelo pescoço formosissima, e a barriga branca, bico revolto, olhos e unhas como aguia.

Ha muitos abutres do tamanho de um pavão femea, e quasi da mesma feição, mas não da mesma côr; teem as pernas muito compridas, e negras, e a côr de todo o corpo cinzenta escura, quasi preta, feia, e mal assombrada; e não teem penna em todo o pescoço, nem na cabeça, senão uma pelle branca, sarabulhenta, e cheia de carepa, que parece lepra; são muito nogentos, porque ordinariamente andam pelas praias e monturos buscando cousas mortas, e o esterco da gente, de que se sustentam. Teem mui grande faro de cousas mortas, são domesticos, e não fogem muito da gente.

N'estas terras ha um genero de passaros, a que os naturaes chamam curûanes, os quaes são tão grandes como grous, mas muito mais formosos, porque são todos pretos pelas costas, de uma côr formosissima, que parece setim preto, e pela barriga e peito, são brancos, de côr alvissima. Teem o pescoço de um grande covado de comprido, coberto todo de pennas brancas finissimas, como seda, as quaes são excellentes para penachos. Tem esta ave sobre a cabeça um barrete de pena preta, mui formoso, do modo que o tem vermelho os nossos pintasilgos, e no meio d'este barrete tem um penacho de quasi um palmo de alto, de pennas brancas, finissimas, todas direitas e eguaes por cima, e no alto se espalham, e ficam redondas, como um cugumello alvissimo, com seu pé estreito, que lhe nasce do meio da cabeça, e parece um sombreiro de sol. Os cafres dizem que este é o rei dos passaros, assim por ser muito grande e formoso, como por ter sombreiro de sol sobre a cabeça, que é insignia e bandeira usada de alguns reis d'esta cafraria, como são o Quiteve, o Chicanga, o Sedanda, e outros.

Um portuguez me contou em Sofala, que andando elle fazendo resgate de marfim na terra firme de Mambone, defronte das ilhas das Bocicas (de que fallarei adiante) tinha um bogio com uma cadeia preso a um cepo, que pezaria dez ou doze arrateis, o qual, estando um dia fóra de casa, no campo, desceu uma ave de rapina, de immensa grandeza, e ferrando n'elle o levou nas unhas pelos ares, juntamente com o cepo a que estava preso, indo o bogio dando mil gritos, e finalmente o levou a uns matos que perto estavam, onde o comeu, e depois foi achado o cepo com a cadeia no mesmo mato. Assim mais me affirmou que havia n'estas terras muitos passaros d'esta casta, que faziam muito damno, porque apanhavam os cabritos, e leitões, e gallinhas, das quaes cousas ha n'estas terras grandes creações. Outros passaros ha n'estas partes, mui grandes, de que fallarei adiante, quando tratar do logar em que os achamos.

Marco Paulo Veneto no capitulo 4.º do 3.º livro aponta uma ilha, que jaz ao mar do meio dia da ilha de S. Lourenço, não muito longe d'esta costa de que vou fallando, onde diz que ha umas aves de rapina de tanta força e grandeza, que levantam pelos ares um elephante nas unhas, e o deixam cahir em terra, onde se faz pedaços, para que assim possam comer d'elle. Diz que estes passaros teem muita similhança com aguias, e são tão grandes, que teem algumas pennas das azas de comprimento de dez passos cada uma. Eu nunca vi, nem ouvi fallar em taes aves n'esta costa, nem me parece verdadeira esta relação de Veneto, posto que seja verdade que n'esta Ethiopia se criam mui grandes aves de rapina, e particularmente ao longo do rio Nilo, de que adiante direi alguma cousa.

Nas terras de Sofala se cria um genero de passaros cujo mantimento é cera. Estes andam pelos matos em busca de enxames de abelhas, dos quaes ha muitos pelo chão em buracos, e pelos troncos das arvores, e como acham algum que tenha mel, veem-se aos caminhos em busca de gente para lh'o mostrar, o que fazem indo diante d'ella gritando, e batendo as azas de ramo em ramo, até chegarem ao enxame. E os naturaes da terra, que já conhecem os passaros, tanto que os veem, logo os vão seguindo para colherem o mel; e o interesse que d'aqui colhem os passaros, é comerem as migalhas, e rapaduras da cera, e dos favos, e das abelhas mortas, que ficam no mesmo logar da colmêa. A estes passaros chamam os cafres sazu; são do tamanho de verdilhões, e quasi da mesma côr, e teem um rabo comprido. Muitas vezes entravam pelas frestas da nossa egreja de Sofala, e os achavamos comendo as migalhas da cêra, que ficavam nos castiçaes, e alli lhe armaram os moços da nossa casa, e tomaram alguns.

Outro genero de passaros ha n'estas terras, que se sustentam do fructo de arvores que elles mesmos semeiam, da maneira seguinte. Vão-se a quaesquer arvores, e com o bico, que teem muito duro, lhe fazem um buraco no tronco, em cima, entre as pernadas, onde mettem o caroço da fructa que comem, o qual caroco rebenta alli dentro, e gruda-se com a arvore de tal feição, que faz uma enxertia nova, e cria um ramo da casta do mesmo caroço. De modo que ha muitas arvores d'estas que teem duas castas de folha e fructo, um da propria arvore, outro da que o passaro semeiou no seu tronco, de cujo fructo se sustenta depois. D'estas arvores vi muitas em Sofala, e nos rios de Cuama. Os passaros são do tamanho, e feição de estorninhos, mas são pardos como calhandros.

Uns passaros ha n'estas terras, verdes e amarellos, muito formosos, a que os naturaes chamam minga; são mui similhantes a pombos, e nunca pousam no chão, porque teem os pés tão curtos, que quasi se lhe não enxèrgam; pousam sobre as arvores, de cujo fructo comem. Quando querem voar deixam-se cahir da arvore abaixo com as azas fechadas, e no ar as abrem e voam. Quando querem beber vão voando mui rasteiros por cima de agua, e vão bebendo dos rios, ou das lagoas. Se acertam de cahir no chão, não se podem mais levantar. São mui gordos e saborosos.

Outros passaros dizem que ha n'estas terras, similhantes aos passaros do Mexico, a que chamam cinçoes, os quaes não teem pés, e sustentam-se do orvalho do ceo, de cujas pennas formosissimas de diversas côres, fazem os indios do Mexico muitas imagens, assentadas e grudadas em retabulos, com tanto artificio e subtileza, que não se podem melhor pintar com pincel e finas tintas.

CAPITULO XXV

Dos lagartos, ou crocodillos que se criam no rio de Sofala, a que os cafres chamam gona, outros engona

No rio de Sofala se criam muitos lagartos, muito grandes, e mui carniceiros, porque apanham toda a cousa viva que se mette no rio, e ainda da borda do rio apanham o gado, que a elle vae beber, e as negras que vão buscar agua, ou lavar, e para fazerem estas presas, põem-se á borda do rio mui agachados, e cosidos com a areia, e tanto que chega o gado, ou qualquer pessoa descuidada, remettem a ella mui ligeiramente, e pondo as mãos e o peito firmes em terra, levantam o rabo no ar, e com elle lhe dão tão grande pancada, que a deitam dentro no rio, onde lhe ferram logo com as unhas e dentes, e a levam ao fundo, e depois de morta, vão-se ás praias despovoadas, ou aos ilheus desertos, que estão pelo meio do rio, e alli põem a presa quasi descoberta em terra, onde a comem, e todos os bocados que levam para baixo engolem com agua; e a causa d'isto é porque não teem lingua com que possam engolir. Não comem cousa morta de muitos dias, nem sediça, o que se vê claramente nas que lançam ao rio, como são cães, e gatos, e alguma gente que se afoga em algumas ribeiras, que se veem metter n'este rio, o que acontece muitas vezes em tempo de cheias em que se afogam muitos cafres ao passar das ribeiras, cujos corpos mortos se acham pelas praias d'este rio, sem haver lagarto que lhe chegue, no qual logar se estivera qualquer cousa viva, logo fôra tomada do lagarto, morta, e comida.

Estes lagartos todas as manhãs e tardes ordinariamente se põem ao sol nas praias, deitados em cima das areias, os pequenos todos fóra da agua, e os grandes sómente com meio corpo, ficando-lhe o outro meio, e o rabo dentro no rio: e d'esta maneira estão com a boca aberta caçando moscas, e a causa d'isto é, porque lhe cheira muito mal o bafo, e a este ruim cheiro acodem as moscas, e pousam-lhe nos focinhos e picam-lhe nas ventas, e nos olhos, o que os lagartos soffrem mal, e perseguidos d'ellas lhe abrem a boca, onde as moscas entram a comer as immundicies que teem entre os dentes, e por este respeito de quando em quando fecham a boca, e matam as moscas que pódem apanhar dentro, pela qual causa muitos cafres chamam aos lagartos papa moscas.

Os lagartos d'este rio assim como são carniceiros e crueis dentro na agua, assim fóra d'ella são muito covardes, e medrosos, porque quando estão em terra postos ao sol, se ouvem qualquer rumor, ou voz de gente, ou apparece alguma pessoa em terra, ou embarcação navegando pelo rio, logo fogem, e se lançam ao mesmo rio com muita ligeiresa, pelo grande medo que teem.

Estes lagartos são mui sugeitos a ventosidades, cujo ruim cheiro não ha cousa viva que o possa aguardar.

Vindo eu, e outras pessoas um dia da ilha de Maroupe para Sofala pelo rio abaixo, foi tão grande o máo cheiro que sentimos em um remanso, onde os lagartos são mui certos, que não o podendo soffrer todos accudimos com as mãos aos narizes, e os cafres que vinham remando começaram de rir e festejar o caso dizendo que fôra ventosidade do lagarto, cujo pestifero cheiro passava pelas aguas até sahir fóra, e enjoava toda aquella parte do rio. Isto mesmo me contaram outras pessoas de credito, que lhe tinha succedido n'este rio.

Gabriel Rebello conta no livro que fez das cousas notaveis das ilhas de Maluco, que entre essas ilhas ha muitos lagartos maritimos, os quaes sahem em terra, e matam a gente que acham descuidada, e a comem: e muito mais damno fizeram, se não foram sentidos, e conhecidos pelo ruim cheiro que lhe sae da boca, o qual enjoa tanto, que de muito longe se sente. Tambem diz que são mui covardes, porque se remettem a elles quatro ou cinco homens, logo fogem, e se mettem na agua, mui cosidos com a terra, cuidando que alli estão escondidos: e tão medrosos estão n'este passo, que aguardam que ponham os pés em cima d'elles, e os prendam com cordas, sem ousarem de bolir comsigo. Estes lagartos diz que teem quatro olhos, dois na testa e dois na garganta, nas quaes causas differem muito dos lagartos d'esta costa.

Os lagartos d'esta Ethiopia são de mais de vinte

e cinco palmos de comprido, e mais grossos que um grosso homem: são verdes, com algumas pintas de amarello escuro, e outras pardas, quasi pretas; são mui feios, medonhos e nojentos. Os velhos teem pelas costas, e sobre a cabeça musgo e ostras pegadas, como se fossem pedras ferranhas, e duras. Teem muitas ordens de dentes: não teem lingua; tudo o que comem engolem com agua, como fica dito. Estes são os crocodillos similhantes em tudo aos que se criam no rio Nilo. Os cafres lhes chamam gonna, e outros engonna. Nascem em terra, e criam-se na agua. Quando é tempo de desovarem vão se a terra, e fazem uma cova na areia, junto do rio, com as unhas, que teem mui grandes e grossas, e n'esta cova desovam muitos ovos juntamente de uma postura, maiores que ovos de pato, quasi pardos, pintados de pintas quasi pretas; e cubertos de areia os deixam, e se mettem outra vez ao rio. Alli se chocam os ovos, e d'elles se geram lagartos com as influencias do sol; e depois de gerados elles mesmos sahem fóra da terra, e se recolhem ao rio, onde se criam. Os cafres lhe acham muitas vezes os ovos, da maneira que tenho dito; teem gemma vermelha, e a clara liquida como agua.

O Quiteve, rei do rio de Sofala, tem posto lei com pena de morte, e perda dos bens para sua corôa, que nenhum vassallo seu em todo seu reinò, seja ousado a matar lagarto algum do rio, e a causa é, porque se sabe de certo, que os figados d'estes lagartos são peçonhentissimos, e portanto não quer que os matem, por não usarem de sua fina peçonha. Alguns cafres dizem que uma pena dos figados do lagarto e peçonhentissima, e a outra pena sua contra peçonha; no que ponho muita duvida, porque estão as penas do figado tão pegadas e juntas uma com a outra, que seria dar aqui dois contrarios em um sujeito, como é peconha e contra peçonha no mesmo figado, cousa que em philosophia natural se tem por impossivel. Posto que tambem dizem que ha uma certa arvore nas terras de Malaca, cujas raizes teem differentes effeitos, porque as que estão para a parte do Oriente sao contra peçonha mui aprovada, e medicinaes para febres, e as que estão da parte do Occidente são fina peçonha, como refere o padre Mendonca, no seu Itinerario do Novo Mundo.

CAPTULO XXVI

Do modo com que os cafres pescam os lagartos, e da variedade de peixe que se cria no rio de Sofala

Os cafres do rio de Cuama, que não são vassallos do Quiteve, nem sugeitos á lei de que fallei no capitulo atraz, pescam, matam, e comem os lagartos, os quaes tomam da maneira seguinte. Fazem um pedaço de pau grosso, e direito, de dois palmos, com uma encarna no meio, onde lhe atam uma corda grossa, e n'este pau espetam um pedaço de carne fresca, como em anzol. Isto feito, lançam este anzol coberto de carne dentro no rio, em alguns remansos, onde os lagartos são mais certos, os quaes tanto que lhe dá o faro da carne, logo remettem a ella, e a engolem juntamente com o pau; e os cafres pescadores como veem bolir a corda do anzol, e lhe parece que algum lagarto tem já engolido a isca, puxam pela corda, e trazem o lagarto preso ate á borda do rio, com a boca aberta, sem poder morder na corda, por causa do pau que traz atravessado na garganta, que lhe não deixa fechar a boca, e por isso se lhe enche a barriga de agua, e com ella se affoga; e d'esta maneira meio affogado, o acabam de matar, á borda do rio, e depois de morto, o tiram em terra, e o repartem para comerem. Dizem os cafres que quando o matam, geme, e deita lagrimas pelos olhos, como uma pessoa.

Nas terras que correm ao longo do rio de Sofala se cria uma herva, com que os cafres se untam quando se querem metter no rio a pescar, por virtude da qual os lagartos não podem pegar n'elles, nem fazer-lhe mal algum, porque se querem pegar com os dentes, botam-se-lhe de tal maneira, que ficam como dentes de cera, sem força alguma, e assim em pegando na gente untada e em a largando e fugindo, tudo é um. Quanto mais que raramente chegam a pegar nos que entram untados, porque indo para pegar n'elles, dá-lhe o faro da herva, com que ficam enjoados, e fogem. Esta herva se chama miciriri, e quando os cafres querem uzar d'ella para effeito da pescaria, a provam primeiro em si mesmos, pondo-a sobre suas proprias cabeças, e mastigando alguma cousa, se os dentes se lhe botam, e ficam como de cera sem poderem mastigar, então sabem que é boa, e de vez, e uzam d'ella pisando-a, e untando-se com o seu summo, mas e o medo tanto que teem dos logartos, que nem untados da herva ousam entrar no rio a pescar.

N'este rio de Sofala, se cria muito peixe, gordo e saboroso, como sao tainhas mui grandes, saltões, similhantes a tainhas, mas muito melhores; muitos cações, melhores e mais sadios que os de Portugal;

muito peixe pedra, que e como grandes choupas; cabozes, similhantes a pescadinhas, tão excellentes e sadios que se dão aos doentes; teem a cabeça espalmada, e quasi redonda, como um bollo; muitos carangueijos, cheios de coral, e muito bons, infinitas ostras, e tudo isto muito barato.

Nos rios de agua doce d'esta costa, se cria uma certa casta de peixe, a que os portuguezes chamam peixe tremedor, e os cafres thinta, o qual tem tal propriedade, que nenhuma pessoa o pode tomar na mão emquanto está vivo, e se alguem o toma, causa-lhe tao grande dôr n'ella, e em todo o braço, que parece lh'o desfazem por quantas juntas tem, de maneira que logo larga o peixe, mas como morre fica como qualquer ou.ro, e come-se e é muito saboroso e estimado. Dizem os naturaes que da pelle d'este peixe se fazem feitiços, e tambem que é mui medicinal contra a colica, torrada e moida, e bebida em um copo de vinho. O maior peixe que se acha d'esta casta é de um covado; tem pelle como de cação, quasi preta, muito aspera e grossa.

Outro peixe ha em Sofala, que se cria nas lagoas, a que os naturaes chamam macone, o qual tem buracos pelo pescoco como lampreia, e é do mesmo tamanho, e quasi da mesma feição, pintado pelas costas como cobra d'agua. Tem tal natureza, que depois que se seccam as lagoas no verão, se interra debaixo da lama mais de um palmo, ficando enroscado com o rabo na boca, e d'esta maneira está todo o verão chupando no seu proprio rabo, de que se sustenta todo este tempo até que torna a chover, que são mais de tres mezes. E d'este modo come muitas vezes quasi todo o rabo: mas depois que chove, e as lagoas tomam agua, torna-lhe o rabo a crescer como d'antes. Os cafres são mui pagados d'este peixe, e o vão buscar a estas lagoas, cavando a terra, onde o acham da maneira que tenho dito. É muito gordo, e soffrivel: eu comi d'elle muitas vezes.

No tempo do inverno, quando o rio de Sofala enche, muitas vezes sahe fóra da madre de tal maneira, que alaga os campos, e enche as lagoas que n'elles ha, e juntamente ficam cheias de peixe do mesmo rio, entre o qual fica uma casta de peixe similhante a choupas, mui gordo e saboroso, a que os naturaes chamam enxavos. E' tanta a quantidade d'este peixe, n'este tempo, que não ha quem o possa desinçar, nem acabar, e até os porcos andam enfarados d'elle.

Outro peixe se cria n'este rio, a que os cafres chamam munemune, o qual é quasi da feição de safios, e do mesmo tamanho; tem um cheiro tão fortum, que não ha quem lh'o possa aguardar, salvo os cafres, que o comem. E' gordissimo, e languinhoso, e não se come em fresco, senão escalado e secco ao fumo. D'este pescam os cafres muita quantidade no tempo das cheias d'este rio, e fazem d'elle grandes fumeiros, e provisão para todo o anno. Estando eu na fortaleza de Sofala, houve um anno tão grandes tormentas n'aquelle mar, que muito peixe d'elle deu á costa, e se achou em cardumes morto pelas praias, entre o qual se acharam alguns solhos mui similhantes aos de Portugal, na grandeza, parecer, e sabor. E posto que alguns disseram serem toninhas, comtudo os que mais sabiam d'esta materia, afirmaram que eram solhos. Junto da barra do rio de Sofala, ao longo da ilha de Inhansato, de que abaixo fallarei, se tomam lingoados, e azevias, e muitas mais se tomariam, se houvera pescadores que lhe soubessem armar, e pescal-as, como fazem n'este reino, o que os cafres e mouros d'aquella terra não sabem fazer, porque não teem redes e apparelho, nem habilidade para isso. Outro muito peixe ha n'estes rios de varias castas, que deixo por abreviar.

CAPITULO XXVII

Do peixe mulher, e aljofar que se cria nas ilhas das Bocicas

QUINZE legoas de Sofala estão as ilhas das Bocicas ao longo da costa, para a parte do sul, no mar das quaes ha muito peixe mulher, que os naturaes das mesmas ilhas pescam, e tomam com linhas grossas, e grandes anzoes, com cadeias de ferro, feitas sómente para isso, e de sua carne fazem tassalhos, curados ao fumo, que parecem tassalhos de porco. Esta carne é muito boa, e mui gorda, e d'ella comiamos em Sofala muitas vezes cozida com couves, e temperada com seu molho. Este peixe tem muita similhança com os homens e mulheres da barriga até o pescoço, onde tem todas as feições e partes que teem as mulheres e homens. A femea cria seus filhos a seus peitos, que tem propriamente como uma mulher. Da barriga para baixo têm rabo muito grosso, e comprido, com barbatanas como cação. Tem pelle branda, e alva pela barriga, e pelas costas aspera mais que a de cação. Tem braços, mas não tem mãos, nem dedos, senão umas barbatanas, que lhe começam dos cotovelos, até á ponta dos braços. Tem um disforme rosto espalmado, redondo, e muito maior que de um homem, mas não tem n'elle similhança alguma de homem, porque tem a boca mui grande, similhante á boca de uma arraya, e os beiços mui grossos, e derrubados, como beiços de libreu. Tem a boca cheia de dentes, como dentes de cão, quatro dos quaes, que são as presas, lhe sahem fôra da boca quasi um palmo, como dentes de porco javali, os quaes são mui estimados, e d'elles fazem as contas a que chamam de peixe mulher, e dizem que tem muita virtude contra as almorreimas, e contra o fluxo de sangue, e trazem-se para isso junto da carne. Tem as ventas do nariz como as de um bezerro, mui grandes. Chamam-lhe peixe mulher, e não homem, porque nas feições do corpo tem mais similhança de mulher que de homem.

Este peixe não falla, nem canta, como alguns querem dizer, sómente quando o matam dizem que geme como uma pessoa; não tem cabellos no corpo nem na cabeça. Tirado fóra da agua morre como qualquer outro peixe, mas põem muito tempo em morrer se o não matam. Eu cuido que estas devem ser as Serêas e Tritões, que os antigos fingiam, dizendo que Tritão era homem marinho, filho da Nympha Salacia, tambem mulher marinha, os quaes habitavam no mar; e por esse respeito fingiam que Tritão era deus do mar, e trombeta de Neptuno. Outros poetas fingiram que as Serêas foram trez irmãs chamadas Parthenope, Lygia, Leuconia, filhas de Acheloo e de Calliope, as quaes habitavam nas praias do mar de Sicilia, onde estão os baixos de Scylla e de Carybde. Estas irmãs dizem que cantavam ao longo d'estas praias tão suavemente, que atrahiam a si todos os navegantes d'aquelle mar; de tal maneira, que enlevados com sua musica, se descuidavam das embarcações, e da navegação que faziam, e davam á costa, e se perdiam, de cuja perdição as Serêas tinham muito interesse. Pela qual razão querendo Ulysses navegar por este màr, tapou as orelhas a seus marinheiros com cera, e mandou-se atar a si mesmo ao pé do mastro, para que não se podesse bolir, nem mover com a musica das Serêas; e d'esta maneira foi navegando por este passo perigoso, sem as Serêas poderem conseguir seu intento. Pelo que vendo-se desprezadas de Ulysses, tomaram tanta paixão, que se lancaram no mar, onde foram convertidas em peixes da cintura para baixo, por mercê dos deuses, que não permittiram que ellas se afogassem.

Ovidio ([1]) finge que estas tres irmãs Serêas eram companheiras de Proserpina, a qual Plutão, deus do inferno furtou, e levou para lá e a teve por sua mulher, de que as Serêas ficaram tão magoadas e sentidas, que se lançaram no mar para se matarem, mas por mercê dos deuses fóram convertidas em peixes da cintura para baixo. Tudo isto são fingimentos de poetas: mas a verdade é, que o peixe mulher de sua natureza é gerado e creado no mar, como o demais peixe, e tem mais propriedades de peixe que os cavallos marinhos e lobos marinhos, e

---

([1]) Ficcão de Ovidio. Met. 5, Fab. 9.

que os lagartos do rio, porque todos estes vivem fóra da agua, e andam muitas vezes em terra: o que não faz o peixe mulher, antes se está fóra da agua logo morre como fica dito.

Alexandre Magno em uma carta que escreveu a seu mestre Aristoteles, ácerca das cousas notaveis e prodigiosas que viu nas partes do Oriente, quando as conquistava, conta que indo marchando com seu exercito pelos desertos da India, viu ándar em um campo razo mulheres e homens, nús, cobertos de cabello, como feras bravas, os quaes vendo a gente do arraial, fugiram para um grande rio que perto estava, e n'elle se mergulharam, mas antes que se recolhessem, foram tomadas duas mulheres d'aquellas. A estes chamavam as indios ichthyophagos. D'estas diz Q. Curtio que viviam dentro n'este rio, e se sustentavam do peixe crú, e que tinham nove pés de comprido, o corpo muito alvo, e os rostos como de Nymphas mui formosas, e grandes cabellos na cabeça, lançados para traz, e que faziam muito mal aos indios ignorantes que se mettiam no rio, porque a uns affogavam, a outros espedaçavam entre os canaviaes, e a outros vencidos de sua formosura, matavam com seu desordenado e sensual appetite. Nas quaes cousas todas differem muito do peixe mulher, que se cria e vive no mar das Bocicas, co- tenho dito.

No mar d'estas ilhas ha muito aljofar e perolas, as quaes se criam dentro em umas ostras mui grandes, a que chamam madre-perola, que andam no fundo do mar em terra de areia. Os naturaes as pescam de mergulho, e antes de ir abaixo, lançam no mar um cesto preso da embarcação, com uma pedra dentro, para que vá ao fundo. Isto feito, lançam-se de mergulho, atados pela cinta com uma corda, ficando presa na embarcação, porque se não desviem d'ella; e para irem mais depressa ao fundo, levam nos braços uma pedra, que largam tanto que lá chegam; e assim andam pelo fundo do mar buscando as ostras e mettendo-as no cesto, e depois de cheio, pucham debaixo pela corda com que estão presos na embarcação, e os pescadores que n'ella estão os sóbem acima e o vasam, e tornam a lançar abaixo. E quando os pescadores que andam no fundo do mar se agastam, e não pódem mais reter o folego, vem-se para cima guiados pelas cordas, com que vão atados, e mettem-se na embarcação, mas como descançam, tornam a mergulhar e continuar sua pescaria, e d'esta maneira vão abaixo muitas vezes e pescam muitas ostras; e andam tão costumados a mergulhar, que muitas vezas estão meio quarto de hora debaixo da agua, e fazem muitas apostas sobre quem ha de estar mais tempo. O fundo em que pescam será de dez, doze, até quinze braças.

O aljofar e as perolas se acham dentro n'estas ostras, pegados na carne da ostra. Muitas ha que tem dois, tres e quatro grãos, e outras nenhum. E a principal causa porque estes cafres e mouros pescam as ostras, é para lhe comerem a carne, porque não fazem tanto caso do aljofar, e por essa razão o vendem mui barato. Este aljofar se gera do rocio e orvalho do ceu, que cáe em março, e abril e em setembro e outubro, nos quaes ordinariamente andam as ostras por cima da agua com as boccas abertas em tempo de bonança, recebendo o orvalho que cáe do ceu, o que fazem depois que se põe o sol á prima noite, e na madrugada, antes de sahir o sol.

E dizem os naturaes que o aljofar e perolas mais finas são as que se geram do orvalho que as ostras recebem na madrugada. Deus sabe a verdade d'este segredo.

CAPITULO XXVIII

Do nascimento do ambar, e da muita quantidade que ha d'elle n'esta costa da Ethiopia

Em toda esta costa do Cabo de Boa Esperança ate o Mar Rôxo, se acha muito ambar, que o mar lança nas praias. Este ambar nasce e cria-se no fundo do mar, d'onde se arranca com o abalo e movimento das aguas, particularmente em tempo de grandes tormentas, e nas partes onde o mar tem pouco fundo, e batem as ondas com maior furia, porque então com estes abalos se quebram alguns pedaços de ambar, e se arrancam do fundo, onde estão pégados, e veem acima da agua, e as ondas e vento dão com elles na praia; pela qual razão todas as vezes que ha grandes ventos e tormentas no mar, logo os cafres andam pelas praias em busca do ambar, e acham muitos pedaços, que vendem aos mouros, e aos portuguezes.

Tres sortes de ambar ha n'esta costa: um muito

alvo, a que chamam ambar gris; outro pardo, a que chamam mexoeira, outro negro como pez, a que chamam ambar preto, o qual muitas vezes se acha tao mole, como massa, e de ruim cheiro, e a causa d'isso é, segundo dizem os naturaes d'esta terra, que este arrevessam as balêas, e é certo que o comem, porque já foi achado no bucho d'algumas, que por esta costa morreram. E não sómente as baleias o comem, mas tambem o mais peixe do mar, porque muitas vezes foram vistos pedaços de ambar em cima das aguas, e os peixes andarem comendo n'elles. O mesmo fazem os passaros da praia, se o acham n'ella, de modo que os peixes, e os passaros o comem, ou porque lhe acham alguma virtude, ou porque lhe sabe bem. O ambar gris é muito estimado dos mouros, e o compram para comer, porque dizem que exforça muito a natureza, e é proveitoso aos velhos para os exforçar e aviventar.

E cousa muito averiguada, que este ambar nasce no fundo do mar, onde está pegado em grande quantidade. Um navio foi de Moçambique á ilha de S. Lourenço, e lançou uma noite fateixa ao longo da dita ilha, onde esteve surto aquella noite, e ao outro dia pela manhã levantaram os marinheiros a fateixa para sahirem d'alli e continuarem sua viagem, como fizeram, mas depois que a metteram dentro no navio, viram que trazia as unhas cheias de ambar branco excellentissimo, sobre o qual esteve o navio ancorado aquella noite em vinte e tantos braços. O mesmo succedeu a outro navio, perto do Cabo das Correntes.

Roque de Brito Falcão que captivaram os turcos, indo da costa de Melinde para a India, estando na sua capitania da mesma costa, teve um pedaço de ambar, que sahiu n'aquella paragem, o qual era do tamanho e quasi da feição de u chapeum zccuuezi-ro mui grande.

Entre os rios de Linde e Quiľimane foi ac hado um pedaço de ambar mexoeira, que tinha mais de vinte arrateis, e os cafres o foram vender a umspor-tuguez, chamado Francisco Brochado, que retidia n'estes rios, cuidando que era pão de breu. No em-po que eu estive na ilha de Quirimba, deu á costa outro pedaço de ambar branco, tamanho como este que fica dito, o qual apanharam os mouros da Xan-ga, e o repartiram entre si, e depois o venderam em pedaços de arratel cada um, pouco mais ou me-nos.

No anno do Senhor de 1596 deu á costa uma serra de ambar branco mui excellente, junto da ci-dade de Brava, e perto da costa de Melinde, o qual ambar, segundo disseram os mouros que o acharam, era tão grosso e alto que se não viam uns aos ou-tros, ficando o ambar no meio d'elles, e foi tanta sua quantidade, que vieram os mouros de Brava e muitos da cidade de Magadaxo, e levaram muita copia d'elle, e valia muito barato. Veiu esta nova enter a Moçambique, e D. Pedro de Souza, que en-tão era capitão da fortaleza, aviou uma fusta, e man-dou que fosse a Brava, e comprasse o ambar que podesse, e com ir d'ahi a um anno ainda achou tan-to, que trouxe um caixão cheio d'elle a Moçambi-que, muito barato.

Outro pedaço de ambar similhante ao que fica dito foi achado antigamente na costa do Malabar, entre Chale e Panani, terra povoada de pescadores mui barbaros, os quaes cuidaram que era breu, e como tal o cozeram e briaram com elle suas embarcações. N'este tempo succedeu que veiu alli ter um portuguez de Cochim, e na mesma praia, onde as embarcações foram briadas, achou muitas migalhas de ambar, e perguntando aos moradores da terra quem lhe dera breu tão cheiroso para briarem suas embarcações, elles lhe contaram o caso, pelo que soube que fôra ambar que dera n'aquella costa. Esta historia é mui sabida em toda a India.

Quando se perdeu a nau S. Thomé vindo da India para Portugal, a gente que se salvou no esquife tanto que chegou á vista da primeira terra, que foi a dos Fumos, perto da terra do Natal, chegou-se á praia para melhor a conhecer, e sahiram dois homens para descobrirem a terra, e trazerem novas do que n'ella achavam. Um dos quaes foi Antonio Gomes Cacho, que sabia alguma cousa da lingua dos cafres. Estes caminhando pela praia uma tarde toda, foram achando muitos pedaços de ambar de que se carregaram. Vendo isto alguns cafres da terra, que vieram alli ter com elles, fizeram grandes espantos porque lhe viram ambar na mão; e disseram-lhe que lançassem aquella peçonha no chão, e que nem para ella olhassem, porque toda a pessoa que a levantava da praia logo se mirrava e seccava, até que morria, e que até o gado, e tudo quanto tinha vivo em sua casa morria com seu dono. E com isto se despediram os cafres e foram fugindo d'elles como se ficaram feridos de peste. E os portuguezes se tornaram ao esquife, que acharam ao longo da praia, onde se embarcaram; e o mais que lhe succedeu n'este caminho contarei adiante. Esta historia me contou muitas vezes Antonio Gomes Cacho, estando eu em Sofala, quando esta gente da perdição veiu alli ter. De modo que por toda esta costa se acham muitos e mui grandes pedaços de ambar. D'onde se collige claramente o engano d'aquelles que disseram que o ambar se gera e cria no ventre das baleias, e que ellas o vomitam; o que é falso, porque nenhuma baleia, por grande que seja, póde vomitar tão grandes pedaços e serras de ambar, como estes que referi n'este capitulo. Além d'isto a experiencia nos tem mostrado o contrario.

FIM DO PRIMEIRO LIVRO

LIVRO SEGUNDO

Da Ethiopia Oriental, que trata do Manamotapa, e do seu grande reino, seus costumes e de seus cafres: dos celebres rios de Cuama, e dos animaes, bichos, e outras cousas mui notaveis de todo este territorio, incognitas na nossa Lusitania.

CAPITULO I

Dos cafres, e cousas notaveis, que ha nas terras que correm de Sofala até o rio de Luabo

Quatro annos estivemos na fortaleza de Sofala, o padre frei João Madeira e eu, occupados no serviço d'aquella christandade; e d'aqui nos sahimos por mandado do nosso padre vigario geral da India, e nos passamos aos rios de Cuama, que são trinta leguas de caminhos asperos e trabalhosos, onde ha grandes mattos e desertos povoados de muitas feras e bichos, como são leões, tigres, onças, elephantes, bufaros; muitos monos e bogios, e outros muitos animaes silvestres. Todas estas terras são do Quiteve, rei do rio de Sofala. Nos logares povoados que tem, ha muitas creacões de cabras e gallinhas pequenas, mas mui gordas e saborosas. Ha muitos mantimentos de milho, arroz e painço; grandes inhames e outros legumes de differentes castas.

Os moradores d'estas terras são gentios cafres,

não muito pretos; os mais d'elles teem os dentes pôdres e quebrados, e dizem que lhes vem isto da terra em que moram ser muito humida e apaúlada, e tambem de comerem inhames assados, quentes, que é o seu comer ordinario, pela muita quantidade d'este legume que ha n'estas terras. Os mais d'estes cafres são quebrados, e alguns d'elles ha tão aleijados d'esta enfermidade, que não pódem andar. N'este caminho vimos um cafre, que vivia em uma aldeia chamada Inhaguêa, que nasceu aleijado sem o braço esquerdo; mas a natureza que lhe negou este membro tão necessario, lhe deu tal habilidade, que logo de pequeno se costumou a trabalhar com a mão direita, e com o pé esquerdo em logar da mão esquerda, de tal maneira, que fazia com estes dois membros tão disparatos tudo aquillo que podia fazer qualquer pessoa com duas mãos, porque fazia escudellas e gamellas de pau, e tecia esteiras de palha, com que ganhava a vida; onde se póde vêr a providencia da natureza, que, como diz Aristoteles, não falta nas cousas necessarias para a vida humana. Não espantará isto aos que tiveram noticia de um aleijado que houve na villa de Montemór-o-Novo, em nossos tempos, chamado Francisco Dias, o qual nasceu sem braços, e d'esta maneira se costumou logo de sua tenra edade a servir e usar dos pés em logar das mãos que não tinha, e com elles comia, bebia, jogava cartas, enfiava uma agulha, e fazia tão boa letra, que tinha escola em que ensinava muitos moços a lêr e escrever, com que ganhava sua vida, e com os pés aparava as pennas, açoutava os moços, e lhe dava palmatoadas, servindo-se em todas estas cousas com os dedos pollegar e index do pé direito, de maneira que todas as cousas que se podem fazer com as mãos fazia elle com os pés mui perfeitamente, os quaes trazia mettidos em umas chinellas, aparelhados para lhe servirem de mãos.

Os cafres d'estas terras são de boa natureza e bem inclinados, porque tendo pouca noticia de nós, se houveram comnosco mui amigavelmente, recebendo-nos em suas casas e dando-nos do que havia na terra para comer, muito barato. Além d'estes cafres seis ou sete leguas para o norte, está um rio pequeno chamado Tebe, o qual corre por meio de um formoso bosque de arvoredo silvestre, de mais de uma legua de largura, que foi a paragem por onde o nós atravessámos. Muitas arvores d'este bosque são tão altas e grossas como grandes mastros de nau, direitas e limpas, sem esgalhos, ou de sua natureza, ou porque os cafres lh'os cortam; e assim se criam sem terem nós até serem arvores mui grandes. N'este bosque achámos muitos cafres cortando alguns paus grossos para fazerem d'elles embarcações, como fazem ordinariamente, inteiras, de um só pau cavado por dentro; e algumas são tão grandes, que teem vinte braças e mais de comprido, e carregam vinte toneladas, das quaes eu vi algumas que andavam em os rios de Cuama, colhidas e feitas n'este bosque; chamam-se estas embarcações almadias. Estas arvores são tão bastas n'este logar, e teem a rama no alto tão copada, que parecem de longe um formoso pinhal, tão cerrado por cima, que em poucas partes dá o sol em baixo na terra, e por esse respeito não cria herva, mas tem folhada das mesmas arvores quasi de um palmo de altura.

Adeante d'este rio está outro chamado Tendancúlo, onde acaba o reino do Quiteve, e começa o grande imperio do Manamotapa. N'este rio achamos um animal do mar, morto, de uma figura espantosa, e umas aves nocturnas que nos pozeram em grande admiração, do que tudo tratarei adiante, em seu lugar. D'este rio até ao de Luabo, que é o principal dos rios de Cuama, são terras do Manamotapa, povoadas de cafres gentios e de mouros, uns pretos e outros brancos, e alguns d'elles ricos; e com serem vassallos do Manamotapa, vivem aqui quasi como ixemptos, por estarem mui distantes da côrte d'este rei, de cujas terras, vassallos e costumes, pretendo tratar n'este segundo livro. E porquanto os rios de Cuama, onde agora chegamos, são as portas por onde os portuguezes entram n'este grande reino, d'elles me pareceu que devia tratar primeiro, como farei no capitulo seguinte.

CAPITULO II

Dos rios de Cuama, e das ilhas principaes que n'elles ha

Aeste rio de Cuama, tão celebre e conhecido por suas riquezas, chamam os cafres Zambeze; nasce pela terra dentro tão longe que não ha quem tenha noticia do seu principio. Dizem os cafres que teem por tradição de seus antepassados, que o rio nasce d'uma grande lagoa que está no meio d'esta Ethiopia, da qual nascem outros rios muito grandes, que correm por diversas partes, cada um de differente nome, e que pelo meio d'esta lagoa ha muitas ilhas povoadas de cafres, ricas e abundantes de creações e mantimentos. Chama-se este rio Zambeze, porque ao sahir da lagoa passa por uma grande povoação de cafres assim chamada, e d'ahi vem o rio tomar o mesmo nome da povoação. Este rio é muito impetuoso, e tem em partes largura de mais d'uma legoa. Antes que chegue a se metter no mar algumas trinta legoas, se divide em dois braços, e cada um d'elles é quasi tão grande como o mesmo Zambeze, e ambos vão entrar em o mar Oceano Ethiopico, trinta legoas distantes um do outro. Ao principal e de mais agua chamam rio de Luabo; o qual tambem se divide em dois braços, um d'elles se chama rio de Luabo Velho, e o outro Cuama Velha, d'onda parece que todos estes rios tomaram nome de rios de Cuama. O braço menos principal se chama rio de Quilimane ou rio dos Bons Signaes, nome que lhe poz D. Vasco da Gama, quando a elle chegou, indo no descobrimento da India, pelas boas novas e signaes que n'elle achou de Moçambique estar já perto, onde havia embarcações e pilotos que sabiam navegar para a India. Pelo qual respeito poz na praia d'este rio uma columna de pedra, que tinha uma cruz e as armas reaes de Portugal entalhadas; e juntamente poz nome a esta praia Terra de S. Raphael. Este rio tambem lança de si outro braco muito grande a que chamam o rio de Linde. De maneira que este grande rio Zambeze entra no mar com cinco bocas, ou braços de muita largura, e muitas aguas. Os portuguezes navegam sómente pelos dois principaes: pelo de Luabo podem navegar todo o anno, porque tem muita agua e sempre é capaz de navegação; o que não tem o de Quilimane, por onde navegam sómente no inverno, porque no verão descobre muitas areias, e madeiros, que estão cravados no fundo do rio, onde perigam muito as embarcações.

Por este rio acima (indo sempre a Loesnoroeste) se navega obra de duzentas legoas até ao reino de Sacumbé, que está muito arriba do forte de Tete, no qual logar faz o rio uma grande queda de uns rochedos abaixo, e d'alli para cima vae inda continuando muita penedia pelo meio do rio, por espaço de vinte legoas, até o reino de Chicôva onde estão as minas de prata, de modo que se não navegam estas vinte legoas de Sacumbé até Chicôva, por causa da grande corrente com que as aguas veem quebrando de penedo em penedo, pelo rio abaixo; mas do reino de Chicôva para cima é navegavel, porén não se sabe até onde.

Tornando pois ao rio de Luabo, que é o braço principal, chama-se assim por respeito da ilha Luabo, situada na sua barra, em dezenove graus escassos. Esta ilha tem da parte do Sul o rio que dissemos, e do Norte o rio de Cuama a Velha, e pela parte Leste é cortada de um esteiro de cinco legoas de comprido, que vae d'um rio até ao outro, e do Sueste lhe fica o mar Ethiopico. Tem cinco legoas de comprido e outras tantas de largo, pouco mais ou menos. É povoada de mouros e cafres gentios, de cabello crespo, mui sugeitos e quasi vassallos do capitão dos rios de Cuama, o qual muitas vezes reside n'esta ilha, intendendo no concerto das embarcações que levam as mercadorias pelo rio acima, as quaes veem alli de Moçambique em umas embarcações grandes, chamadas pangaios, e por serem grandes, e não poderem navegar pelo rio acima, descarregam n'esta ilha, onde as embarcações pequenas, que tenho dito, tomam sua carga, e todas juntas navegam pelo rio acima até ao forte de Sena, que são sessenta legoas de caminho. As terras que correm ao longo d'este rio da parte do norte, se chamam Botóro, e as da parte do sul Botonga, pelos quaes dois nomes se governam os marinheiros quando navegam, lançando o leme ora para Botóro ora para Botonga, como fazem os das naus para bombordo ou para estibordo.

Pelo meio d'este rio ha muitas ilhas, e algumas d'ellas muito grandes. A primeira, e maior de todas indo pelo rio acima, é Chingoma, da qual é senhor um cafre Macûa, que tem o mesmo nome da ilha. Esta é fertilissima, e a melhor de todas. Na ponta d'ella se divide o rio Zambeze em os dois braços de Luabo e Quilimane, como atraz dissemos, ficando ella entre ambos. A segunda ilha nomeada d'este rio se chama Inhangoma, situada junto do forte de Sena, a qual é muito raza e baixa, e por isso alagadiça pelas fraldas do rio. Tem dez legoas de comprido, e no mais largo legoa e meia; é muito fertil, e abastada de mantimentos. Quando os portuguezes navegam por este rio, recolhem-se de noite a estas ilhas, e a outros muitos ilheus, que pelo rio ha despovoados, e sómente de dia navegam, por causa das muitas correntes e baixos que ha por todo este rio.

Quando estas embarcações navegam pelo rio, os cafres que habitam em muitas aldeias ao longo d'elle, vem logo a ellas em suas almadias pequenas, carregadas de fructas da terra, arroz, milho, legumes, pescado fresco e secco, e muitas gallinhas, as quaes cousas vendem aos passageiros baratas, por haver grande abundancia, e fertilidade n'estas terras, e muitas creações de gallinhas, que os cafres não comem, mas criam sómente para vender aos que navegam pelo rio, e por isto vale uma gallinha n'elle dezoito até vinte réis sómente. A causa d'esta fertilidade são as enchentes d'este rio, que muitas vezes alagam os campos que correm ao longo d'elle, e mais particularmente no mez de março e abril, quando enchem outros rios e ribeiras mui grandes, que vem metter n'este, e lhe acerescentam suas aguas, com cuja innundação ficam estas terras cheias de nata, e fructificam grandissimamente. N'estes dois mezes são as móres cheias d'este rio, sem n'elles haver chuvas n'estas terras, nem neves que se desfaçam, e corram para o rio, pelo que se manifesta claramente que vem estas aguas de muito longe, e causam aqui estas enchentes, como fazem as do rio Nilo nas terras do Egypto. N'este tempo são estas terras mui doentias, por causa dos ares grossos, que ordinariamente se levantam das lagoas e campos apaúladas, e então morrem mais cafres d'este rio, que nos outros mezes do anno.

CAPITULO III

Dos cavallos marinhos, a que os cafres chamam zovo, outros zood.

N'ESTES rios de Cuama, e no de Sofala, e nos demais de toda esta costa, se criam muitos cavallos marinhos, mui ferozes e espantosos. São muito maiores, e mais grossos que dois cavallos juntos dos nossos; teem os pés muito curtos e grossos, cinco unhas em cada mão, e quatro em cada pé, e a pegada quasi tamanha como a d'um elephante; tem uma boca mui grande, rasgada e cheia de dentes, e quatro d'elles que são as presas, teem mais de dois palmos de comprimento cada um; os dois de baixo são direitos, e os de cima revoltos como de porco javali, e todos quatro sahidos para fóra da boca um grande palmo. Tem uma cabeça como de tres bois juntos. Uma caveira de cavallo marinho vi um dia á porta d'um cafre, que lhe servia de assento, e elle a tinha posta n'aquelle logar por façanha, e vendo-me olhar para ella com admiração, chamou um filho seu, menino de sete ou oito annos, e abrindo a boca da caveira fez assentar o menino dentro n'ella sobre o queixo de baixo, e dava com a cabeça no queixo de cima mui folgadamente; e disse-me que ainda havia maiores cavallos do que fôra o d'aquella caveira. Estes cavallos ordinariamente vivem dentro na agua, mas comem em terra, e sustentam-se da herva e rama dos matos; fazem muito damno nas searas do milho e arroz, assim com os pés como no que comem; ordinariamente sahem dos rios a comer de noite, e tambem de dia em logares despovoados e desertos; tem muita similhança com os nossos cavallos sómente na frontaria do rosto, olhos e orelhas, e quasi no rinchar.

São muito ciosos, e nunca se viram dois machos juntos, antes como se encontram logo pelejam, e ferem-se mui cruelmente com os dentes, e algumas vezes se matam n'esta briga e acham-se mortos pelas praias dos rios com muitas feridas e buracos pela barriga, onde elles ordinariamente se ferem quando pelejam. Entre um bando de eguas marinhas não anda mais que um cavallo, como gallo entre gallinhas. E os outros cavallos menores e que menos pódem, andam sempre fugindo de se encontrar com os grandes. Tambem quando a egua pare macho, foge da companhia das outras eguas, e anda sempre só com seu filho, por que o pae lh'o não mate. E são tão ciosas dos filhos que remettem a toda a embarcação que passa pelo rio junto do logar em que elles andam, e muitas vezes emborcam algumas, e fazem afogar alguma gente. Quando querem parir vão-se a terra, e parem dentro no matto, ou em algum esteiro solitario perto do rio, que não tem agua, nos quaes lugares são achadas pelos cafres muitas vezes parindo. Depois que párem comem as parias, e lambem o filho todo, e tornam-se com elle ao rio onde o criam com leite de duas tetas que tem como as nossas eguas, mas muito maiores, e de tanto leite que ás vezes lhe corre em fio no chão quando sahem fóra a comer.

Estes cavallos marinhos teem pelle muito mais grossa que a de um boi, todos são de uma côr parda sobre cinzenta e de cabello muito aspero; quasi todos, ou os mais d'elles, teem uma silva branca muito alva pelo meio do rosto abaixo até ás ventas, e uma estrella branca na testa muito formosa. Tem mui pouca coma e muito curta, e não tem topete nem sedas compridas no cabo; são mui sujeitos a doença de gotta coral, ou accidentes de malanconia, e quando lhe vem esta dôr cossam o peito mui fortemente com a mão esquerda dobrando-a para traz, e sobre ella se deixam cahir no chão ficando-lhe as unhas debaixo do peito, com cuja virtude dizem os cafres que se lhe tiram os accidentes mais depressa; onde se póde vêr a providencia da natureza que não falta nas cousas necessarias. Por esta razão affirmam os cafres e mouros d'esta terra que as unhas da mão esquerda do cavallo marinho teem muita virtude contra a malanconia. Deus sabe a verdade d'isto, mas é certo que os cavallos teem os accidentes que disse, e que se cossam com as unhas da mão esquerda, porque d'este modo os tem achado os cafres em terra muitas vezes, e algumas tão desmaiados e sem accordo com a força do mal que padecem, que assim mataram alguns sem se poderem erguer, nem fugir.

Posto que estes cavallos marinhos são mui ferozes, e de grandes corpos, com tudo não são tão bravos que remettam a gente, salvo dentro no rio, quando andam no cio, como fica dito; mas quando sahem a comer em terra, se sentem n'ella qualquer pessoa, ou tem vista d'ella, logo fogem para o rio correndo com tanta furia, como se foram animaes mui pequenos e muito medrosos, e tanta estropiada fazem com os pés quando correm que parecem um trovão; e com esta pressa se lançam ao rio, e muitas vezes de ribanceiras mui altas, e com tanta furia, que levam comsigo grande parte da borda do rio, deixando n'elle tal rasto como se fôra caminho mui seguido.

Uma tarde fui pelas praias do rio de Sofala com dois portuguezes casados da fortaleza, para nos recrearmos e pescarmos n'elle, e para esse efeito foram comnosco muitos escravos seus para andarem com as redes. Indo nós d'esta maneira ao longo do rio, vimos sair do matto dois cavallos marinhos que andavam comendo n'elle, e tanto que nos sentiram vieram correndo para se metter no rio, e o seu caminho direito era por onde nós estavamos, pelo que logo os portuguezes tomaram as espingardas, e os cafres seus arcos e frechas e aguardaram os cavallos para os ferirem, ou espantarem, mas foi o seu medo tanto, e maior que o nosso, porque se desviaram de nós, e foram fugindo ao longo do matto até que se metteram no rio bem longe d'onde nós estavamos, de que nos não pesou, porque alguns temiam que com sua chegada houvesse algum desastre.

CAPITULO IV

De como os cafres matam os cavallos marinhos dentro e fóra do rio

Os cafres do rio de Cuama e os de Sofala, armam aos cavallos marinhos, e os caçam de tres maneiras. A primeira e mais ordinaria, é fazendo covas pela borda das sementeiras de milho e arroz, onde os cavallos de noite vão a comer, as quaes estão cobertas de rama e herva, de tal maneira, que não se enxerga signal de cova, e por isso vão os cavallos passeiando mui seguros por entre as cearas, e pondo as mãos ou os pés sobre as covas dão comsigo dentro, e alli ficam entalados até pela manhã, que vem os donos das cearas, e os matam sem perigo nem trabalho algum.

De outra maneira lhe armam com umas taboas de comprimento de uma braça, muito grossas, e fortes, nas quaes os cafres metem muitos farpões de ferro, como farpões de fisga, mui grossos e agudos nas pontas. Estas taboas põem ao longo das cearas, meias enterradas, com os bicos dos farpões para cima, e tanto que os cavallos põem os pés em cima de alguma taboa d'estas, encravam-se nos farpões de tal modo, que não se lhe podem mais despregar, e d'esta maneira ficam presos, sem poderem andar, nem quebrar as taboas, por serem muito fortes, e assim os matam os cafres que lhe tem armado.

O terceiro modo, com que os cafres matam os cavallos marinhos, é no rio, onde lhe armam com muitas embarcações pequenas, de um só páo, a que chamam almadias; em cada uma das quaes se metem dois caçadores, um assentado na popa remando, e outro na proa em pé, com uma fisga na mão, de grande e agudo farpão de ferro, a qual vae atada pelo meio da hastea, com uma ponta de corda mui comprida, e fica presa com a outra ponta na mesma almadia. Além d'esta fisga, levam outras, e muitas frechas, e azagaias, e penedos, tudo para effeito de caçar. D'esta maneira vão remando para os pegos e remansos, onde os cavallos andam commummente, com as cabeças fóra d'agua, dando fé de quantos passam pelo rio; e tanto que as almadias chegam perto d'elles, fazem-lhe cerco, e todas em ala remetem com muita ligeiresa, para lhe fazerem chegada, mas elles logo mergulham, e fogem, e vão sahir em outro logar perto d'aquelle com a cabeca fóra, e as almadias após elles remando, e atirando-lhe sempre com penedos e frechas, e tantas voltas lhe dão para baixo e para cima, até que alguma embarcação chega perto d'algum, a tiro que lhe possam d'ella pregar a fisga, e tanto que lh'a pregam no corpo, e elle se sente ferido, logo desmaia, e vae fugindo com a fisga pregada, levando após si a almadia em que a fisga está presa á corda, pelo qual respeito lhe vão atirando da mesma almadia com muitas frechas, e as outras almadias juntamente acodem, e tambem lhe pregam suas fisgas, e com ser um animal tão feroz e grande, é tão pussilanime depois de ferido, que não remete para se defender de quem o presegue, antes foge, andando de uma parte para a outra, levando após si as almadias presas das fisgas, que leva no corpo pregadas, e tanto trabalha d'esta maneira, até que cansa, e anda em cima da agua com a boca aberta, e a lingua fóra sem poder tomar folego; então remetem as almadias todas a elle, e dão-lhõ muitas azagaiadas, até que o matam, e depois de morto lhe atam uma corda no pescoço, e o levam a terra, onde o cortam, e desfazem em quartos e pedaços, e cada cafre leva seu quinhão para comer. D'esta maneira matam muitos cavallos marinhos; e posto que este modo de caçar seja trabalhoso para os caçadores, é muito gostoso, e de grande festa e regosijo. Indo eu de Luabo pelo rio acima para Serra, vi andar no rio dez ou doze almadias, com seus caçadores dentro, fazendo a caçada como tenho dito, cousa que muito folgamos de vêr, e senão foramos com tão prospero vento, sempre nos detiveramos n'este logar, por vêr o fim da caçada.

CAPITULO V

De algumas cousas notaveis que ha nos rios de Cuama, assim dentro na agua, como fóra nas terras que correm ao longo d'elles

Em todos estes rios se cria muito peixe de varias castas, e algum d'elle muito bom, gordo, e saboroso, como são tainhas, cações, peixe pedra, similhante a grandes choupas, peixe boquinha, similhante a savelha; tem mui pequena boca, e pouca espinha: é mui gordo e saboroso; peixe barriguinha, da feição de arenques, mas muito maior; tem grande barriga, pequena boca, e pouca espinha; é mui gordo e saboroso, Ha n'estes rios tão grandes espadartes, como os do mar. Um d'estes se matou arriba de Tete no anno do Senhor de 1586 de que todos ficaram maravilhados, porque não cuidaram que tamanhos peixes se criassem n'esta paragem, mais de cento e vinte legoas distante do mar. Tambem se criam n'estes rios muitos cavallos marinhos, e muitos e grandes lagartos, como fica dito.

Os cafres d'estes rios contam uma historia mui sabida, e praticada dos portuguezes, e mouros d'estas terras, da maneira seguinte. Dizem que um dia veiu um leão correndo após um veado para o matar, e comer, o qual veado vendo-se perseguido, veiu fugindo com medo da morte para se lançar ao rio, e chegando a elle, indo já para se meter dentro, chegou-lhe primeiro o leão, e lançando-lhe as unhas sobre as ancas teve mão n'elle, para que se não acabasse de metter de todo no rio; mas a este reboliço e briga accudiu um lagarto, e vendo que o veado estava com meio corpo dentro na agua, ferrou logo d'elle com os dentes e unhas, para o metter no rio, e teve mão n'elle tão fortemente, que nunca o leão o poude tirar fóra, nem o lagarto o poude metter dentro, e tirar das unhas do leão; e d'esta maneira estiveram algum tempo em porfia de quem havia de levar a presa, até que accudiram uns cafres, que andavam trabalhando em umas cearas, e tinham visto todo o successo d'esta contenda, e correndo ao rio com grandes brados, e alaridos, o lagarto se espantou, e largou o veado, recolhendo-se para dentro d'agua, e o leão tambem fugiu, deixando a caça que tinha já quasi morta, e aberta pelas cadeiras com as unhas. Chegaram então os cafres, e recolheram o veado,e o repartiram entre si.

Pelas terras que correm ao longo d'estes rios ha muitos leões, tigres, onças, badas, elephantes, bufaros bravos, vaccas bravas, quasi da feição das nossas mansas. Ha cavallos bravos, com sua coma, e cabo como os nossos cavallos, e rincham quasi da mesma feição; tem uma côr castanha, muito clara, quasi cinzenta, tem cornos mociços como veado, mui direitos e sem esgalhos, e unha fendida como bos; os cafres lhe chamam empophos. Tambem ha asnos bravos de côr parda, com cornos e unha fendida, a que chamam merús; sua carne é tão boa como a de vacca. Ha muita variedade de bichos, porcos montezes, e outra muita casta de animaes silvestres.

Ao longo d'estes rios nascem muitos algodões, em searas, que os cafres semeiam, cultivam e podam, quasi ao modo de vinhas. D'este algodão fazem pannos, a que chamam machiras, de que se vestem, os quaes são do tamanho de um lençol. Ha grandes canaveaes de cannas de assucar, que os cafres semeiam para comerem, e são muita parte de seu mantimento. Não sabem fazer assucar, nem teem engenhos para isso, que se os tiveram cuido que d'estes rios, e do de Sofala, se tirara mais assucar, que do Brazil.

N'este territorio nascem muitos páos e hervas mui medicinaes, e particularmente em umas serras, a que chamam Lupatta, que atravessam este rio, nas quaes ha muita douradinha, infinita aguila brava mui boa, e de tão excellente cheiro, que parece mansa, e algumas pessoas me affirmaram havel-a n'estes matos. Estando eu em Tete me deram um tronco velho de aguila, tão gastado já do tempo, que lhe não ficou mais que o cerne de dentro, preto, e duro, e fazendo eu pouco caso d'elle, por saber que havia muito na terra, o mandei lançar em um quintal que tinha, onde o sol lhe dava, e n'elle esteve algum tempo, até que um dia o vi estar lançando de si oleo suavissimo, que lhe corria nó chão com a quentura do sol; então o recolhi, e o tive em grande estima, e como tal o dei a quem o trouxe para este reino, por peça de muito preço.

Ha n'esta terra muita canafistola pelos matos, e outro páo com que os cafres se purgam, mui medicinal, o qual cozem com uma gallinha e agua simples, e depois de bem cozida, bebem o caldo, e com elle purgam muito bem. Esta purga tomei em Sena, para umas sesões que tinha, e me achei muito bem, o que não fiz com outras purgas que antes d'esta me deram. Outro páo ha, que moido, e dado a beber em agua simples estanca camaras de sangue. Outra páo ha excellente com que os cafres curam suas feridas, moido, e deitado dentro n'ellas o pó; e tem tanta virtude, que em vinte e quatro horas, lança fóra das feridas toda a podridão, ou sangue pizado que tem, e por grande que a ferida seja, em poucos dias sara, curando-se com estes pós, sem pontos nem outra medicina. Outro páo me mostraram em Sofala, o qual tambem ha n'estes rios, e dizem que pizado, e dado a beber, faz vir leite aos peitos de qualquer pessoa que o beber, assim mulher, como homem; tem as folhas muito grossas, e grandes, quasi como herva bobosa.

CAPITULO VI

Das serras da Lupata, e do reino do Mongâs, e das guerras que teve com os portuguezes, e de umas fontes notaveis d'estas terras

No forte de Sena até o de Tete são sessenta legoas pelo rio acima. No meio d'este caminho estão situadas aquellas mui formosas, e nomeadas serras de Lupata, noventa legoas distantes do mar Oceano Ethiopico. Estas serras tem de largura quatro ou cinco legoas; são muito altas, e fragosas de penedias, e saibro aspero, e duro como ferro, e d'esta maneira vão correndo e atravessando grande parte d'esta Ethiopia, e por serem altissimas e atravessarem muitas terras, lhe chamam os cafres espinhaço do mundo. Com estas serras serem tão altas, longas, e de pedra viva, teve o rio Zambeze tanta força, que as rompeu pelo meio, levando suas aguas por entre ellas com tanto impeto, que faz medo sua corrente; e tão cortadas estão estas serras em muitas partes ao longo do rio, que do alto d'ellas até o fundo são direitas, como se foram talhadas ao picão, e a prumo. E n'outras partes ficam os altos das serras pendentes sobre o rio, tão medonhos, que parece estarém para cahir sobre as embarcações que passam por baixo. N'esta paragem será este rio da largura de cincoenta braças, pouco mais ou menos, cercado d'estas serras ingremes, e altissimas, pelo que estas cinco, ou seis legoas de rio são mui perigosas de navegar, e aqui se perdem algumas embarcações, por causa das grandes correntes que tem, dando com ellas sobre as pedras, sem lhe poderem fugir.

Estas serras de Lupata atravessam o reino de um rei chamado Mongâs, cujas terras estão ao longo d'este rio, da parte do sul, como Sena e Tete, e tem por seu limite o mesmo rio, e da banda do sertão confinam com as terras do Manamotapa. Este Mongâs pelejou com os portuguezes no tempo da conquista de Francisco Barreto e de Vasco Frz. Homem, que lhe succedeu no governo por sua morte. Todos estes cafres do Mongâs são gentios, algum tanto baços, mui exforçados, e mais bellicosos que todos os que então havia n'estes rios, e assim deram muito que fazer aos nossos conquistadores, representando-lhe muitas batalhas. Em uma das quaes se conta que vindo um dia cometter aos portuguezes, traziam comsigo uma cafra velha, que diziam ser grande feiticeira, e tanto que chegaram á vista dos nossos, ella se adiantou da sua gente, e pondo-se no meio do campo entre os dois arraiaes, tirou de um cabaço certos pós que alli trazia, e lançando algumas mãoscheias d'elles para o ar contra os portuguezes, dizia que os havia de cegar a todos d'aquella maneira, e que facilmente seriam logo desbaratados e presos. Com esta promessa da feiticeira vinham os cafres tão confiados, que todos traziam cordas para levarem os portuguezes atados como carneiros; mas, em breve tempo ficaram frustrados de seus pensamentos, porque o governador vendo a feiticeira no campo, tão soberba e confiada nas suas artes diabolicas, mandou ao Condestable que lhe fizesse tiro com um falcão, que diante de si tinha carregado, o que o Condestable logo fez, e quiz Deus que fosse tão bem apontado, que acertou a feiticeira pelos peitos, e diante dos seus a fez em pedaços, pelo qual o governador levou de uma cadeia de ouro que trazia com um relicario, e a lançou ao pescoço do Condestable, mui alegre, louvando sua destreza, e venturozo tiro, tão importante para o principio da briga que começava. Da outra parte os cafres ficaram mui espantados do successo não esperado, e mais tristes com a morte da sua feiticeira, em quem vinham estribados, mas nada foi bastante para deixarem a briga, antes logo romperam batalha, e pelejaram mui exforçadamente; porem depois que experimentaram o braço dos portuguezes, e os pelouros, tanto á custa de suas vidas, se foram retirando e fugindo, ficando os nossos senhores do campo; e não tardou muito que o Mongâs mandasse cometter pazes ao governador, prometendo-lhe a passagem livre por suas terras, que d'antes lhe queria impedir, as quaes o governador aceitou, e duram até agora, sem haver mais quebras, nem alteração alguma.

Abaixo d'estas serras da Lupâta, perto do rio, da banda do Leste, defronte das terras do Mongâs, está uma formosa lagôa, de tres legoas em roda, mui funda, e no meio d'ella um ilheu de terra fragosa, mui alta que terá quinhentas braças em roda. No alto d'este ilheu está um formoso tamarinheiro, do tamanho, e quasi da feição de um grande pinheiro, o qual carrega os mais dos annos de tamarinho. Seu fructo é similhante a alfarrobas, tem um azedo excellentissimo para temperar o comer em logar do limão, ou de vinagre, é medicinal, e uza-se d'elle nas boticas para purgas. Os tamarinheiros teem tal propriedade, que em se pondo o sol, logo fecham as folhas, e assim estão toda a noite, até que torna a sahir, e em nascendo logo se lhe abrem.

A esta lagoa chamam os cafres Rufumba; é de agua doce, cria muito e bom peixe, muitos cavallos marinhos, e mui grandes lagartos. Á borda d'ella está um bosque, a que os cafres chamam Chipanga, de mui fresco e espesso arvoredo silvestre. Os cafres visinhos d'este bosque enterram seus defuntos n'elle, e de todos é tido por cousa mui sagrada; e a causa principal é, porque os lagartos da Rufumba se deitam ao sol, como é seu costume, nas bordas d'este bosque, e os cafres teem para si que são as almas dos seus defuntos, que andam dentro n'estes lagartos, e povoam aquella lagoa, e por esse respeito muitas vezes lhe deitam de comer n'aquellas praias do bosque.

Perto d'esta lagoa está uma fonte, a que os cafres chamam Maembe, na qual nascem cinco olhos de agua affastados uns dos outros pouco mais de uma braça; esta agua é toda quente, convém a saber, dois olhos de agua morna, e dois de muito quente, e o quinto de agua tão quente, como se estivera fervendo com grande fogo, na qual ninguem pode metter a mão, antes podem cozer n'ella ovos, e pellar leitões, como já fizeram alguns portuguezes, que alli foram ter de proposito, a vêr as maravilhas d'esta lagoa. Estas fontes correm todo o anno, e suas aguas se recolhem na lagoa Rufumba.

Arriba do forte de Tete está um logar chamado Empongo, no qual nascem tres olhos de agua quente, á borda do rio Zambeze, e aparecem quando vae vazio, mas como enche, cobre as fontes, e não se veem. Um d'estes olhos dizem que é de agua quentissima, onde ninguem pode metter a mão. Outras muitas cousas maravilhosas dizem que ha n'estes rios, e nas terras que correm ao longo d'elles, de que não trato por não ter d'ellas certa e verdadeira informação, como tive das que ficam apontadas.

CAPITULO VII

De algumas fontes e ribeiras de agua salgada, e de outras fontes de admiraveis effeitos, que ha no sertão d'esta Ethiopia Oriental

JUNTO do forte de Tete, obra de duas leguas pela terra dentro, está uma ribeira pequena, cuja agua é tão salgada como a do mar, estando distante d'elle mais de cento e vinte legoas. Nás terras do Mocaranga, que estão muito mais longe do mar, dizem que ha muitas ribeiras e lagôas de agua salgada, de que os cafres fazem sal com certos cozimentos que lhe dão, e d'este se provê quasi todo este Mocaranga, e vale muito, pela grande falta que d'elle ha n'estas terras, tão distantes e affastadas do mar.

Não foi cousa que muito me admirasse vêr agua nativa e salgada em terras tão remotas e alongadas do mar, porque já em Portugal tinha visto o mesmo junto do real e sumptuoso monumento da Batalha, que El-Rei Dom João, de gloriosa memoria, fundou e deu aos religiosos do Patriarcha S. Domingos, onde elle jaz sepultado com a rainha D. Philippa sua mulher, e quatro filhos. Junto pois d'este convento, está um posto a que chamam Santas, quatro leguas distante do mar, onde nasce um grande olho de agua salgada, de que fazem muito sal em marinhas, que estão feitas no mesmo logar, entre as quaes os religiosos do dito convento tem algumas de importancia.

Alguns mouros mercadores de machiras (que são uns pannos de algodão de que se vestem os cafres) me contaram estando eu no forte de Tete, que pelo sertão dentro d'estas terras da parte do Nordeste, perto do grande rio Manganja, havia uma fonte de agua salgada, mais de duzentas leguas distante do mar na qual se via uma espantosa maravilha, que era converter-se em pedra dura todo o pau que lhe deitavam dentro, mudando a natureza de pao em pedra ferrenha mui pesada.

Alberto Magno faz menção de outra fonte de agua doce, similhante a esta nos effeitos, a qual elle diz que viu em Allemanha, e experimentou suas maravilhas, onde se convertia em pedra qualquer pau que lhe deitassem dentro. Isto mesmo refere o P. F. Heitor Pinto sobre Daniel. João Perez, no livro da sua astronomia, conta de outra fonte, cuja agua tirada fóra e lançada em terra, logo se coalha e fica como pedra dura, sem mais se desfazer, nem tornar á sua primitiva natureza.

Na provincia do Alemtejo, do reino de Portugal, está uma povoação, que se chama Ervedal, distante pouco mais de uma legua da villa de Aviz, na qual nascem umas fontes, a que os naturaes da terra chamam fontanheiras e são quatro, ou cinco olhos de agua doce, mas não é boa para beber. Esta agua nasce sómente no verão e corre em tanta quantidade, que faz uma ribeira mui grande, com que se regam algumas hortas e moem muitas azenhas em todo o verão, de abril até setembro, e tanto que torna o tempo a esfriar, logo se seccam as fontes. Cousa admiravel, porque no inverno quando chove e toda a terra se resolve em fontes, n'esse mesmo tempo se seccam sem terem alguma agua. Tem mais outra propriedade estas fontes, que a sua agua no logar onde está queda, sem correr, se converte em pedra dura, ao modo de pedra pomes, e nunca mais se torna a desfazer; se deitam algum pao dentro n'esta agua, ou seja na fonte, ou na ribeira, por onde corre, todo se cobre de pedra dura, gerada e creada da mesma agua, de modo que fica o pao dentro como meolo da pedra, e se lhe tiram o pao de dentro, fica um vão como cano de pedra. O mesmo causa nas hervas e silvas, que estão ao longo da ribeira, onde quer que chega esta agua, cobrindo-as todas de pedra. Da mesma maneira o faz nas azenhas, cobrindo-lhe as rodas de pedra, de modo que para moerem é necessario alimparem-lhe cada anno a pedra, que se lhe cria d'esta agua.

No reino de Dambia, situado n'esta Ethiopia Oriental, ao longo do rio Nilo, e na provincia Belgada, de que adiante fallarei, ha muitas minas de sal em pedra, do qual os mercadores levam aos reinos de Mandiuga e Jalofa, situados no sertão d'esta Ethiopia. onde ha tanta falta de sal e tanto ouro que vale o sal quasi tanto como elle.

Na ilha de Ormuz, situada no Estreito da Persia, estão muitas serras de sal em pedra, nascido alli naturalmente, o qual além de servir para temperar o comer, é muito medicinal, e com ser estimado por sua bondade, não vale muito, pela grande copia que d'elle ha n'esta terra.

CAPITULO VIII

Dos fortes de Sena e Tete, e da serra Chiri e dos fructos e creações que ha nos rios de Cuama e moeda que n'elles corre

Sena é uma povoação situada junto ao rio Zambeze, da parte do sul nas terras da cidade Inhamioy, sujeita ao Manamotapa. N'esta povoação esta um forte de pedra e cal, guarnecido de algumas peças de artilheria grossa e meuda, mui bastantes para sua defensão, na qual mora o capitão posto da mão do capitão de Moçambique. Dentro n'este forte está a egreja e a feitoria, onde se metem todas as roupas, contas e veniagas que vão de Moçambique, e d'aqui se vendem aos mercadores, que depois as levam a vender aos cafres. No tempo que eu estive n'este forte, haveria n'elle mais de oitocentos christãos, dos quaes seriam cincoenta portuguezes e os outros indios e cafres da terra.

Defronte de Sena, da outra parte do rio, obra de sete ou oito leguas pela terra dentro, está uma grandissima e altissima serra, chamada Chiri, a qual se deixa vêr de mais de vinte leguas. Esta serra é fertilissima e toda povoada de cafres, assim no alto como pelos vales. D'aqui vão para Sena os mais dos mantimentos, que se n'ella gastam, como são arroz, milho, batatas, figos e gallinhas. Tem muitas fontes de excellentes aguas, não sómente nos vales, mas tambem nos altos. Pelo pé d'ella corre uma formosa e grande ribeira, que dizem ser braço do celebre rio Suabo d'esta costa de Ethiopia, a qual ribeira vem entrar no rio Zambeze dez leguas abaixo de Sena, e por ella navegam os cafres e os moradores de Sena e tem seu commercio de uma parte para outra.

D'este forte de Sena até ao de Tete são sessenta leguas pelo rio acima. Os moradores de Tete vem a esta feitoria de Sena empregar o seu ouro nas mercadorias que n'ella estão. E' Tete uma povoação situada ao longo do rio, da mesma parte do Sena, no reino de Inhabazoe, que o Manamotapa conquistou, e repartiu entre alguns vassallos seus, dando ao forte de Tete uma boa parte d'elle, que são as terras que reconhecem aos portuguezes e ao capitão do forte, como a seu rei, do qual tratarei abaixo mais largamente. Este forte é de pedra e cal, em que estão sete ou oito peças de artilheria; n'elle mora o capitão da terra, que tambem é posto pelo capitão de Moçambique. N'esta povoação haveria no tempo que eu n'ella estive mais de seiscentos christãos, dos quaes seriam quarenta portuguezes e os outros indios e cafres. D'esta sorte até o mar Oceano Ethiopico, onde este rio vae entrar, são cento e vinte leguas e até aqui navegam os portuguezes com as mercadorias, que vem de Moçambique, e d'este forte vão caminhando por terra, com ellas até o Mocaranga, levando-as os cafres ás costas, que andam a este ganho por aluguer, como bestas de carga.

N'estas povoações de Sena e Tete ha muitos figos de Portugal e da India, como os que tenho dito que ha em Sofala: os quaes ha todo o anno. Ha muitas romeiras, parreiras, limoeiros, palmeiras, muitas fructas do matto, algumas d'ellas boas, como são umas, a que chamam bombâras, que são quasi como azeitonas, e comem-se da mesma maneira salgadas, e são muito apetitosas: ha muitas hortas de boa hortaliça. Um rabano vi em Tete, da casta e semente dos de Portugal, que tinha tres palmos e meio de grosso em roda junto ao pé, cheio por dentro, tenro e saboroso, de comprimento de quasi um covado; d'onde se póde colligir a grande fertilidade d'estas terras; ha muitos inhames, batatas, ananazes e melões muito finos, aboboras, pepinos, arroz, milho, e outros muitos legumes. Ha muitas creações de vaccas, cabras e ovelhas, de que fazem tão bons queijos, como os de Alemtejo; porcos e grande numero de gallinhas. E todas estas cousas valem baratas, mas as que vem da India para estes rios valem muito caras, particularmente vinhos, farinhas de trigo, calçado e vestido, e todas as mais cousas necessarias, que vem de carreto. Um barril de vinho de Portugal de seis almudes, se é bom, vale n'estes rios ordinariamente cem maticaes, que são cento e vinte cruzados. Um barril de farinha do mesmo tamanho, vale cincoenta e sessenta maticaes, e assim as demais cousas que vem da India. No anno que eu estive n'estes rios, succedeu que se perderam na viagem dois pangaios do capitão de Moçambique, que então era Lourenço de Brito, os quaes vinham para estes fortes carregados de todo o provimento e roupas, como é costume virem cada seis mezes, com cuja falta subiram a grande preço todas as cousas de comer e beber, e chegou a valer uma canada de vinho de Portugal quatorze maticaes, que são seis mil e seiscentos réis; uma caixa de marmellada de cinco arrateis pouco mais ou menos, dez maticaes, e a mesma carestia tiveram as farinhas, roupas e mais cousas que havia na terra.

A menor moeda que ha n'estas terras é um peso de ouro, a que chamam tanga, que vale tres vintens, e a maior é matical, que vale quatrocentos e oitenta réis. Tambem ha outro genero de moeda, com que se compram as cousas meudas, que são umas barrinhas de cobre do comprimento de meio palmo, e de largura de quasi dois dedos, a que chamam maçontas, e cada uma d'ellas vale tambem tres vintens. Tambem é moeda corrente estanho, a que chamam calaim, feito em pães, cada pão de meio arratel, e chamam a estes pães pondos, e cada um pondo d'estes vale duas tangas, que são seis vintens. Correm tambem por moeda ordinaria n'estas terras contas meudas de barro vidrado, de côres, enfiadas em uns fios de comprimento de um palmo, aos quaes fios de contas chamam mites e a dez mites juntos chamam lipôte, e a vinte lipôtes juntos chamam motava, que vale ordinariamente um cruzado. Além d'estas moedas, tambem com as roupas de toda a sorte se compram e vendem todas as cousas, e se pagam as dividas em logar de ouro. Com esta sorte de moeda pagam tambem aos padres seus ordenados, e as missas que lhe mandam dizer; o que fazem poucas vezes, porque ordinariamente pagam a esmola das missas em ouro; e o que commummente se dá por cada uma é um matical, e algumas pessoas dão avantajadas esmolas, conforme a devoção de cada um. E não pareça que é grande esmola n'estas terras, onde todas as cousas que a ellas vem de carreto valem pesadas a ouro, e tanto importa aqui um matical, como n'este reino pódem importar dois vintens, ou meio tostão; pelo que se os sacerdotes tiveram menos esmola de suas missas, não se poderam sustentar.

CAPITULO IX

Das feiras que ha no Mocaranga, e do capitão de Massapa, e da curva que se paga ao Manamotapa

DEPOIS que as mercadórias partem de Tete por terra, como fica dito, vão atravessando muita parte do reino do Manamotapa, até chegarem a três povoações, que estão n'este Mocaranga, distantes umas das outras, a que chamam feiras, como é Massapa, Luanze, Manzovo, nas quaes os moradores de Sena e Tete tem suas casas, a que chamam Churros, onde recolhem suas fazendas, e d'aqui as vendem e mandam vender por todas as terras. A principal feira d'estas é Massapa, onde mora sempre um capitão portuguez, apresentado pelos portuguezes d'estes rios, e confirmado pelo Manamotapa, ao qual capitão chama o rei sua mulher grande, nome com que elle honra aos portuguezes que estima e tem em muita conta, como são os capitães de Sena, Tete e Moçambique. Este capitão de Massapa tem jurisdicção, e auctoridade de justiça maior sobre todos os cafres que vem ter a Massapa, e sobre os que moram nas suas terras e confins, e póde só por si julgar verbalmente todas as causas, e condemnar os delinquentes, até os mandar enforcar, sem haver appellação nem aggravo de sua sentença. A qual auctoridade lhe tem dado o Manamotapa. Este capitão tem tambem provisão dos Vice-reis da India, para ser juiz, e cabeça sobre todos os portuguezes, que n'estes reinos andam, e como tal julga todas as cousas dos portuguezes, que n'estas partes se movem, e dá suas sentenças. E' tambem provedor dos defuntos. Similhante jurisdicção e auctoridade tem todos os capitães d'estas partes, como são o de Sofala, Sena e Tete, concedida pelos Vice-reis. Todos elles pódem sentenciar sómente aos christãos da terra, e executar as taes sentenças, sem haver appellação nem aggravo d'ellas, como fazem algumas vezes a cafres ladrões e malfeitores, que mandam enforcar.

O capitão do Massapa serve n'este logar de tratar todos os negocios portuguezes com o Manamotapa; está tambem aqui como feitor do mesmo rei, para lhe arrecadar todos os direitos, que os mercadores lhe pagam, assim christãos, como mouros, que são de cada vinte pannos um, dos que levam a estas terras para vender; pelos quaes direitos lhe ficam todas as mais roupas livres, e as terras franqueadas, para seguramente andarem por ellas e venderem suas mercadorias, sem haver quem lhe faça impedimento algum. D'este logar de Massapa para dentro, até onde está o rei, ninguem póde entrar, nem passar, sem licença do mesmo rei, ou d'este capitão, e por isso chamam a este logar as portas de Massapa, e ao capitão, capitão das portas; o qual officio é perpetuo em vida de cada um dos que n'elle entram, nem pódem renunciar o cargo, nem sahir d'este logar sem licença do Manamotapa. As insignias d'este capitão, e de sua jurisdicção, é uma azagaia de pao preto, de comprimento de uma vara, pouco mais ou menos, com uma ponta comprida de ouro, ao modo de ferro de lança, a qual traz muitas vezes na mão, como vara de justiça maior. Além d'isto traz uma manilha de ouro.

O capitão de Moçambique é obrigado quando entra na sua fortaleza de novo a dar ao Manamotapa tres mil cruzados de roupas e contas, pelos tres annos que ha de ser capitão, por franquear suas terras no dito tempo a todos os mercadores, assim christãos como mouros, porque todos elles tratam com as roupas do mesmo capitão, e o mais do ouro que d'estes rios sahe, vem ter á mão do capitão de Moçambique, e se não tiver as terras abertas e franqueadas, para os mercadores levarem dentro suas roupas e contas, não haverá ouro, nem quem o traga em tanta quantidade. E franqueadas as terras d'esta maneira, andam todos os mercadores por ellas com os saccos de ouro, muito mais seguros, do que podiam andar em Portugal, porque até hoje não se sabe que cafres ladrões salteassem portuguez algum em caminho, nem o roubassem, salvo por mandado do mesmo Manamotapa, cousa que elle algumas vezes faz, por se vingar de alguns aggravos que tem, ou finge ter dos portuguezes, particularmente quando o capitão de Moçambique, que entra de novo, lhe não paga ou lhe dilata para o segundo anno as roupas, que lhe costuma dar no primeiro; porque então manda dar Empata por todas suas terras nas fazendas dos mercadores, e tomar todas as mercadorias que lhe acham (que a isto chamam Empata) e d'esta maneira se paga do que lhe deve mui largamente, e satisfaz do aggravo que tem recebido. Além d'isso para tornar a franquear as terras, e fazel-as de paz, paga-lhe o capitão tudo inteiramente. E n'estas Empatas, que manda fazer, toma muitos mil cruzados aos mercadores, sem haver mais restituição d'elles, nem da parte do rei, nem de quem foi causa d'ellas.

A esta paga, que os capitães fazem, chamam os cafres curva, e esta manda o Mànamotapa buscar ao forte de Sena pelos seus cafres embaixadores, a que chamam Mutûmes. Estes vem buscar a curva com a mesma ordem, e do mesmo modo que os Mutûmes do Quiteve, rei do rio de Sofala, como atraz fica dito. Mas é mui differente a entrega da curva de Sofala, d'esta de Sena, porque em Sofala o capitão da fortaleza a entrega aos Mutûmes que a vem buscar, e elles a levam ao Quiteve seu rei; mas aqui em Sena entrega-se a um portuguez, que para isso elege o capitão, ao qual depois de eleito chamam vice-rei, porque vae por embaixador ao Manamotapa em nome do capitão de Moçambique, a quem os cafres chamam vice-rei. Este portuguez recebe a dita curva na feitoria de Sena, diante dos Mutûmes do Manamotapa, para que elles vejam todas as roupas que lhe mandam, e depois de entregue d'ellas, as leva a seu cargo até á côrte do Manamotapa, em companhia dos Mutûmes, e lá entrega esta curva ao Manamotapa em nome do capitão de Moçambique.

CAPITULO X

Dos reinos do Manamotapa, e das terras do Mocaranga, e sua divisão

Este reino do Manamotapa está situado nas terras a que chamam Mocaranga, como fica dito; as quaes antigamente foram todas do imperio do Manamotapa, e agora são divididas em quatro reinos, a saber: o reino que hoje tem o Manamotapa e o reino do Quiteve, o reino do Sedanda e o reino do Chicanga. A causa d'esta divisão foi um imperador Manamotapa, o qual não querendo, ou não podendo governar terras tão distantes, fez governadores d'ellas tres filhos seus, mandando a um chamado Quiteve, para governar o reino que corre ao longo do rio de Sofala, e a outro chamado Sedanda, para governar as terras que corta o rio da Sabia, o qual vem sahir ao mar Oceano Ethiopico, defronte das ilhas Bocicas; ao terceiro, chamado Chicanga, mandou governar as terras da Manica, onde ha mui grossas minas de ouro. Estes tres filhos governadores, tanto que o pae morreu, e entrou no imperio outro filho que estava na côrte, levantaram-se com as terras em que estavam, e nunca mais quizeram obedecer a este Manamotapa, nem a seus successores, allegando cada um por si pertencer-lhe o dito imperio. Esta e a causa, porque quasi todos os annos tem guerra uns contra os outros. De maneira, que d'este grande imperio do Manamotapa se dividiram tres reinos muito grandes de muitos vassallos, ficando comtudo o mesmo reino que hoje possue o Manamotapa muito maior que todos estes tres juntos. A todos estes cafres chamam Mocarangas, porque todos fallam a lingua mocaranga; e por essa razão chamam tambem a todas estas terras o Mocaranga, tirando as fraldas do mar d'estes reinos, porque em algumas d'ellas fallam outras linguas differentes, particularmente a lingua Botonga, pelo que chamam ás mesmas terras Botonga, e aos habitadores d'ellas Botongas.

Este grande reino do Manamotapa tem de comprimento mais de duzentas leguas, e de largo quasi outro tanto. Da banda do Noroeste confina com outro rei mui grande, com que tem muitas vezes guerra, ao qual chamam Abûtua, cujo reino tem o mesmo nome, e dizem que chega pelo meio da terra firme, até os confins do reino de Angola, com cujos cafres tem commercio, e estes com os portuguezes, que vão de Portugal para Angola; no que eu não ponho duvida, porque os cafres mercadores do Abûtua trouxeram já a vender ao reino de Manica um cobertor de papa, que veiu pela via de Angola, o qual mercou um portuguez, que estava na Manica, e eu o vi em Sofala. N'este reino do Abûtua tambem ha muito e fino ouro, mas os naturaes da terra não se dão tanto a buscal-o, e caval-o, por estarem longe dos portuguezes que lh'o podiam comprar, mas são mui dados a criar gado vaccum, de que ha n'estas terras grande abundancia. Da parte de Leste confina o Manamotapa com o rio Zambeze, ao qual os cafres vassallos do Manamotapa chamam Empando, que quer dizer Levantado contra o seu rei, porque dizem que se o rio não correrá por aquella parte, fôra o Manamotapa senhor das outras terras, que estão da outra banda do rio, onde elle não póde passar com seu exercito, poi falta de embarcações. Para a parte de Sueste vem correndo este reino até o mar Oceano Ethiopico, onde entra com uma ponta de terra, de largura sómente de dez ou doze leguas, que é do rio de Luâbo, até o rio de Tendancûlo, porque as mais terras, que correm para o Sul, até o rio de Inhambâne, estão divididas entre os tres reis levantados, como fica dito. De Tendancûlo até Sofala é reino do Quiteve, de que fallei no primeiro livro. De Sofala para o Sul, fica o reino de Sabia, de que é rei o Sedanda; o qual tambem é rei de muita parte das terras, a que chamam Botonga, que vão correndo para o rio de Inhambane. Na cabeça d'estes dois reinos, do Quiteve e do Sedanda, pela terra dentro fica o reino da Manica, de que é rei o Chicanga, o qual está para a parte do Noroeste, algumas cem leguas distante do mar; e este comprimento tem estes dois reinos do Quiteve e Sedanda, que ambos vão d'aqui entestar no mar Oceano Ethiopico. Da outra parte da terra da Manica para o Norte, fica o reino do Abûtua, e o Manamotapa lhe fica da parte do Nordeste, e da parte do Sul outro rei, a que chamam Biri. Todos estes tres reis levantados são grandes senhores, porém o Quiteve é maior e mais rico, pelo muito commercio que tem com os portuguezes, d'onde lhe vão muitas roupas e contas, que é a riqueza dos cafres; além d'isso, são estes cafres muito mais exforçados que todos os outros Mocarangas, e por isso nunca o Manamotapa os póde vencer, vindo muitas vezes sobre o Quiteve, com grande poder de gente. São mui grandes frecheiros e dextros no jogar de azagaia de arremesso. São mui soberbos, e grandes homens de bulras e trapaças.

CAPITULO XI

Da serra chamada Fura, e de umas ruinas antigas, que dizem foram feitoria da rainha Sabbá, ou de Salomão

Perto da povoação de Massapa está uma muito alta, e grande serra, que se chama Fura, d'onde se descobre muita parte do reino de Manamotapa, e por esse respeito não consente o rei que os portuguezes subam a esta serra, por lhe não cubiçarem a grandeza e formozura de suas terras, onde estão escondidas tantas, e tão grossas minas de ouro. No alto d'esta serra estão ainda em pé uns pedaços de paredes velhas, e umas ruinas antigas de pedra e cal, que bem demonstram estarem alli já casas, e aposentos fortes, cousa que não ha em toda a Cafraria, porque até as casas dos reis são de madeira, barradas com barro, e cobertas de palha. Dizem os naturaes d'estas terras, e particularmente alguns mouros antigos, que teem por tradicção de seus antepassados, que aquellas casas foram antigamente feitoria da rainha Sabbá, e que d'aqui lhe levavam muito ouro pelos rios de Cuama abaixo, até o mar Oceano Ethiopico, pelo qual navegavam em navios, indo sempre correndo a costa da Ethiopia, até o mar Roxo, e entrando por elle acima, navegam até chegarem ás praias que confinam com as terras do Egypto, onde se desembarcava todo este ouro, e d'alli o levavam por terra até á côrte da rainha Sabbá, a qual diziam fôra rainha e senhora de muita parte da Ethiopia do Egypto, e que por este mar Roxo mandava suas armadas, buscar o ouro d'estes rios. No que eu tenho pouca duvida, porque esta opinião é de gravissimos auctores nossos, que dizem que a rainha Sabbá foi senhora da Ethiopia do Egypto, como são o glorioso S. Jeronymo sobre o propheta Sophonias, e Origenes sobre os Cantares, e Josepho no livro das antiguidades Judaicas. E além d'isso ainda hoje ha uma nobilissima cidade na Ethiopia, que antigamente se chamava Sabbá, situada em uma ilha que faz o rio Nilo, mui nomeada, e contada entre as cousas notaveis d'aquella região, assim por sua fertilidade, como por ser mui povoada, e frequentada de varias nações de gente. A esta cidade Sabbá mudou o nome depois um rei d'este reino, chamado Cambisses, e chamou-lhe Méroe, em memoria de uma irmã sua, a quem amava muito. Fazem menção d'estas cousas Plinio, Strabo, Josepho, e S. Jeronymo, e outros muitos auctores. D'onde se collige ter muito fundamento o que se diz ácerca d'esta rainha de Ethiopia poder ter sua feitoria n'esta serra da Fura, d'onde lhe levassem o ouro.

Outros dizem, que estas ruinas foram feitoria de Salomão, onde tinha seus feitores, que lhe levavam muito ouro d'estas terras, pelos mesmos rios abaixo, até sahirem ao mar Oceano Ethiopico, e pelo mesmo már navegavam, até entrar pelo estreito do mar Roxo, e que desembarcando nas praias da Arabia, junto a Suez, o levavam por terra até Jerusalem, que são oitenta legoas de caminho, pouco mais ou menos. Dizem mais, que o ouro de Ophir, que levavam a Salomão, era d'esta terra, a que chamam Fura, ou Afura, e que pouca differença vae de Afúra a Ophir. o qual nome andará já corrupto pela mudança dos tempos e edades que de então até agora correram. Eu não sei com que fundamento estes dizem uma cousa e outra, sómente sei dizer que ao redor d'esta serra ha muito e fino ouro, e que d'aqui podia ir por estes rios abaixo n'este tempo, como agora vae por via dos portuguezes, e antigamente ia por via dos mouros de Moçambique e de Quiloa, antes que os portuguezes conquistassem estas terras. E assim como agora todo este ouro que sahe d'estes rios vae para a India, assim podia ir até o cabo do Estreito do mar Roxo, e d'ahi até Suez e até Jerusalem, como fica dito. A qual navegação se devia fazer em muito tempo, porque então não estaria esta viagem tão sabida como agora, nem tambem haveria tão boas embarcações e pilotos, como hoje são os que sabem esta carreira, e tambem pelo muito tempo que se devia gastar emquanto se ajuntava e resgatava o ouro da mão dos cafres, porque ainda hoje, que as minas estão mais sabidas e a cubiça dos cafres mais accesa no desejo de possuir as contas e roupas que os portuguezes de continuo levam a suas terras, todavia gastam os mercadores n'este trato um anno e mais sem acabarem de vender suas mercadorias, por causa de serem os cafres muito preguiçosos em cavar a terra para buscarem o ouro, porque o não fazem senao constrangidos da necessidáde. Além d'isso gasta-se muito tempo na viagem que se faz assim pelos rios, como pelo mar Ethiopico, o qual se navega com muitos contrastes, por causa dos tempos differentes que n'elles se esperam, porque em toda esta costa da Ethiopia se navega sómente com dois ventos que duram seis mezes da banda do Levante, e outros seis do Poente, a que chamam monsões. Pelo qual respeito invernam as embarcações muitas vezes n'esta costa.

CAPITULO XII

De varias opiniões ácerca da região de Ophir, d'onde se levava o ouro a Salomão

Já temos visto no capitulo atraz, quantos impedimentos e detenças tem a navegação que os portuguezes hoje fazem da India para estas minas de ouro do Manamotapa. D'onde se pode colligir que no tempo de Salomão devia esta viagem ser ainda mais vagarosa e perigosa do que agora é, assim pelas razões allegadas no capitulo passado, como tambem porque a sua frota não podia navegar pelo mar Roxo de noite, senão de dia, por causa das muitas ilhas e baixos que n'elle ha, e d'esta maneira devia gastar muito tempo, e além d'isso, quando navegasse pela costa de Ethiopia devia fazer muita detença em tomar os portos, concertando e reparando n'elles suas embarcações, e provendo-as de mantimentos e agua, marinheiros e pilotos, que as fossem guiando até os rios de Cuama; pelo que não é de espantar que se gastassem n'ella os tres annos que diz a Sagrada Escriptura. O que se deve entender, em ir e vir, e em ajuntar o ouro da Fura e as mais cousas d'esta região, que se levavam a Jerusalem.

Prova-se mais, poder vir a frota de Salomão a esta costa da Ethiopia buscar ouro da Fura, pois tambem levava pedras preciosas, madeira para o templo, bogios e pavões, como consta de alguns logares da Escriptura; as quaes cousas todas se acham n'esta costa, como são perolas finas, e aljofar, que se pescam do parcel de Sofala, entre as ilhas Bocicas, de que já fallei; e a rica e preciosa madeira dos matos de Tebe, que estão entre Sofala e os rios de Cuama, em que eu já estive, onde se fazem embarcações de um só páo cavado por dentro, que tem vinte braças de comprido, pouco mais ou menos; e tambem em muitas partes d'esta costa, se cria e colhe muito e fino páo preto, que se leva para a India, e vem para este reino. E quanto aos pavões, posto que os eu não visse n'estas terras maritimas, comtudo não devem faltar pela terra dentro, porque alguns cafres d'ella tenho visto com penachos na cabeça de pennas de pavão mui conhecidas. Pois bogios são infinitos em toda esta costa da Ethiopia, de castas mui differentes. Já no ouro não fallo, porque ha grande copia d'elle em todo este territorio da Fura. Nem menos da fina prata da Chicova, onde se sabe que ha ricas minas, como adiante direi. Assim que todas estas confrontações parece que provam ser esta terra da Fura a verdadeira região de Ophir. O que tambem se pode confirmar com o texto da Sagrada Escriptura, onde diz que Salomão enviava suas náos em busca de ouro a Tharsis, a quál região intendem os gregos por Africa, onde estão as minas da Fura, de que vou fallando. Esta opinião segue Raphael Volaterrano, dizendo que muitos tiveram para si que Ophir era uma parte da Ethiopia, situada no mar de Sofala. Isto mesmo affirma Ludovico Veneto, no tratado que fez de sua navegação.

Outros auctores teem differentes opiniões, entre os quaes S. Jeronymo diz que Heber, patriarcha dos Hebreus, teve dois filhos, um chamado Phaleh e o outro Jactan, os quaes lhe nasceram no tempo que foi a divisão de todas as linguas em Babylonia, e que Jactan teve treze filhos, e dois d'elles .s. Evila e Ophir foram habitar as terras da India, que estão do rio Ganges até Malaca, e por respeito d'estes dois homens chamaram ás terras do Ganges a região de Evila, e do Ganges, até Malaca, a região de Ophir. D'este antigo fundamento parece que veiu a dizer Josepho que a região de Ophir, d'onde levavam o ouro a Salomão, era a ilha de Samatra, situada na India, na costa de Malaca. Esta opinião segue tambem Rabano, auctor grave, dizendo que Ophir que é uma ilha deserta do mar da India, onde ha muitas feras e muito ouro, a qual tomou nome de Ophir, filho de Jactan. O mesmo diz Nicolau de Lyra. De modo, que d'esta opinião se collige, que Ophir está na India, e que deve ser a ilha de Samatra, o qual Josepho diz que se chama a terra aurea.

Vatablo Parisiense vae por outra via mui differente, e diz que Ophir é uma ilha situada no mar do Sul, descoberta por Christovam Colombo, a que chamou Spagniola, mui abundante de fino ouro, e mui distante de Asion. Gaber, porto do mar Roxo, d'onde as armadas de Salomão partiam a buscar o ouro; e por quanto esta ilha estava tão longe, tardavam as náos tres annos em ir e vir. Esta opinião é menos provavel, pois sabemos que esta navegação de Arabia para o mar do Sul não se podia fazer senão pelo mar Oceano Ethiopico, até o Cabo da Boa Esperança, e d'ahi atravessando aquelle grande golphão até o Estreito de Magalhães, por onde havia de entrar e sahir. A qual navegação não estava ainda descoberta, porque muito tempo depois descobriu Fernando de Magalhães este Estreito, que foi no anno do Senhor de 1520, no mez de Setembro. Pelo que tem pouco fundamento a opinião d'este auctor. De modo que todos os que tratam d'esta materia differem no sitio e região de Ophir. E finalmente não determinando eu esta questão, digo que a serra da Fura, ou Afura, podia ser a região de Ophir, d'onde se levava o ouro a Jerusalem; pelo que se pode dar algum credito a quem diz serem estas casas feitoria de Salomão, pois estavam na Fura, e o ouro que levavam era de Ophir; nem eu sinto outras minas mais perto, d'onde podesse ir ouro a Jerusalem; e n'este tempo podia Salomão ter o commercio e trato que hoje tem os portuguezes n'estes rios.

CAPITULO XIII

Das minas que ha nos reinos do Manamotapa, e de como se tira o ouro d'ellas

Em todas as terras do Manamotapa, ou na maior parte d'ellas, ha muitas minas de ouro, e particularmente no Chiróro, onde ha muito, e o mais fino que se acha n'este reino. Os cafres colhem este ouro de duas maneiras, como já dissemos que o colhiam os do Quiteve. A primeira e mais ordinaria, é cavando a terra ao longo das ribeiras e das lagôas, e lavando-a em gamellas, até que toda se desfaça em polme, ficando no fundo o ouro, e as pedras, as quaes lançadas fóra tambem com a terra, fica o ouro limpo na gamella, d'onde o tiram e recolhem; pelo que nunca cavam o ouro senão ao longo da agua, para com ella poderem logo lavar a terra e apartal-o d'ella. O segundo modo de que os cafres usam para colher o ouro, é no tempo das chuvas, pelas rigueiras por onde corre a agua, nas quaes acham muitas lascas e pedaços de ouro, que ficam sobre a terra descobertos com a corrente.

Todo o cafre que descobre mina grossa e tira ouro d'ella, tem pena de morte, e os bens que tiver perdidos para el-rei, e se acaso indo cavando descobre alguma mina d'estas, é obrigado a gritar com grandes vozes, para que acuda outro qualquer cafre, a quem tome por testemunha de como cavando acaso n'aquelle logar achou rasto de mina grossa, e de como a torna a deixar, sem levar d'ella cousa alguma, e logo juntamente são obrigados a cobril-a outra vez com terra, e cortar um ramo grande de qualquer arvore e pol-o em cima; o qual ramo tanto que é visto dos cafres que por alli passam, fogem d'aquelle logar, como quem foge da morte, porque bem sabem já que alli está mina grossa, onde se os virem estar ou chegar, serão condemnados á morte, inda que se lhe não prove que levaram d'alli ouro. E a causa de todo este rigor é não querer o Manamotapa que saibam os portuguezes, que em suas terras ha tão grossas minas de ouro, por lhe não fazerem guerra, com a cobiça d'elle, e tomarem o reino.

Andando eu n'estas terras me affirmaram alguns homens, que tinham experiencia d'ellas, que era cousa mui averiguada fazer o sol n'ellas tanta impressão, com as influencias de seus raios, que além de as apurar e converter em ouro, fazia brotar o mesmo ouro fóra da terra com tanta força, como se fôra planta que quer nascer, e particularmente n'aquelles logares onde se cria na superficie da terra. O que se mostrava claramente onde havia minas grossas, porque alli se via a terra gretada em muitas partes, e nas aberturas que fazia se achavam lascas de ouro. Assim mais se achavam pedaços de ouro sobre a terra descobertos em paragens mui seguidas e trilhadas, onde se via que brotava fóra nos taes logares, e em se descobrindo era logo achado. E para prova d'isto me trouxeram uma historia de um vaqueiro, que indo um dia para entrar no curral, onde cada noite recolhia suas vaccas, dera uma topada com o pé em uma pedra, cousa que muito extranhou, por não haver pedras n'aquelle logar, e levantando-a para a lançar fóra do curral, e achando-a muito pezada, a esfregou e limpou da immundicie das vaccas, para vêr o que era, e achou ser ouro moçiço, e teria mais de mil cruzados de pezo. Este ouro se acha de muitas feições, a saber, em pó meudo como areia; em grãos como contas meudas e grossas; em lascas, umas tão moçiças, que parecem fundidas, outras feitas em raminhos, com muitos esgalhos, outras envoltas e misturadas com a terra, e sacudindo-lh'a, ou lavando-lh'a, ficam vãs por dentro, como favo de mel, ou como borra de ferro, que sahe da fornalha do ferreiro, cujos vãos, e buracos estão cheios de terra vermelha, que ainda não está convertida em ouro, mas bem mostra na sua côr que tambem se ha de converter n'elle. Tambem se tira ouro de pedras, a que chamam ouro de matûca, como já dissemos que se tirava no reino de Manica. De todas estas sortes de ouro, o de lascas feitas em raminhos, ou esgalhos, esse é o mais fino, e de mais quilates, e o que chamam de matûca, é o mais baixo de todos, e de menos quilates.

CAPITULO XIV

Das minas de prata da Chicôva, e de como Francisco Barreto foi a ellas, e da guerra que os cafres lhe fizeram, e morte de duzentos portuguezes

NAS terras que confinam com o reino do Manamotapa pelo sertão dentro da parte do Nordeste, está o reino da Chicôva, mui nomeado pelas grossas minas que tem de fina prata, e corre ao longo do rio Zambeze. Depois que o governador Francisco Barreto foi a Sofala conquistar as minas do ouro da Manica, como atraz fica dito, passou d'alli com sua gente aos rios de Cuama, para conquistar tambem as minas de prata da Chicôva: e querendo pôr em effeito sua determinação, partiu de Sena pelo rio acima, e no caminho pelejou com o Mongâs, abaixo das serras de Lupata, e o venceu, como tambem fica dito; e d'aqui foi passando por todas as mais terras, e reinos, que estão ao longo d'este rio, sem haver quem lhe fizesse aggravo algum. E posto que muitos cafres desejaram impedir-lhe a passagem por suas terras, comtudo nenhum d'elles ousou fazel-o sabendo que tinha vencido e desbaratado em batalha campal o Mongâs, a quem elles tinham por mui exforçado e senhor da melhor gente, que havia em todo este rio, e por isso o deixaram passar, fugindo dos logares e povoações em que moravam, com os mantimentos que tinham, embrenhando-se pelos matos, onde estiveram escondidos até passar Francisco Barreto com a soldadesca que levava; e d'esta maneira foi seguramente, ora navegando pelo rio acima, ora caminhando por terra, até chegar ao reino da Chicôva, onde assentou seu arraial, e logo pretendeu descobrir as minas de prata; mas não veiu a effeito o descobrimento d'ellas, por não haver cafre algum, que ousasse dizer o logar certo, onde estavam, porque tinham grandissimo medo que os portuguezes depois que as achassem lhe tomassem as terras, e os lançassem fóra d'ellas; e por esse respeito fugiram todos n'este tempo, e desampararam a terra aos portuguezes; e tambem porque não fossem tomados alguns d'elles, e obrigados por força, ou tormentos a descobrir o que tanto receiavam, posto que por isso houvesse grandes promessas, e dadivas, que o governador offerecia a quem quer que descobrisse as minas. Com tudo um cafre d'esta terra, movido pelo interesse que podia alcançar se as descobrisse, determinou mostrar-lhe algumas pedras de prata, arrancadas das proprias minas, e enterradas em outra parte, dizendo, e fingindo, que aquelle era o proprio logar das minas. A qual determinação poz em effeito, e foi-se uma noite secretamente, onde sabia que estavam as minas, e arrancou duas pedras, de quatro ou cinco arrateis cada uma, e as foi enterrar muito longe das minas, cada pedra em seu logar distante uma da outra duas ou tres braças; e depois de ter esta maranha feita, foi-se ao governador uma tarde, já quasi sol posto, e disse-lhe que elle lhe queria descobrir as minas de prata em segredo, que o não soubesse o seu rei, por lhe não fazer mal, com tal condição que lhe havia de dar por isso certa quantidade de roupas e contas. O governador lhe prometteu tudo o que pedia com muito gosto, e logo lhe mandou dar alguns pannos para o contentar, e juntamente mandou ajuntar uma companhia de soldados, e foi-se com elles e com o mesmo cafre ao logar em que tinha enterrado as pedras, no qual disse o cafre que cavassem, porque aquellas eram as minas de prata, o que logo foi feito com grande alvoroço. E depois de terem cavado grande pedaço de terra, foram descobrindo as pedras, com cuja vista houve grandissima festa e alegria em todos os portuguezes da conquista, e as trombetas e tambores do arraial ajudaram a festejar este descobrimento. E porque era já quasi noite, disse o cafre ao governador que se queria recolher a sua casa, e posto que as minas estavam alli já descobertas, elle tornaria pela manhã cedo. O governador o deixou ir, cuidando que o tinha seguro pela roupa que havia tornar a buscar, além da que tinha já recebido, com a qual se foi, e não tornou mais. No dia seguinte, vendo o governador que não tornara o cafre, mandou cavar no mesmo logar, onde se acharam as duas pedras, e toda aquella terra circumstante, sem achar mais signal de minas; então cahiu no engano do cafre. E vendo que não tinha remedia para descobrir as minas que desejava, e que todos os cafres d'aquellas terras eram fugidos com os mantimentos que tinham, e elle não podia deter-se alli muitos dias pela falta d'elles, tornou-se pelo rio abaixo até Sena, deixando duzentos soldados com seu capitão, chamado Antonio Cardoso d'Almeida, n'aquelle logar, providos de alguns mantimentos e armas, e fortalecidos em uma trincheira de madeira, para d'alli se informarem de vagar da terra, e verem se podiam descobrir as ditas minas.

N'este logar estiveram os soldados alguns mezes, sem haver quem lhe descobrisse o que desejavam, nem quem lhe desse por seu dinheiro os mantimentos que lhe eram necessarios; pelo que lhe foi forcado tomal-os aos cafres por força d'armas, e fizeram algumas sahidas pelas terras circumstantes, onde tomaram muitos mantimentos e vaccas, de que se sustentavam. Vendo os cafres que não podiam viver quietos, nem seguros, tendo os portuguezes por contrarios, e tão visinhos, pretenderam fazer pazes com elles e communical-os amigavelmente, com intento de os assegurar em sua amisade, para depois os matarem por engano, como fizeram; assim que correndo com elles algum tempo n'esta fingida amizade, no fim d'elle lhe vieram a dizer, que pois eram seus amigos lhe queriam descobrir onde estavam as minas de prata que tanto desejavam; do que os nossos ficaram mui alegres, tendo por bem empregados os trabalhos e fomes que tinham passado á conta de descobrirem estas minas. Assentado o dia em que haviam de ir a este descobrimento (ficando no forte quarenta homens para sua guarda,) os mais, que n'este tempo eram cento e cincoenta, sahiram com suas armas para acompanharem os cafres até á serra das minas, que elles fingiam estar d'alli uma legua; e d'este modo todos juntos foram caminhando até entrarem por uns mattos cerrados, onde estavam em cilada embrenhados tres mil cafres armados, e tanto que os nossos foram entrando n'este passo, sahiram os cafres com grande impeto, e deram sobre elles ferindo e matando quantos podiam; e posto que os portuguezes mataram muitos d'elles, comtudo como estivessem cercados de matto e de todas as partes fossem accommettidos dos inimigos, e não podessem pelejar com ordem, foram alli mortos quasi todos, e mui poucos escaparam, que fugiram para o forte onde os cafres lhe pozeram cerco, determinando matal-os á fome; e assim estiveram cercados alguns mezes, padecendo grandes fomes, e vendo que de todo pereciam, sem esperança de soccorro, determinaram sahir fóra, e tomar alguns mantimentos por força de armas, ou morrer como cavalleiros, e não cercados como ovelhas. Esta determinação pozeram em effeito, dando sobre os cafres com tanto impeto, que os pozeram em fugida com morte de muitos, mas quando se quizeram recolher, foram os cafres crescendo, e juntaram-se de todas as partes em tanta quantidade, que vindo em seu alcance os mataram todos, sem escapar um só d'elles, e d'esta maneira morreram, vendendo suas vidas a troco de muitas que tiraram a seus inimigos. O governador mandou fundir as pedras de prata, e sahiram na fundição tres partes de fina prata, e uma só de escoria, d'onde se collige que são estas as mais ricas minas, e da mais fina prata, que até hoje se sabem. D'estas minas de prata e ouro, ha muitas n'esta Ethiopia Oriental, como são as do reino do Gorâge, e as do reino de Conche, que viu o Patriarcha de Alexandria Dom João Bermudez, como elle refere no livro que fez do Preste João, e outras muitas.

Além d'estas minas de prata e ouro, tambem ha por estas terras do Mocaranga muito ferro, e tão bom, que alguns portuguezes o levam d'aqui para a India, para d'elle fazerem espingardas; tambem ha muito cobre. Os quaes metaes tiram os cafres da terra e os fundem, e do ferro fazem enxadas, frechas, ferros de azagaias, espadas, machadinhas, e a mais ferramenta que lhe é necessaria; e do cobre fazem manilhas, de que usam nas pernas e nos braços, assim homens como mulheres.

CAPITULO XV

Do Manamotapa, e de suas insignias reaes, e dos reinos que ha do Cabo das Correntes até Moçambique

Já temos dito como o Manamotapa foi antigamente um rei muito mais poderoso, antes que se lhe levantassem os estados do Quiteve, Chicanga e Sedanda; e posto que ainda hoje seja grande senhor, nem por isso tem outros reis por seus vassallos e tributarios, salvo se são alguns senhores grandes de seu reino, que são como os senhores de titulo em Portugal, que tem terras e vassallos, a que os cafres não chamam reis, senão Encosses ou Fumos. Pelo que se enganaram certos auctores em algumas cousas que escreveram do sitio d'estas terras, e costumes do Manamotapa, como foi João Botero, italiano, (1) na relação universal que fez de Africa, e Luiz de Guz-

(1) Botero, 1. p. lib. 5.

man; [1] os quaes n'esta descripção seguem em tudo a Osorio e outros, que primeiro escreveram estas cousas; o que deviam fazer por informações pouco certas, porque a saberem a verdade dos costumes d'este rei, não disseram que os mais reis de toda esta costa pagavam tributo ao Manamotapa, e que os filhos d'estes mesmos reis se criavam, e residiam em sua côrte, para alli aprenderem as leis e costumes do seu reino, havendo muita certeza do contrario; porque primeiramente o reino do Manamotapa não corre ao longo da costa, antes está mettido pela terra dentro no meio da cafraria, e sómente vem sahir n'esta costa com uma ponta de terra, como já dissemos, ficando esta fralda do mar tão remota de sua côrte, que até os mesmos seus vassallos, que n'ella moram, lhe não obedecem, e vivem quasi como gente sem rei. Tambem se vê claramente a incerta informação que teve o dito Luiz de Guzman, [2] na descripção e divisão que faz da Ethiopia, dizendo que o reino de Inhambane está situado na Ethiopia Occidental, junto com o reino do Manamotapa, e que ambos estão juntos entre Sofala e Moçambique; não advertindo que estes reinos ambos estão na Ethiopia Oriental, como refere Osorio, [3] e mui distantes um do outro, porque o reino de Inhambane fica junto do Cabo das Correntes para a banda do Cabo da Boa Esperança, e do rio de Inhambane para a banda da India vae correndo outro reino chamado Botonga, e acaba junto do rio de Sabia, de que é rei o Sedanda, cujo reino vem

[1] Guzm. 1. p. lib. 3 das Missões.
[2] Lib. 3 c. 13.
[3] Lib. 4. de reb. gest. Emman

correndo até perto de Sofala, e em Sofala se começa o reino do Quiteve, e chega até o rio de Tendancûlo, e d'aqui corre o reino de Manamotapa até o rio de Luâbo; e d'este rio de Luâbo até Moçambique são cento e trinta legoas ao longo da costa. Nas quaes terras ha muitos reis de differentes castas e nações de cafres; e nenhum d'estes nem dos mais que nomeamos paga tributo, nem vassallagem ao Manamotapa, antes todos são livres e supremos, e alguns d'elles tem guerra com o mesmo Manamotapa, como já dissemos. D'onde fica claro não estarem os reinos de Inhambane e o do Manamotapa juntos entre Sofala e Moçambique, senão mui distantes e apartados um do outro; nem menos estes reis serem vassallos do Manamotapa, nem lhe pagarem tributo, nem menos andarem seus filhos na sua côrte. E se em algum tempo foi alguma cousa d'estas (no que ponho muita duvida) hoje nem memoria d'isso ha, antes a gente do serviço do Manamotapa é mui limitada, e de pouco fausto, e trata-se do modo que o Quiteve, rei do rio de Sofala, como atraz fica dito, onde se póde vêr.

Tambem Fellipo Pigafetta, italiano, escrevendo da costa do cabo da Boa Esperança até o mar Roxo, por informação de um portuguez, que andou em Congo, chamado Duarte Lopez, faz uma discripção das terras e cousas d'esta Ethiopia, na qual troca uns rios por outros, e reinos por reinos, pondo tudo fóra de seu logar, e accrescentando outras muitas cousas que não ha nas ditas terras. E particularmente fallando do reino do Manamotapa, diz que vivem n'elle as Amazonas, de que faz um grande discurso, não havendo taes mulheres n'estas terras, nem memoria do que diz. Por onde claramente se vê a incerta informação com que se poz a escrever as taes cousas.

Dizem mais estes auctores, que as insignias de que usa o Manamotapa são uma enxada de ouro, com cabo de marfim, em signal de ser cultivador das terras, e duas settas, para manifestar o rigor de sua justiça, e para ser timido, e que sempre anda acompanhado de gente de guerra. Mas em tudo se enganaram. E quanto aos cafres andarem com arcos e frechas, é tão ordinario n'elles, como a espada na cinta dos portuguezes, e nenhum cafre sahe fóra de casa sem estas armas, e da mesma maneira quando o Manamotapa vae fóra, leva na mão um arco e frechas; e o mesmo fazem os cafres que o acompanham, conforme a seu costume, e não como gente de guerra. Diante d'elle vae um cafre batendo com a mão em uma caixa, para que se saiba que detraz d'elle vae o rei. Quando o Manamotapa não leva seu arco, leva-lh'o outro cafre, que tem esse officio, a que chamam Mafocarira, que é como moço da camara, e o rei leva na mão uma azagaia de páo preto, com a ponta de ouro mociço, ao modo de ferro de lança, ou tres pedaços de páo de obra de um covado, lavrados e delgados, a que chamam fimbos. E quando falla com algum cafre, e o quer matar, deixa cahir da mão um d'estes tres fimbos, e os seus algozes, chamados Infices, que estão presentes, o levam e matam com azagaia; e assim morrem todos os condemnados, porque n'esta terra não ha forca.

O Manamotapa tem muitas mulheres, e a principal, a que elle muito quer, chamada Mazarira, é sua irmã inteira, e mui amiga dos portuguezes, e os deffende, e falla por elles a el-rei, e por essa razão quando dão a curva a el-rei, tambem dão a esta mulher seu presente de roupas. Ninguem falla com el-rei ou com esta sua mulher, sem lhe levar alguma cousa. Os portuguezes lhe levam roupas; os cafres uma vacca, ou cabra, ou alguns pannos. E quando são tão pobres que não teem que lhe dar, levam-lhe um sacco de terra, em reconhecimento de vassalagem, ou um feixe de palha, para cobrir suas casas, porque todas as que ha n'esta Cafraria, são cobertas d'ella.

O Manamotapa, que agora reina, se chama Mambo; seus vassalos, quando querem affirmar alguma cousa, juram por sua vida dizendo Xé Mambo; e quando fallam com elle, dizem Xédico, como quem diz vossa alteza tal cousa. Aos filhos do rei chamam Manambo.

Este Manamotapa deu entrada aos nossos religiosos em seus reinos e deu licença para fazerem egrejas, e christandade n'elles, como hoje fazem; e tem já edificado tres egrejas nos logares principaes do seu reino, s. em Massapa, Luanze, Bucutu, nos quaes moram muitos portuguezes; e esperamos em Deus que vá esta christandade de bem em melhor, e que façam os nossos religiosos d'este reino muito fructo nas almas.

CAPITULO XVI

De outros costumes e insignias do Manamotapa, e de seus vassalos

O Manamotapa, e todos seus vassalos são Mocarangas, nome que teem por habitar as terras do Mocaranga, e fallarem a linguagem, chamada Mocaranga, a qual é a melhor e a mais polida de todas as linguas de cafres que tenho visto n'esta Ethiopia, porque tem mais brandura, melhor modo de fallar; e assim como os mouros de Africa, e de Arabia fallam de papo, que parece que vomitam, e arrancam as palavras da garganta, assim pelo contrario estes mocarangas fallam e pronunciam as palavras com a ponta da lingua e beiços, de tal maneira que muitos vocabulos dizem quasi assobiando, no que tem muita graça, como eu vi algumas vezes fallar os cafres da côrte do Quiteve, e do Manamotapa, onde se falla o mocaranga mais polidamente. O seu modo de fallar é por metaforas, e comparações mui proprias, e trazidas a proposito, para seu proposito e interesse, em que todo o seu intento se resolve.

O Manamotapa e os mocarangas seus vassallos trazem na testa um buzio branco, como joia, pendurado dos cabellos, e o Manamotapa traz outro buzio grande sobre o peito. A estes buzios chamam andoros, os quaes são mui odiosos ao Quiteve por serem divisa do Manamotapa seu inimigo, e assim nem o Quiteve nem seus vassallos trazem andoro, posto que todos sejam mocarangas. Nenhum cafre corta o cabello da barba, nem da cabeça; e comtudo muito poucos ha que tenham barba comprida, porque lhe cresce pouco o cabello, e não se lhe faz branco senão depois de muita edade. O commum d'estes cafres, é viverem noventa e cem annos. São agoureiros, e lançam sortes para adivinhar, e muitas vezes falla n'elles o diabo, mentindo-lhe ordinariamente, como é seu costume; mas nem isso é bastante para deixarem de se fiar d'elle, dando credito a suas mentiras.

D'este Manamotapa se conta, que tem uma casa onde manda pendurar alguns homens mortos, dos que manda matar por justiça, e assim pendurados estão estilando, e lançando de si toda a humidade que tem, em um vaso, que lhe põe debaixo; e depois que se estilam alli todos, e ficam seccos e mirrados, os manda tirar e enterrar, e d'aquella gordura e humidade que fica nos vasos, dizem que faz unguentos, com que se unta, assim para viver muito (como elle cuida) como para lhe não poderem fazer mal os feiticeiros. Outros dizem que faz feitiços d'aquella humidade.

D'estas superstições e abusos tem muitos. D. Jorge de Menezes, sendo capitão de Moçambique, mandou ao Manamotapa um libreu muito formoso, que lhe tinha ido de Portugal, o qual o Manamotapa estimava tanto, que sempre o tinha junto comsigo, sem fiar o tratamento d'elle mais que de sua propria pessoa. D'ahi a poucos tempos morreu este rei, e antes que morresse mandou aos seus, como em testamento, que logo em elle acabando de expirar, lhe matassem o seu libreu, a quem queria muito, e a um carneiro muito manso que tinha creado á sua mão, porque se queria lá no outro mundo servir d'elles e tel-os lá para seu gosto e passatempo. O que tudo se cumpriu tanto que o rei morreu, juntamente com sua mulher grande, que tambem bebeu a peçonha para morrer com seu marido, como é seu costume.

Os chinas tem o mesmo erro que estes cafres em seus enterramentos, segundo refere o padre Mendoça, religioso de S. Agostinho, no livro que fez da China, dizendo que os homens nobres quando morrem, mandam matar as mulheres e creados que tem mais estimados n'esta vida, para que os vão servir na outra, onde creem que hão de viver eternamente em gostos e passatempos, sem tornar a morrer. E por esta causa os taes creados e mulheres não recusam a morte que lhe dão, antes folgam com ella.

Os mais costumes d'este Manamotapa, assim de suas mulheres, officiaes, serviço, trato e leis como de outras particularidades tocantes a seu governo e modo de viver e de seus vassallos, são mui similhantes, e quasi os mesmos que tenho apontado do Quiteve, rei de Sofala, no primeiro livro, do quinto capitulo até o dezeseis, que aqui não repito, por abreviar, onde se poderá vêr tudo o mais que podiamos agora dizer do Manamotapa.

ÇAPITULO XVII

Dos cafres visinhos de Tete, e dos Mumbos, que comem gente

Ao redor do forte de Tete, duas ou tres legoas em circuito, estão onze povoações de cafres, em cada uma das quaes reside um capitão, e governador cafre da mesma nação, a que chamam Encosse. Todos estes cafres são sugeitos, e vassallos do capitão de Tete, e a elle vem com suas demandas e trapassas, as quaes elle julga, e sentenceia, quando o seu Encosse lh'as não pode julgar, ou concertar. A jurisdicção do capitão de Tete é tanta sobre estes cafres, que até sobre os mesmos Encosses a tem, e os pode tirar do cargo quando fazem o que não devem. E quando algum d'elles morre, põe outro de sua mão, quem lhe parece que o pode bem fazer, sem haver contradicção dos cafres, que hão de ser seus subditos. Quando o capitão de Tete tem necessidade d'estes cafres, ou para alguma guerra, ou para serviço do forte, ou qualquer obra necessaria para o bem commum de sua jurisdicção, manda recado a todos estes onze Encosses; os quaes logo vem com sua gente armada de arcos, frechas, azagaias, machados, enxadas, e todo o mais necessario, conforme ao negocio para que são chamados, e postos em ordem, cada capitão com sua gente, tambores, buzinas e bandeiras, entram na povoação de Tete, e apresentam-se ao capitão do forte, entre os quaes se ajuntaram mais de dois mil cafres de peleja, gente mui exforçada e bellicosa. E esta tem o capitão de Tete sempre certa, quando lhe é necessaria para algum successo.

Estes cafres, e outros muitos, que habitam ao longo d'este rio Zambeze, foram antigamente senhoreados pelo Manamotapa, vindo com guerra sobre elles, os quaes depois de conquistados, por estarem muito longe do seu imperio, repartiu por alguns cafres seus vassallos, e amigos, para os senhorearem e governarem, e n'esta repartição deu o governo e jurisdicção d'estes onze logares ao capitão de Tete, que então era, e a todos os mais que lhe sucedessem na capitania, e de então para cá, tem estes cafres tanta obediencia aos capitães de Tete, como se foram seus reis, e assim nenhuma cousa fazem em suas terras sem sua licença, como é semear as terras, ou colher as searas d'ellas, e quando lhe vão pedir licença para fazer alguma d'estas cousas, vae o Encosse do logar que pedem a licença acompanhado de alguns cafres, e levá um presente ao capitão, e sem elle nunca lhe pede cousa alguma.

Defronte de Tete, da outra parte do rio pela terra dentro, que corre para o Nordeste e Leste, ha duas castas de cafres, que comem carne humana, uns se chamam Mumbos, e outros Zimbas, ou Muzimbas; os quaes não sómente comem toda a gente que matam em guerra, mas tambem comem seus captivos quando são já velhos, e não prestam para trabalhar; e não se contentam com comerem o que hão mister para sua sustentação, mas o que lhe sobeja vendem no açougue, como se fôra carne de vacca, ou carneiro, sem haver quem lh'o estranhe, nem defenda!

Succedeu um anno, que um capitão de Tete passou o rio da outra banda em companhia dos portuguezes, que havia na terra, levando juntamente comsigo os onze Encosses vassallos do forte. e todos juntos foram caminhando até um logar chamado Chicarongo, que está dez legoas de Tete; e o intento d'este caminho foi soccorrer a um cafre nosso amigo, contra outro cafre mumbo, chamado Quizura, o qual lhe viera fazer guerra, e lhe tinha destruido grande parte das suas terras, e estava fortalecido no dito logar de Chicarongo, no qual lhe tinha captivos muitos vassallos.

Tanto que os portuguezes chegaram a este logar com a mais gente de guerra, deram logo Santiago nos Mumbos, e depois de haver uma mui travada briga d'ambas as partes, mataram os inimigos todos, sem ficar um só, de seiscentos homens de peleja, que eram, mui exforçados. A qual victoria alcançada, o capitão de Tete entregou a terra outra vez a seu dono, que presente se achou na mesma briga; e depois de descançar alli alguns dias, se tornou com sua gente para Tete, trazendo captivos todos os inimigos, e mulheres, que se acharam dentro no logar. N'esta povoação tinham estes Mumbos feito um açougue, onde matavam cada dia d'aquella gente, que tinham captiva, junto do qual acharam os portuguezes muitos negros e negras, atados todos de pés e mãos, que estavam já destinados para se matarem, e comerem aquelle dia, os quaes soltaram e pozeram em sua liberdade, e outros muitos que tambem acharam presos para o mesmo effeito. Este ladrão Quizura tinha todo o chão da porta da cerca, ou pateo, que entrava para sua casa, calçado de cabeças de homens, que tinha morto n'aquella guerra, e todos quantos entravam em sua casa, ou sahiam, passavam por cima d'esta calçada de caveiras, e elle tinha isto por grande magestade; mas os portuguezes, que pelejaram com elle, lhe deram o pago de tão grande crueldade, tirando-lhe a vida e a todos os seus.

Estes cafres vassallos de Tete são facilissimos para a guerra, e se fôra em sua mão, sempre andaram n'ella, por respeito das presas que d'ella trazem, e dizem que antes querem pelejar, que cavar, porque os que morrem na guerra acabam seus trabalhos, e os que vivem ficam ricos de despojos. Pela qual causa todas as vezes que o capitão de Tete os chama para alguma guerra, logo vem muito contentes. Quando eu estava em Tete, fiz com o capitão, que então era Pero Fernandez de Chaves, que fizesse umas portas para a egreja, que estava sem ellas, para as quaes eram necessarias mui grandes e grossas taboas, por ser o portal mui grande; e o capitão não tendo taboado, nem páos para as fazer, fingiu que queria fazer uma guerra a certos cafres, que tinham feito alguns aggravos ao forte de Tete, e mandou um recado aos onze Encosses seus vassallos, que viessem com sua gente para esta guerra, os quaes logo vieram. E depois que o capitão os teve todos juntos, sahiu fóra de Tete com elles, e com alguns portuguezes, que sabiam a maranha, e caminharam obra de meia legoa, até uns matos, onde ha grossa madeira, e alli assentou seu arraial, e tomou conselho com os Encosses, e com os portuguezes, e disse-lhe que seria mais acertado, e melhor conselho, deixar aquella guerra para outro tempo, por certas causas que para isso apontou. A qual determinação pareceu bem a todos, posto que os cafres ficaram mui pesarosos de se não fazer a guerra, pelo interesse que d'ella esperavam. Depois d'isto disse o capitão aos Encosses, que pois alli estavam n'aquelle mato, cada um d'elles com sua gente cortasse um par de páos muito grossos, e os levasse a Tete, o que elles fizeram. E d'esta maneira se fizeram as portas da egreja. Esta historia contei para mostrar a facilidade que estes cafres tem em se ajuntarem para a guerra.

CAPITULO XVIII

De uma guerra que tiveram os portuguezes com os Muzimbas, e do ruim successo d'ella

DEFRONTE do forte de Sena, da outra banda do rio, moram alguns cafres, senhores d'aquellas terras, bons visinhos e amigos dos portuguezes, e sempre lhe foram mui leaes. Succedeu no tempo que eu alli estava, que os cafres Muzimbas, de que atraz fiz menção, que comem carne humana, vieram com guerra sobre as terras d'um cafre d'estes nossos amigos, e por força de armas lhe tomaram o logar em que morava, e muita parte das ditas suas terras, e além d'isso lhe mataram e comeram muita gente. Vendo-se o cafre desbaratado, e impossibilitado se foi a Sena manifestar seus trabalhos, e pedir soccorro ao capitão, que então era André de Santiago, para o ajudar a lançar fóra de sua casa o inimigo, que estava apossado d'ella. O qual vista sua piedosa petição, determinou de o soccorrer, assim por elle ser muito nosso amigo, como por não termos tão perto de Sena um visinho tão máo, como era o Muzimba. Pelo que juntas todas as cousas, que eram necessarias para esta guerra, se partiu, levando comsigo muita parte dos portuguezes de Sena, com suas espingardas, e dois berços grandes do forte. E chegados ao logar onde os Muzimbas estavam, o acharam mui fortificado com uma cerca em roda de madeira dobrada mui forte, com seus revezes e seteiras, e cercado de uma cava muito funda e larga, e os inimigos dentro mui soberbos. Vendo André de Santiago, que a empreza era muito maior do que elle cuidava, e que trazia pouca gente para commetter tal inimigo, e sua fortaleza, assentou seu arraial ao longo de uma ribeira, que está junto do logar, e mandou recado ao capitão de Tete, Pero Fernandes de Chaves, que o viesse ajudar com os portuguezes de Tete, e com os cafres que podesse trazer vassallos do seu forte.

Pero Fernandes de Chaves se fez logo prestes para ir soccorrer a André de Santiago, e ajuntou mais de cem homens espingardeiros, entre portuguezes e mistiços, e os onze Encosses seus vassallos. E passados todos da outra banda do rio, foram caminhando por terra até chegarem perto do logar em que estavam fortes os Muzimbas; os quaes tiveram noticia da sua vinda, e temeram muito sua chegada. Pelo que mandaram logo algumas espias secretamente ao caminho, para que quando chegassem tomassem vista d'elles, e trouxessem recado da gente que vinha. E sabendo das mesmas espias, que os portuguezes vinham diante do arraial dos cafres em machiras e andores, e sem ordem alguma de peleja, sahiram de noite de sua fortaleza secretamente, sem serem sentidos de André de Santiago, e foram-se embrenhar em um mato espesso, que estava d'ahi meia legoa, por onde a gente de Tete havia de passar. Estando d'esta maneira, chegaram os portuguezes, que vinham quasi meia legoa sempre diante dos cafres de sua companhia, bem descuidados do que lhe podia succeder n'aquelles matos; e assim como vinham foram entrando por elles, e não eram bem entrados, quando lhe sahiram os Muzimbas ao encontro, e subitamente deram n'elles com tanto impeto, que em breve tempo os mataram todos, sem ficar um só vivo, e depois de mortos lhe cortaram as pernas e os braços, e os levaram ás costas com todo o fato, e armas que traziam comsigo, e logo se tornaram secretamente para a sua fortaleza. Quando os Encosses chegaram ao mato, e viram todos os portuguezes, e seu capitão mortos, d'aquelle mesmo logar deram volta e se tornaram para Tete, onde contaram o lastimoso caso, que tinha succedido.

N'este tempo que se ordenou esta guerra andava em Tete pregando um padre de S. Domingos chamado Frei Nicolau do Rosario, natural do Pedrogão, varão prefeito em muitas virtudes, ao qual o capitão Pero Fernandes, e os portuguezes de Tete pediram muito quizesse acompanhal-os n'esta jornada, para confessar e sacramentar os que d'isso tivessem necessidade. O que o padre acceitou, parecendo-lhe que n'isso fazia serviço a Nosso Senhor, e amizade aos portuguezes, e finalmente foi com elles, e n'esta cilada o feriram muito mal, e o prenderam, e levaram comsigo ainda vivo, para depois lhe darem mais cruel morte, como deram, porque chegando ao forte o ataram de pés e mãos a uma arvore, onde o assetearam, e acabaram de matar cruelmente; o que lhe fizeram a elle mais em particular, que aos outros, por ser padre, e cabeça dos christãos, como lhe elles chamam, dando-lhe a culpa de toda esta guerra, dizendo que os christãos nenhuma cousa fazem sem licença e conselho do seu Cacis. E d'esta maneira acabou este padre com grande constancia, pregando sempre em voz alta, e confessando a fé de Christo, como em outra parte mais largamente contarei.

Estes Zimbas, ou Muzimbas, não adoram idolos, nem conhecem a Deus, mas em seu logar veneram e honram ao seu rei, ao qual teem por cousa divina, e dizem que é o maior e melhor do mundo. E o mesmo rei, diz de si, que elle só é Deus da terra; pelo que se chove quando elle não quer, ou faz muita calma, atira com setas ao ceo, porque lhe não obedece. E posto que todos estes comem gente, o rei sómente a não come, por se não parecer com seus vassallos. Todos estes cafres pela maior parte são altos de corpo, membrudos, e muito robustos. As armas que trazem são machadinhas, frechas, e azagaias, e umas rodelas grandes, com que se cobrem todos, de páo muito leve, forradas de pelles de animaes silvestres, que elles matam e comem. Tem de costume comer a gente que matam em guerra, e beber pelas caveiras, mostrando-se n'isso fanfarrões e ferozes. Se alguns cafres de sua companhia adoecem ou ficam mal feridos da guerra, por não terem trabalho de os curar, os acabam de matar, e os comem. Outras muitas brutalidades tem similhantes a estas, que deixo por abreviar.

CAPITULO XIX

Da morte de André de Santiago, capitão de Sena, e seus companheiros, e do que succedeu a D. Pedro de Sousa, com os Zimbas

Depois que os zimbas mataram ao P. Francisco Nicolau, descançaram aquella tarde que lhe restava d'este triste dia, e a noite seguinte festejando sua victoria e bom successo, com muitas cornetas e tambores, e ao outro dia rompendo a manhã sahiram todos da fortaleza, o capitão vestido na casula, que o padre levava para dizer missa e com o calix dourado na mão esquerda, e uma azagaia na direita, e todos os mais zimbas com os quartos dos portuguezes ás costas, e com a cabeça do capitão de Tete espetada na ponta de uma lança comprida, e tangendo em o tambor que lhe tinham tomado, e d'esta maneira com grandes gritos e alaridos, vieram dar uma vista e mostra de todas estas cousas a André de Santiago, e aos portuguezes que com elle estavam, e logo se tornaram a recolher para dentro, dizendo que o mesmo lhe haviam de fazer a elles, que tinham feito aos de Tete, que vinham para os ajudar, cuja carne era aquella, que logo haviam de comer. André de Santiago, que estava esperando por Pero Fernandes de Chaves com muito alvoroço, e não sabia cousa alguma do que tinha acontecido, ficou muito atemorisado, e todos os mais portuguezes que com elle estavam, vendo um tão horrendo e lastimoso espectaculo. Pelo que logo se determinaram de se ir, tanto que viesse a noite. E pondo em effeito sua determinação, foi tanta a pressa que tiveram de passar da outra banda da ribeira, que foram sentidos dos Muzimbas; os quaes sahindo de sua fortaleza com grande impeto, deram sobre elles, e alli na praia do rio mataram muitos, entre os quaes morreu tambem André de Santiago, como exforçado que era, porque podendo fugir o não fez, antes se deixou ficar pelejando, e defendendo seus companheiros na praia, onde primeiro que o matassem, tirou a vida a muitos Muzimbas. De maneira que estes ladrões e crueis Muzimbas mataram, assim da gente de Tete como de Sena, cento e trinta portuguezes e misticos e os dois capitães d'estes fortes. O que fizeram com pouco custo seu, porque sempre tomaram os portuguezes desapercebidos, sem poderem pelejar, como manhosos que são. Isto foi no anno de 1592.

Mui sentida foi a morte do P. Fr. Nicolau, a quem todos tinham por santo, e a dos mais portuguezes, que tão desastradamente acabaram n'esta guerra; assim porque alguns d'elles eram casados e tinham suas mulheres e filhos n'estes rios, como pelos zimbos ficarem victoriosos e mais soberbos e fortalecidos junto de Sena, d'onde com mais atrevimento podiam fazer pelo tempo em diante muito damno aos portuguezes que navegam por estes rios com suas fazendas. Pelas quaes cousas D. Pedro de Sousa, capitão de Moçambique, determinou castigar estes zimbas, destruil-os e lançal-os da visinhança de Sena. E para isto passou de Moçambique aos rios de Cuama no anno seguinte de 1593, levando comsigo alguns soldados da dita fortaleza, com que chegou a Sena. E depois de se informar do estado em que os zimbas estavam, ordenou logo todas as cousas necessarias para esta guerra e ajuntou perto de duzentos portuguezes e mil e quinhentos cafres, e passando á outra banda do rio Zambeze foi marchando por terra até chegar á fortaleza dos zimbas, onde assentou um arraial no mesmo logar em que d'antes o tivera André de Santiago, e d'aqui mandou bater o muro da fortaleza com algumas peças de artilheria que levou comsigo para este effeito, mas nenhum damno lhe fez, porquanto era de madeira grossa e terreplanado pela parte de dentro de entulho mui largo e forte, que os zimbas fizeram com a terra que tinham tirado da cava.

Vendo D. Pedro que sua artilheria não fazia damno ao muro dos inimigos, determinou de os entrar e render á força de braço, e para isso mandou entulhar um pedaço da cava; o que fez com muito trabalho e perigo dos nossos, porque os zimbas de cima do muro frecharam e mataram alguns. Entulhado este pedaço de cava, passou muita gente por elle com machados nas mãos até o pé da tranqueira, e começando de cortar n'ella, foi tanto o azeite e agua fervendo que os zimbas lançaram de cima do muro sobre os que cortavam, que se escaldaram e pellaram quasi todos, e particularmente os cafres, que andavam nús, de maneira que não havia quem ousasse chegar ao pé da tranqueira, assim por medo do azeite fervendo, como de uns ganchos de ferro compridos, á moda de fisgas, que os zimbas lançavam pelas seteiras do muro fóra, e com elles feriam e aferravam em todos os que chegavam perto, e puxavam de dentro por elles com tanta força que os chegavam aos buracos das seteiras onde lhe davam feridas mortaes. Pela qual causa mandou o capitão que se recolhesse toda a gente ao arraial e descançasse, e todo aquelle dia se gastou em curar os feridos e escaldados.

O dia seguinte mandou o capitão colher muita madeira e verga de que se fizeram grandissimos cestos, tão altos, e mais que as tranqueiras dos inimigos, e mandou que os pozessem defronte dos muros e que os enchessem de terra, para que os soldados pelejassem de cima d'elles com as espingardas, e os zimbas não ousassem andar por cima do muro, nem lançar azeite fervendo sobre os que cortassem a tranqueira. Estando este ardil de guerra já quasi ordenado, n'esse mesmo tempo se ordenou outro de paz ou covardia, da maneira seguinte. Havia dois mezes que esta guerra durava, pelo que os moradores d'estes rios (que alli estavam mais por força que por sua vontade, por estarem fóra de suas casas e mercancias que é todo o seu trato, e não guerras) fingiram algumas cartas, como que lhe vieram de Sena, de suas mulheres, em que lhe davam conta do aperto em que estavam por causa d'um cafre levantado que diziam vinha com muita gente para roubar Sena, sabendo que os portuguezes não estavam n'ella, pelo que acudissem logo a suas casas. Esta maranha fingida foi logo divulgada pelo arraial, e os moradores de Sena se foram ao capitão e lhe requereram que largasse o cerco dos zimbas e acudisse ao que mais importava, e senão que elles haviam de acudir a suas casas e deixal-o.

Vendo D. Pedro sua determinação e cuidando que as novas das cartas eram verdadeiras, largou o cerco e mandou passar a gente uma noite da outra banda da ribeira, para se tornar a Sena. Mas nao se poude fazer esta mudança com tanto segredo que nao fosse logo sentida pelos zimbas; os quaes sahindo da sua fortaleza com grande impeto e grita, deram sobre o arraial, onde mataram alguma gente que n'elle ainda estava, e tomaram a maior parte dos despojos e artilheria que ainda não estava recolhida.

Com este desbarato e desgosto se tornou o capitão para Sena, e d'ahi para Moçambique, sem fazer o que desejava, e o Zimba ficou melhorado e mais soberbo que d'antes, e com tudo isso depois commetteu pazes aos portuguezes de Sena, dizendo: que elle nunca quizera guerra com os portuguezes, antes desejara sempre sua amizade e commercio, mas que os portuguezes foram os que lhe fizeram a elle guerra injusta, sem lhe ter feito aggravo algum, e que elle os matara em sua justa defensao, como era obrigado. Estas pazes cuido que se lhe concederiam pelo bem que d'ellas vinham aos portuguezes d'este rio. N'este estado ficaram as cousas d'esta terra quando d'ella me parti para Moçambique.

CAPITULO XX

Do exercito dos zimbas, que foi destruindo e comendo grande parte da cafraria, e de como entrou na ilha de Quiloa, e a destruiu

Um cafre muzimba, da nação d'aquelles de que fallei no capitulo passado, sendo senhor de uma pequena aldeia e de poucos vassallos, mas muito ambicioso de honras humanas, traçando em seu peito o modo que podia ter para ser grande senhor e nomeado pelo mundo, assentou que seria bom meio para este effeito sahir de suas terras com mão armada e destruir, roubar, e comer toda a cousa viva que achasse. Este seu diabolico intento declarou a seus vassallos e a outros muzimbas de sua nação; aos quaes não pareceu mal sua determinação, porque como elles ordinariamente são amigos de não trabalhar, e de roubar e de comer carne humana, tinham alli occasião entre mãos para satisfazerem a sua cruel e depravada inclinação. Assentada pois, e concluida sua ida, sahiram de suas terras, e começaram logo a exercitar sua furia em seus visinhos, e foram por todos os logares e reinos da cafraria, caminhando sempre para o Levante; pelas quaes terras iam destruindo e roubando quanto achavam, matando e comendo toda a cousa viva, assim homens, mulheres e meninos, como gado, cães, gatos, ratos, cobras e lagartos, sem perdoarem a ninguem, salvo aos cafres que se vinham para elles e os queriam acompanhar n'esta empreza, os quaes admittiam a seu exercito. E d'esta maneira ajuntaram mais de quinze mil homens de guerra, com que foram assolando todas as terras por onde passavam, que parecia um cruel acoute, e castigo que Deus quiz dar a esta cafraria.

Chegados pois á ilha de Quiloa, que é povoada de mouros, e está junto da terra firme, vendo que a não podiam entrar por causa do mar, que a cercava, assentaram seu arraial na terra firme, defronte da ilha, tendo-a de cerco alguns mezes, e comendo lhe todas as creações e sementeiras, que os mouros tinham na terra firme, de modo que nenhuma cousa d'ella lhe vinha para a ilha. N'este tempo um mouro da mesma ilha, movido da cubiça e ambição de honras, passou uma noite secretamente da ilha para a terra firme, onde estavam os muzimbas, por um passo que elle sabia muito bem, por onde se pode passar de maré vazia de aguas vivas, e chegando ao arraial disse aos cafres (que lhe sahiram ao encontro) que elle era da ilha, e queria fallar ao capitão mór d'aquelle exercito em cousas de muita importancia. E sendo por elles levado, e apresentado ao capitão, disse: Poderoso capitão, saberás que eu sou natural d'esta terra, e morador n'aquella ilha de Quiloa, que tens cercada; e sei de certo que muito cedo has de ser senhor d'ella, e castigar seu povo, por te não reconhecer por grande senhor como és, e obedecer como era razão. E eu conhecendo isto, venho agora dar-te a obediencia devida; e assim mais te quero metter dentro na ilha de Quiloa, com todo teu exercito, pelo passo por onde agora vim, que eu sei muito bem; com tal condição que has de perdoar a morte a meus parentes, que lá estão, e repartir commigo dos despojos e riquezas que tomares na ilha: e tambem me has de fazer mercê das terras, que eu n'ella te apontar, pois n'isso te vae pouco, e eu interesso muito. O Zimba lhe respondeu que era muito contente, e que se elle o mettesse com sua gente na ilha como dizia, que lhe prometia de fazer tudo o que pedia. Pelo que postos em ordem de passar o váo, o mouro os encaminhou por elle, indo na dianteira, e mostrando-lhes o caminho. E assim chegaram todos á ilha depois da meia noite, onde tomaram todos os mouros, dormindo bem descuidados da traição que lhe tinham feito, e do que lhe podia succeder; dos quaes os muzimbas mataram logo a maior parte, sem haver resistencia alguma, e aos mais captivaram, e depois os foram comendo pouco a pouco emquanto alli estiveram; de modo que mataram e comeram mais de tres mil mouros e mouras que alli havia, entre as quaes eram muitas formosas e delicadas, e roubaram toda a cidade de Quiloa, em que acharam grandes despojos e riquezas, e sómente escaparam d'estes mouros os que tiveram tempo de fugir para os matos da mesma ilha, onde andaram embrenhados, até que os muzimbas se tornaram para a terra firme, e depois se vieram para a cidade, a qual antigamente foi mui nobre, e n'ella moravam os reis de toda esta costa; e ainda hoje se ve sua antiga nobreza nas ruinas das grandes e sumptuosas mesquitas, e aposentos que n'ella houve.

Depois que os muzimbas não tiveram que fazer na ilha, mandou o seu capitão que lhe chamassem o mouro que os metteu n'ella pelo váo, o qual ainda era vivo com toda sua geração, que o capitão mandou guardar, não querendo que fosse morto algum d'elles, como foram os demais. E tanto que os teve diante de si todos juntos, virou-se para o mouro e disse-lhe: Não quero nem sou contente, que tão má cousa como tu és, viva mais tempo, pois foste tão cruel, que por teu proprio interesse entregaste tua patria, e teus naturaes nas mãos de teus inimigos. E virando-se para os seus cafres, disse: Tomae este máo homem, e toda sua geração, que presente está, e atados de pés e mãos os lançae todos n'aquelle mar, para que os peixes os comam, porque não é bem que fique alguem vivo de tão má geração, nem quero que os comaes, porque sua carne deve ser peçonhenta. O qual mandado logo se poz em execução. Sentença certo não de barbaro, como este era, senão de homem prudente; e bem se vê n'ella com quanta razão disse Alexandre Magno, que folgava com as traições, que faziam os que lhe entregavam as cidades, mas que abominava os traidores. Concluida esta guerra de Quiloa, tornou-se o Muzimba da ilha para a terra firme, pelo mesmo passo por onde entrou guiado pelo mouro.

CAPITULO XXI

De como os zimbas entraram em Mombaça e a destruiram, e depois foram a Melinde, onde foram desbaratados

Quiloa destruida tornou o Zimba a continuar seu caminho ao longo da costa, ate chegar á terra firme que está defronte da ilha de Mombaça, na praia da qual assentou seu arraial, com determinação de entrar na ilha, como tinha feito na de Quiloa; mas não poude logo fazer o que desejava, porque n'essa conjunção tinham entrado na mesma ilha quatro galés de turcos do Estreito de Meca, de que tratarei adiante mais largamente. Os quaes turcos lhe deffenderam a entrada da ilha, pelejando com elles muitas vezes, e matando lhe muita gente com sua artilheria, que jogava de duas galés, que tinham postas em um passo por onde o Zimba queria entrar. E n'esta briga foram continuando alguns dias, até que succedeu no mesmo tempo vir Thomé de Sousa, da India, com uma grossa armada contra estas mesmas galés; e achando-as n'este rio, pelejou com ellas, e as tomou com tudo que traziam, e captivou os turcos que n'ella estavam, e juntamente destruiu a ilha de Mombaça. O que tudo foi feito á vista dos Muzimbas, que estavam da outra banda, na terra firme, mui espantados de verem obrar tantas maravilhas aos portuguezes. Pelo que disse o capitão muzimba, que os portuguexes eram deuses do mar, e elle da terra. E logo mandou um embaixador a Thomé de Sousa, dizendo que elle era amigo dos portuguezes, e não queria guerra com elles; e pois tinha já acabada sua obra tão honradamente, que tambem elle queria concluir a sua, em que estava havia já dias, que era entrar na ilha e matar, e comer toda a cousa viva que n'ella achasse. O que logo poz em effeito por consentimento dos portuguezes. E entrando na ilha, buscou todos os palmares e matos, que n'ella havia, onde achou muitos mouros embrenhados, que tinham fugido da cidade, e matou e comeu todos os que poude tomar. Isto feito tornou-se Thomé de Sousa com sua armada para a India victorioso (como adiante acabarei de contar) e o Zimba para a terra firme, e foi continuando seu caminho e marchando com seu exercito para Melinde.

El-rei de Melinde estava mui atemorisado com as novas que tinha da vinda dos muzimbas, sabendo a destruição que tinham feito em Quiloa e Mombaça; mas comtudo tinha grande confiança no exforço de Matheus Mendes de Vasconcellos, capitão que então era d'esta costa, o qual n'aquelle tempo estava em Melinde com trinta portuguezes sómente, entre soldados e mercadores, os quaes estavam apostados a defender-lhe a cidade, até morrer na contenda. Chegando pois os Zimbas a Melinde com muita soberba e ousadia, como gente que até então nenhum medo tinha de nação alguma, commetteram a cidade com muito exforço. E posto que os nossos soldados matassem muitos á espingarda, elles com tudo isso não deixavam de entrar por algumas partes do muro, que era baixo, e estavam já quasi senhores de um baluarte, havendo briga mui travada de parte a parte. N'este tempo chegaram de soccorro a Melinde mais de tres mil cafres amigos de d'el-rei chamados Mosseguejos. Os quaes sabendo o aperto em que el rei de Melinde seu amigo estava com a vinda dos Muzimbas, o vinham soccorrer e ajudar.

Estes Mosseguejos são homens mui exforçados e amigos da guerra, dos quaes tratarei adiante mais largamente. Chegando pois a este tempo de combate, deram nas costas dos muzimbas com tanto animo e exforco, que em breve tempo os ajudaram a desbaratar e por em fugida. E como estes muzimbas eram estrangeiros, e tinham feito tantos males e mortes pelos caminhos e terras por onde foram, o mesmo lhe fizeram a elles em sua fugida, matando a todos por onde quer que os achavam, e somente escaparam com vida o capitão d'elles e obra de cem homens, que tornaram a desandar o caminho por onde foram todos unidos em um corpo, sem se apartarem até chegarem outra vez a suas terras. De modo que n'esta cidade de Melinde com a ajuda dos Mosseguejos, se acabou o exercito dos muzimbas, que tinham sahido das terras que correm ao longo d'este rio de Sena e chegado até Melinde, que são quasi trezentas legoas de caminho, sem haver quem lhe resistisse, nem pelejasse com elles; antes lhe largavam as povoações e logares, por onde sabiam que vinha este cruel e carniceiro exercito.

Isto que tenho dito dos cafres, que habitam as terras d'este sertão, me parece que basta por agora. E pois entramos n'ellas pelo rio de Luabo, descrevendo suas particularidades, razão é que tambem desçamos pelo de Quelimane, até chegarmos á fralda do mar, e que digamos alguma cousa de seus habitadores, o que farei nos capitulos seguintes.

CAPITULO XXII

Dos rios de Quelimane e Loranga, e dos costumes dos seus habitadores

QUELIMANE é um braço do rio Zambeze, formoso e aprazivel, de pouco fundo, como já dissemos. Tem de largura na boca pouco mais d'uma legoa. A sua barra tem sómente tres braças d'agua, pela qual razão não pódem por ella entrar naus de alto bordo, e essa foi a causa porque n'ella se perdeu a nau S. Luiz, como adiante direi. A terra que corre ao longo d'elle é raza, sem outeiro algum. Da barra para dentro, obra de duas legoas, tem um porto bem assombrado de campo razo, no qual estao umas casas, palmar e horta, de um portuguez chamado Francisco Brochado, de quem já fallei atraz, que era capitão d'estes rios. Este porto é refugio de toda a gente que navega para este rio; porque n'estas casas acham gasalhado, os christãos graciosamente, e em particular os portuguezes, onde descançam, dormem e se recolhem das calmas, que n estas terras são mui grandes. Perto d'estas casas está uma povoação pequena de cafres gentios e mouros pobres, que, vivem aqui a sombra dos portuguezes, que vão e vem por este rio; onde os marinheiros (que ordinariamente são mouros) tambem acham abrigo e gasalhado, para se refazerem dos trabalhos do mar, e alguns d'elles tem alli suas mulheres.

Toda a demais terra pelo sertão dentro e povoada de cafres macûas, sugeitos a um cafre chamado Gallo, que tem nome de rei, mas seu reino é pequeno, de poucos vassallos, e menos sustancia. Este rei tinha um irmão chamado Sapata, o qual se tinha feito mouro quando alli fui ter, e por esta razao era malquisto e odioso a todos os cafres, porque ainda que estas terras estão inçadas de mouros, e vivem n'ellas como naturaes, quer Nosso Senhor que nenhum cafre se faça mouro, porque os tem em pouca conta e dizem que é gente baixa, e que mais honrados sao elles que os mouros; e assim raramente se verá cafre que se torne mouro, nem eu o vi n'estas partes, fazendo-se cada dia christaos, aos quaes tem por gente nobre e honrada; e assim commummente chamam aos portuguezes Musungos, que quer dizer senhores. São pretos, de cabello revolto, gentios, mas nao adoram idolos; são amigos dos portuguezes e bem inclinados.

Com estes cafres confinam outros que habitam as terras que correm ao longo de um rio chamado Loranga, cuja boca está a cinco legoas de Quelimane, mais para o Levante, indo correndo a costa para Mocambique. Este rio e muito aprazivel e tem uma anciada e barra muito boa, onde os pangaios entram e sahem francamente, e n'ella ha muito peixe, o qual não e pescado dos naturaes da terra, porque nao ousam sahir fóra do rio a pescal-o em suas almadias, que sao pequenas, e somente pescam em covoes que armam no rio e nas esteiras que entram pela terra, onde tomam peixe meudo. Este territorio de Loranga é povoado de cafres macûas gentios, pretos de cabello crespo; os mais d'elles trazem cornos feitos do mesmo cabello, e muitos d'elles sao pintados pelo corpo com ferro, e tem as queixadas fu radas por galanteria, como os macuas de Moçambique, de que adiante fallarei mais largamente. Entre estes vivem alguns mouros pretos, os mais d'elles pobres, e quasi similhantes aos cafres em seu modo de viver. Toda esta terra é sugeita a um cafre chamado Bano e a seus irmãos, que vivem n'ella repartidos em diversas aldeias. São todos commummente bem dispostos e bem inclinados. O seu principal trato e commercio, que tem com os portuguezes, e de marfim, arroz, milho, painço, inhaines e outros muitos legumes, que esta terra cria em grande abundancia. Os portuguezes lhe levam pannos, estanho, e contas de varias côres, de barro vidrado, com que os cafres se vestem, e fazem galantes. As fazendas d'esta terra são cearas dos mantimentos que tenho dito, e estas grangeadas pelas mulheres, com tanto e mais cuidado que entre nos pelos homens, porque ellas roçam, cavam semeiam e colhem as novidades. Os homens passeiam, conversam, pescam e cacam, e levam boa vida, e d'aqui vem serem as mulheres d'esta terra escassas, e os homens liberaes. Ha n'esta terra palmares, de que os cafres não sabem tirar vinho, nem outro proveito, mais que os cocos para comerem. E posto que a terra é fertil, e de grandes pastos, tem pouca creacao de gados, porque estes cafres sao de pouco trabalho, e mais dados a bailes e festas, que a grangearias; contentam-se com o comer ordinario de arroz ou milho, e legumes. Tambem comem ratos, cobras, e lagartos, e zombam de quem os não come. Criam-se n'estas terras muitos tigres, onças, leões, elephantes, bufaros, merus, veados, gazellas, muitos gatos de algalia, infinitos bogios e monos, e os cafres caçam todos estes animaes, e comem-lhe a carne. Nos campos e matos ha muito mangericão, madre-silva, mosquetas e jasmins de suave cheiro.

Estes cafres no que toca a religião adoram um só Deus que está no ceu, creem a immortalidade da alma, não negam a providencia divina, creem que ha demonios, e que são máos, e que todos os bens vem de Deus, e com tudo isto são grandes blasfemos, porque quando lhe as novidades não respondem como querem, ou lhes não succede as cousas a seu gosto, dizem mal de Deus, e que faz o que não deve, e outras palavras similhantes. A esta terra foi ter o P. Fr. Thomaz Pinto, da ordem dos pregadores, inquizidor da India, quando se salvou da perdição da nau Santiago, e aqui lhe falleceu um seu sobrinho, que levava comsigo, pelo qual respeito alguns cafres principaes da terra o foram visitar, e querendo-o consolar do seu nojo, lhe disseram que Deus o fizera muito mal com elle, em lhe dar tantos trabalhos na sua perdição e agora em lhe matar o sobrinho, e que não se fiasse d'elle, porque era máo; mas o padre acudindo pela honra de Deus, lhe disse o que em tal materia convinha, e facilmente os convenceu, porque nao sao homens de muitas respostas, nem replicas.

CAPITULO XXIII

Dos casamentos, festas e superstiçoes, que os macûas do rio de Loranga tem em suas mortalhas

Os mais d'estes macûas de Loranga tem duas mulheres, e alguns mais nobres e ricos alem das mulheres tem mancebas, mas os filhos d'estas não são herdeiros da casa, e bens de seus paes, como são os filhos das duas legitimas. O dia de seu casamento, logo pela manhã, começam duas ou tres cafras a cantar, tanger e bailar á porta da desposada, e a estas se vão ajuntando outras, de modo que ao meio dia está alli junta toda a gente d'aquella aldeia, festejando e bailando, e n'isso gastam o dia todo, e quantos vão áquellas bodas offerecem a desposada arroz, milho, feijões, painço, figos e farinha, em competencia de quem primeiro lhe fará sua offerta, e de tudo o que lhe offerecem, lançam primeiro uma mão cheia sobre os tangedores, e bailadores, e juntamente enfarinham uma face e o olho esquerdo. Esta festa se acaba ao sol posto, porque então leva o noivo a esposa para sua casa, acompanhada d'esta gente, e d'alli por diante fica tida por sua legitima mulher, sem mais ceremonias.

Tem muitos dias de festa em que fazem algumas superstições, como é não comerem n'elles cousa alguma, mas bebem todo o dia e noute seguinte de um certo vinho que fazem, assim de milho, como de uma fructa a que chamam putó, que em verde toca d'azeda, e é apetitosa, e madura é muito doce e saborosa. E d'estes dois vinhos que tem feito para estes dias de festa, bebem de modo que sempre andam bebados bailando, tangendo e escaramucando uns com outros, e fazendo de si tantas visagens, enramados, e enfarinhados, que parecem andando ministros do diabo, ou soldados de Baccho, quando triumphava da India.

Esta gente dá muito credito a seus feiticeiros, e a suas sortes, que lançam para adivinhar o que querem saber. Quando querem descobrir alguns furtos, ajuntam-se muitos cafres, e todos fazem um baile, no qual juntamente dizem umas certas cantigas, e tanto cantam e bailam, até que movidos d'um furor diabolico, parecem doidas ou endemoninhadas, e n'este tempo entra o diabo em uma d'ellas, e descobre o furto. O governo d'esta gente é de pouco trafego; tem em cada aldeia uma cabeça, que os governa, a que chamam Fumo, este determina verbalmente suas differenças, que são poucas, e quando o Fumo as não póde julgar, o Bano, senhor das terras, as determina com conselho dos mais Fumos, que se ajuntam para isso em um terreiro á porta da casa do mesmo Bano. São homens de grandes cumprimentos, e em suas visitas, usam de tantos, que primeiro que comecem a fallar do negocio a que vem, se gasta grande espaço de tempo em cortezias de ambas as partes, e isto lhe vem de serem ociosos, e desoccupados. São de condição maviosa.

Quando morre algum d'estes cafres, a primeira cousa que se faz por sua morte é sahir-se um parente dos mais chegados fóra da casa do mesmo defunto, e pranteal-o em vozes altas, a que acode a gente toda d'aquella aldeia, e todos juntos começam em pranto mui sentido com vozes entoadas, e tão lastimosas, que movem a compaixão a quem as ouve. Dura este pranto uma hora pouco mais ou menos. O defunto se amortalha quasi ao nosso modo, envolto em um bertangi preto, e atado com muitas tiras do mesmo bertangi. Enterram com elle seu arco, frechas, e azagaias, e as mais armas que tem, e milho, arroz, feijão, e outros legumes. Põem-lhe sobre a cova, o leito, ou esteira em que dormia, a tripeça em que se assentava, e depois de enterrado lhe queimam a casa, palhoça em que morava, com todo o movel que tinha, porque ninguem pode possuir cousa de que o defunto se servia quando era vivo, nem tão pouco pôr-lhe a mão; e se acontece que alguem toque cousa do defunto, não entra em sua casa, até se não ir lavar ao rio. A cinza da casa que se queimou, com alguns pedaços de páos, que se não acabaram de queimar, tudo junto lhe põem sobre a cova. O defunto se pranteia oito dias continuos, começando da meia-noite por diante, entoando um cafre o pranto, a cujas vozes se levantam os mais do logar, e juntos vão continuando o pranto na forma que atraz fica dito por espaço de uma ou duas horas. Entre dia vão á sepultura do defunto, e dizendo-lhe certas palavras, lhe lançam em cima milho, feijões, e farinha d'arroz, e com ella juntamente enfarinham uma face e um olho, e d'esta maneira andam sem lavar o rosto, até que a farinha lhe cahe de todo. Com esta cerimonia dizem que encommendam suas sementeiras aos defuntos, e cuidam que suas almas lhe podem n'isso valer e dar boas novidades.

Por aqui démos fim a este livro segundo, e da mais costa que vae correndo até ao Cabo Delgado fallarei no livro seguinte.

FIM DO SEGUNDO LIVRO

LIVRO TERCEIRO

DA ETHIOPIA ORIENTAL, EM QUE SE DÁ RELAÇÃO DA ILHA E FORTALEZA DE MOÇAMBIQUE, E DO MAURUÇA REI DA TERRA FIRME, QUE ESTÁ DEFRONTE, E SEUS COSTUMES, E DAS ILHAS DE QUIRIMBA, ATÉ O CABO DELGADO, E SEUS HABITADORES, E COUSAS MUI NOTAVEIS QUE HA N'ESTA COSTA

CAPITULO I

Dos cafres macúas da terra firme de Moçambique, e de seus costumes, e de como conquistaram aquella terra

Em toda esta costa, que vae correndo dos rios de Cuanca até á ilha de Moçambique, (que são cento e trinta legoas de terra) não ha reis poderosos e grandes, como são os de que tenho tratado no primeiro e segundo livro. E posto que haja n'ella muitos senhores de vassallos, comtudo nenhum d'elles tem titulo de rei, ainda que alguns mouros ha, que vivem por esta fralda do mar em povoações pequenas, os quaes se chamam reis dos mesmos logares em que vivem, e são como antigamente era o rei de Sofala, Zufe, a quem matou Pero de Anhaya, de pouca sustancia e vassallos. Mas pelo sertão dentro d'esta terra vivem alguns reis grandes e poderosos, cafres gentios de cabello crespo, os quaes pela maior parte são macúas de nação. Um d'elles, que agora se me offerece, com que os moradores de Moçambique tratam e vizinham, e o Mauruça, de quem me pareceu devia dizer aqui alguma cousa.

Os cafres da terra firme de Moçambique sao macûas gentios, muito barbaros e grandes ladrões. O seu rei se chama Mauruça. Esta nação de macûas, de que já fallei atraz algumas vezes, é a mais barbara, e a mais mal inclinada. que todas as nacões de cafres que tenho visto n'esta costa O seu modo de fallar é muito alto e aspero, como quem peleja, e assim a primeira vez que os vi estar fallando, cuidei que pelejavam. Todos ordinariamente limam os dentes de cima e de baixo, e tão agudos os trazem como agulhas. Pintam-se todos pelo corpo com um ferro agudo, cortando suas carnes. Furam ambas as queixadas das pontas das orelhas, quasi até á boca, com tres ou quatro buracos de cada parte, por cada um dos quaes cabe um dedo, e por elles lhe aparecem as gingivas, e os dentes, e lhe corre ordinariamente a humidade e cospinho da boca. E por esse respeito, e tambem por galanteria trazem em cada um d'estes buracos metida uma rolha de páo, ou de chumbo, que para isso fazem redonda, e os que a pódem trazer de chumbo sao mais ricos, e tratam-se com mais custo, porque o chumbo vale muito entre elles. Tambem trazem dois buracos nos beiços; no de cima metem um pao delgado, como uma pena de galinha, de comprimento de um dedo, e alli o trazem direito para fóra, como um prego, e no debaixo trazem uma grande rolha de chumbo encaixada, tão pezada, que lhe derruba o beiço quasi até á barba, e assim lhe andam sempre aparecendo as gingivas e dentes limados, que parecem demonios. Trazem mais as orelhas todas furadas em roda com muitos buracos, e n'elles mettidos uns paos delgados como agulhas de rede, de comprimento de um dedo, que parecem porcos espinhos. E tudo isto trazem por galanteria e festa, porque quando andam anojados, ou tristes, deixam tudo isto, e trazem todos os buracos destapados. E' gente muito robusta e de muito trabalho. Todos andam nús, assim homens, como mulheres, e quando andam bem vestidos trazem uma pelle de bogio, ou d'outro animal cingida da cintura até aos joelhos. Em todos os mais costumes, tratos, modos de viver, sustentação e logares em que habitam, são muito similhantes aos cafres de Loranga, de que já fallei atraz, e deixo de o repetir aqui por abreviar. Estes costumes que tenho dito, são de quasi todos os cafres d'esta costa, que vivem pelos matos, e mais em particular d'estes macûas, nos quaes se acham mais brutalidades.

Dos macûas do rio de Quizungo se conta, que quando ha de casar alguma moça donzella, entre elles, a mesma moça se sahe fóra da povoação em que vive, e se vae aos matos, nos quaes anda toda uma lua inteira, como em degredo, sentindo, e lamentando a virgindade que ha de perder, pranto bem differente do que fez a filha de Jephte, a qual sabendo que seu pae a queria sacrificar pelo voto que tinha feito, pediu-lhe licença para andar dois mezes pelos montes, chorando sua virgindade com suas amigas, e companheiras; mas esta chorava porque morria sem filhos, cousa que na lei dos judeus era mui abominada; e as cafras dizem que choram a virgindade que hão de perder. N'estes trinta dias que as cafras tomam para este pranto pódem ser visitadas e acompanhadas de suas amigas, e parentas, e todas as noites pódem vir dormir a suas casas, e pela manhã tornar a continuar o degredo, até que appareça a lua nova; no qual dia a mesma desposada, e seus parentes e amigos, fazem grandes festas e bailes, e no dia seguinte se faz o recebimento, que é entregar a desposada a seu marido sem mais cerimonias. Estes cafres de Quizungo foram os que captivaram e tiveram em seu poder o P. Fr. Thomaz Pinto, religioso da ordem dos prégadores, inquisidor que foi da India, o qual foi ter a este rio com os outros seus companheiros, que se salvaram da perdição da náo Santiago, que deu nos baixos da India, como mais largamente contarei adiante.

Tornando pois ao Mauruça, e a seus vassallos macûas, que habitam as terras fronteiras a Moçambique, é de saber, que sendo elles estrangeiros, vieram antigamente com guerra sobre os naturaes d'estas terras tambem macûas, e por força d'armas lh'as tomaram, e se apossaram d'ellas; o que fizeram com pouco trabalho, por causa da grande crueldade que uzavam, em comer carne humana dos cafres que matavam na guerra, e ainda dos que tomavam vivos. E por isso os naturaes lhe largaram a maior parte da terra, e se assombravam de ouvir nomear o Mauruça. Tão encarniçados andavam estes macûas em suas mortes e latrocinios, que se não occupavam em outra cousa, mais que em roubar, matar, e comer quanto achavam, e mui poucos se davam a cultivar as terras, que tyranicamente tinham usurpado, porque todos naturalmente (ainda que robustos, e soffredores de trabalho) são preguiçosos, e dados ao ocio, causa principal de todos os males que commettiam. N'esta ociosidade e carniçaria, foram continuando alguns annos, até que na era do

Senhor de 1585, sendo Nuno Velho Pereira capitão de Moçambique, se desmandaram mais, e tomaram tanta ousadia, que vinham muitas vezes á praia da terra firme, onde os portuguezes de Moçambique teem seus palmares, hortas, e cearas, que são as fazendas d'esta terra, e n'ellas faziam muitos roubos, forças e mortes, de modo que os portuguezes vinham quasi a perder e desamparar suas fazendas; e quando menos mal lhe faziam era virem os cafres a ellas, meterem-se-lhe em casa, pedindo-lhe pannos, e de comer, e de beber, e se lhe não davam quanto queriam, lh'o tomavam por força, e muitas vezes lhe queimavam as casas, e cortavam as palmeiras. De maneira que os portuguezes não podiam ser senhores de suas fazendas, e aquelles que com estes encargos as queriam sustentar, recebiam mais perda do que ellas valiam, e juntamente se arriscavam a serem mortos, e comidos pelos cafres.

CAPITULO II

Da guerra que os portuguezes de Moçambique tiveram com a Mauruça, e do ruim successo d'ella

VENDO Nuno Velho Pereira tanto atrevimento e soltura dos macûas, determinou tomar d'elles vingança, destruil-os, e queimar-lhe a cidade em que o Mauruça morava, que estava tres ou quatro legoas pela terra dentro. Para o qual effeito mandou quarenta portuguezes, entre soldados da fortaleza, e casados de Moçambique, dos que tinham fazendas na terra firme; os quaes magoados das muitas forças, e perdas que tinham recebido dos macûas, se offereceram de boa vontade para este assalto, levando comsigo seus escravos, e outra muita gente forra da terra, que seriam perto de quatrocentos homens, e por capitão de toda esta gente mandou Antonio Pinto, seu creado, tambem casado na fortaleza. Concluida esta determinação, e apparelhadas as cousas necessarias para esta guerra, passaram da ilha para a terra firme uma tarde ao sol posto com muito segredo, sem dizerem para onde iam, com proposito de caminhar de noite, e de madrugada darem sobre o Mauruça, que estava descuidado. Esta determinação se poz em effeito, porque foram até á cidade do Mauruça, onde chegaram de madrugada, e acharam a gente toda descuidada, e amarraram muita parte d'ella, sem fazer resistencia alguma; pelo que com pouco trabalho destruiram a povoação, e lhe pozeram fogo.

Os macûas que poderam fugir d'este assalto, se foram embrenhar pelos matos, que estavam ao redor da cidade, e depois se ajuntaram todos, e se meteram em um mato que estava no caminho, por onde os portuguezes haviam de tomar para Moçambique, com o intento de se vingarem d'elles, se podessem. Por outra parte os portuguezes, vendo que não havia mais que fazer na cidade, pois ficava queimada, e os cafres d'ella mortos, e fugidos, cuidaram que tudo ficava seguro e deram as espingardas a seus escravos para que as levassem, e elles meteram-se em seus andores, em que outros escravos os levavam ás costas; e d'esta maneira se tornavam a recolher a Moçambique, espalhados uns dos outros, com muita desordem, como quem caminhava por terras seguras. Mas os cafres que os estavam esperando, com mais ordem e melhor cuidado, tanto que os tiveram a bom lanço, deram subitamente sobre elles com tanto impeto e raiva, que a todos mataram, sem ficarem mais que dois ou tres portuguezes, e alguns cafres, que se embrenharam pelos matos, onde estiveram escondidos, e d'ahi a tres dias vieram ter a Moçambique, e deram as novas do ruim successo de seus companheiros, que ficavam mortos, e comidos pelos macûas do Mauruça. Outros muitos desastres similhantes a este tem acontecido aos portuguezes, pela muita confiança que tem de suas pessoas n'estas partes, e pouca conta em que tem os cafres.

Alguns tempos continuou o Mauruça cruel guerra com os portuguezes de Moçambique, destruindo-lhe suas fazendas da terra firme, como fica dito, que foram os primeiros annos que elle andou n'estas terras, como levantado, e forasteiro; mas depois que fez assento n'ellas, e começou de as cultivar, vendo que lhe era necessario ter commercio e trato com os portuguezes, moradores de Moçambique, pelo proveito que d'isso lhe vinha, fez pazes com elles, e para confirmação d'ellas mandou que nenhum macûa fizesse mais força, nem roubos nas fazendas dos portuguezes nem comesse carne humana, senão que todos cultivassem as terras, e tivessem commercio com a gente de Moçambique, comprando-lhe e vendendo-lhe suas mercadorias amigavel e fielmente. O que se cumpriu mal muitos annos, porque sempre estes cafres se desmandaram, uzando de seus ordinarios e crueis costumes, e mais por força, e medo do Mauruça que por vontade guardavam suas leis, contrarias á sua má inclinação. E quanto ao comerem carne humana já o não fazem publicamente, mas em secreto todas as vezes que podem a comem, como se verá nos casos do capitulo seguinte.

CAPITULO III

De alguns casos estranhos, que succederam em Moçambique

No tempo que o alferes mór de Portugal D. Jorge de Menezes foi capitão de Moçambique, que foi no anno do Senhor de 1586, succedeu que vieram dois cafres macûas vender uma negra aos portuguezes, a qual devia ser furtada, como elles costumam fazer; e chegando com ella a um palmar dos que estão na praia na terra firme, acharam n'elle uma mulher, que era senhora d'aquella fazenda, e disseram-lhe que lhe comprasse a negra; e vindo a preço, pediram-lhe por ella dez pannos que valeriam mil e quinhentos réis, e não lhe querendo ella dar mais que cinco, responderam-lhe os macûas que antes a queriam comer, que dar-lh'a tão barata. E vendo que nem ella nem outrem lhe dava pela negra o que pediam, foram-se para um mato, que estava perto, e mataram a negra, e n'elle estiveram tres ou quatro dias comendo-a, cosida e assada. D'este caso teve logo noticia o capitão de Moçambique, e mandou prender a mulher do palmar, e a castigou mui asperamente, por não querer comprar a negra, e por ser occasião de os cafres a matarem e comerem, e juntamente castigou alguns cafres gentios, dos que moram por aquelles palmares, que soube ajudaram tambem a comer da mesma negra.

No anno do Senhor de 1596, aconteceu em Moçambique o caso seguinte: Vivia n'esta ilha um portuguez chamado Francisco Leitão, casado com uma mistiça, que fôra já casada outra vez, e era rica e tinha fazendas e palmares da outra banda na terra firme, onde tinha seus escravos, que lhe administravam esta fazenda. Succedeu que este Francisco Leitão teve ruins suspeitas de sua mulher por alguns indicios que o diabo lhe representou, pelos quaes a matou, e fugiu logo para a terra firme em uma embarcação que tinha prestes para isso na praia com seus remeiros, e foi-se meter no seu palmar; onde em chegando foi sabida pelos negros seus escravos que lá estavam, a causa de sua fugida, e que deixava sua senhora morta. Pelo qual se indignaram contra elle de tal maneira, que o mataram ás frechadas e azagaiadas, dizendo que vingavam a morte de sua senhora, que era innocente. E depois de o matarem fugiram para o Mauruca, de modo que ambos os senhores foram mortos dentro em uma hora, pouco mais ou menos.

Soube-se logo em Moçambique, este caso, e o atrevimento d'estes escravos, pelo que mandou o ouvidor pedil-os ao Mauruca a troco de roupas, que lhe mandou á custa da fazenda dos mortos. E o Mauruca tanto que viu as roupas, movido da cobiça d'ellas, entregou os homicidas, que eram quatro, á justiça, e por ella foram presos e sentenciados á morte. A dois d'elles atanasaram, cortaram as mãos, enforcaram, e esquartejaram, dentro na ilha de Moçambique. Aos outros dois cortaram as mãos no pelourinho, e depois os embarcaram em um batel, e os levaram á terra firme, indo eu e outro padre com elles para os confessar e animar. E depois de chegados á praia, enforcaram um d'elles em uma arvore da mesma praia onde tinham morto o senhor, e depois o esquartejaram e penduraram os quartos pelas arvores. O outro cafre foi assetiado vivo, posto em uma arvore mui bem atado, e vestido em uma alva, onde o deixaram morto, com mais de vinte frechas pregadas n'elle. Mas ao outro dia nem os quartos do negro enforcado, nem o corpo do assetiado, foram vistos, porque aquella mesma noute, vieram os cafres da terra firme, e os levaram, e comeram, como depois se soube. De modo que estes cafres macûas do Mauruca, comem gente todas as vezes que o podem fazer secretamente, e dizem que a carne humana é muito tenra e melhor que todos as carnes.

CAPITULO IV

Da ilha e fortaleza de Moçambique e suas povoações e fructos

A ilha e fortaleza de Moçambique está n'esta costa em 15 gráos da banda do Sul. E' de mais de meia legoa de comprido e no mais largo terá um quarto de legoa, pouco mais ou menos. Na ponta d'esta ilha, á entrada da barra está a fortaleza, na qual sempre reside o capitão, com soldados portuguezes de guarnição, que toda a noute e dia vigiam aos quartos; de dia postos á porta da fortaleza com suas armas, e de noute por cima dos pannos do muro e dos baluartes; dos quaes tem quatro fortissimos, dois para a banda do mar e dois para a ilha, d'onde tambem se descobre o mar de uma parte e da outra, e n'elles estão muitas peças de artilheria grossa e formosa, em que entram esperas, camelos e colubrinas. Dentro da fortaleza está uma cisterna, que leva duas mil pipas d'agua, que se toma da que chove nos telhados e muros, por canos que a ella vão ter. Aqui dentro estão os armazens assim da polvora e cousas necessarias para defensao da fortaleza, como de mantimentos d arroz e milho, de que sempre está bem provida. No meio do terreiro d'esta fortaleza está uma egreja nova, ainda por acabar, que ha de servir de Sé, e junto d'ella outra da Misericordia.

Esta fortaleza é uma das mais fortes que ha na India; foi traçada assim ella como a de Damão, por um architecto que foi sobrinho do arcebispo santo de Braga D. Frei Bartholomeu dos Martyres, da ordem dos prégadores; o qual architecto sendo mancebo se foi a Flandres, d'onde tornou grande official de architectura, e depois d'isso foi mandado á India pela rainha D. Catharina, quando governava este reino, para fazer estas fortalezas; o que foi no anno do Senhor de 1558 quando D Constantino foi por vice-rei da India. E tornando este architecto da India, foi-se para Castella, onde tomou o habito da ordem de S. Jeronymo, e foi mui acceito a El-Rei Philippe II e por sua traça se fizeram muitas obras no Escurial.

Fóra da fortaleza de Moçambique na ponta da ilha, está uma ermida da invocação de Nossa Senhora do Baluarte, o qual nome lhe pozeram por respeito de ser a mesma egreja antigamente um baluarte, onde estava a artilheria, para deffender a barra, antes que se fizesse a fortaleza; a qual egreja é de muita romagem, não sómente dos moradores da terra, mas tambem dos mareantes, que navegam por esta costa, assim de Portugal como da India. Defronte d'esta fortaleza pela ilha dentro está um campo raso mui formoso, que terá de comprimento mais de um grande tiro de mosquete, e outro tanto de largo, no fim do qual está o convento de S. Domingos, novo e mui formoso, sem haver n'elle outra casa mais que uma ermida de S. Gabriel ao longo da praia, defronte da qual surgem as náos, que vem a este porto, assim de Portugal, como da India. Alem do convento de S. Domingos vae correndo a povoação, em que vivem os portuguezes, e os mais christãos da ilha, que serão por todos duas mil pessoas, pouco mais ou menos. N'esta povoação está a fortaleza velha, e n'ella a Sé antiga e a casa da Misericordia, que ainda hoje servem. Em um panno do muro d'esta fortaleza velha está uma formosa torre de dois sobrados, com outros aposentos junto a ella, onde vive o feitor e alcaide mór de Moçambique, que pelo tempo é. A uma ilharga d'esta torre está uma boa cisterna, e nos baixos da torre a cadeia publica. Perto d'esta fortaleza velha está um hospital, onde se curam todos os enfermos que adoecem na terra, e os que vem de fora a este porto, assim da India como de Portugal. O que se faz com muita caridade e deligencia. D'este hospital tem cuidado o provedor e irmãos da Misericordia, mas o gasto d'elle é á custa d'El-Rei, que para isso manda pagar o capitão da fortaleza, como veador que é de sua fazenda n'estas partes de Moçambique. A este hospital está junta uma ermida do Espirito Santo, e no cabo da ilha outra de Santo Antonio, de muita romagem e devoção, e ambas situadas ao longo do mar.

Está tambem n'esta ilha outra povoação de mouros apartada da dos christãos obra de dois tiros de espingarda, pouco mais ou menos, na qual vivem poucos mouros e estes pela maior parte são marinheiros, pobres e mesquinhos, e ordinariamente andam no servico do capitão e dos portuguezes, dos quaes são amigos, e mostram-se-lhe leaes, ou por medo, ou porque sempre dependem d'elles.

Toda esta ilha é muito secca; não tem agua doce para beber, nem lenha para queimar. A agua lhe vem por mar d'uma fonte que está fóra da barra d'ahi a tres leguas; em uma bàhia chamada Titangone, mui nomeada e conhecida de todos os marinheiros da carreira da India, pela bondade de suas aguas e porque n'ella fazem aguada todas as náos de Portugal e da India. Junto a esta fonte esteve antigamente uma povoação de mouros, os quaes sujeitou e fez obedecer á fortaleza de Moçambique Antonio Galvão, vindo da ilha de Quirimba, onde tambem sujeitou os mouros que n'ella moravam, que foi no anno do Senhor de 1522, mas já hoje não estão n'este logar, mais que algumas pobres casinhas de pescadores. A lenha que se queima n'esta ilha vem da terra firme, que está defronte, em partes uma legoa e mais, e em outras muito menos de meia legoa. N'esta terra firme e dentro na mesma ilha, ha muitos palmares, mui ricos, e proveitosos, que dão muito vinho e cocos. Tem algumas hortas de hortaliça, laranjas, cidras, muitas e boas limas, romeiras, figueiras de Portugal e da India, parreiras e muitos ananazes e algumas fructas do mato muito boas.

Nos matos da terra firme ha muitas arvores de páo preto, de que os moradores de Moçambique colhem grande quantidade, que vendem aos que vão para a India, e para Portugal. N'esta terra firme, e tambem na ilha ha creações de porcos, cabras e gallinhas das quaes se refazem as náos d'este reino quando ali vão ter, e de todos os mais legumes e refresco da terra, e de cafres, que ali se vendem baratos, e a ilha fica provida de vinhos, azeites, queijos, azeitonas, marmelada e de tudo o mais que vae de Portugal para a India. Todo o mais provimento lhe vem da India cada anno, e d'aqui vae para as mais partes de toda esta costa, como são farinhas, roupas, contas, vestido e calçado, e todas as mais mercadorias e cousas necessarias, que não ha n'aquellas terras. Esta ilha logo no principio, quando foi povoada pelos portuguezes, era mui doentia; e assim estão n'elles enterrados muitos milhares d'elles, mas já agora pela bondade de Deus é mais sadia.

CAPITULO V

Das ilhas de Quirimba, e de seus habitadores

A ilha de Quirimba está sessenta legoas de Moçambique, ao longo da costa, da banda da India. E' uma ilha de mais de uma legoa de comprido e meia de largo, terra muito chã, sem outeiro algum, quasi toda semeada de milho e outros legumes, que na ilha se dão fertilissimamente. Tem uma fortaleza cercada, em que mora o senhor da ilha e dono da mesma fortaleza, que é portuguez. Ao longo da praia d'esta ilha da parte do Norte, está uma formosa egreja que é dos religiosos de S. Domingos, a qual serve de freguezia, assim d'esta ilha, como das mais que estão n'esta costa, ate ao Cabo Delgado; e todos os moradores d'ella são obrigados a vir ouvir missa a esta egreja certos domingos e festas do anno, e na quaresma a confessar-se e commungar. Esta egreja se chama Nossa Senhora do Rosario, a qual edificou Diogo Rodrigues Correia, primeiro senhor d'esta ilha, e a deu aos religiosos de S. Domingos, com terras e palmares que tem ao redor. De que mais largamente tratarei adiante.

A primeira ilha d'esta costa indo de Moçambique para a India, é a ilha das Cabras, de que era senhor um portuguez, chamado Antonio Affonso, no tempo em que eu andava n'estas ilhas, que foi no anno do Senhor de 1592. Logo adiante d'esta está a segunda ilha chamada Fumbo; de que então era senhor Matheus Mendez, portuguez. A terceira ilha esta duas legoas adiante d'esta, a qual é a formosa ilha de Quirimba, de que são senhores os filhos de Diogo Rodrigues Correa, de quem agora fallei. A quarta ilha está uma legoa de Quirimba, chamada Ibo, de que era senhor outro portuguez. D'ahi a tres legoas está uma grande ilha que é a quinta, chamada Mâtemo, onde antigamente houve uma grande povoação de mouros, cujas ruinas o mostram ainda hoje; porque tem os portaes e janellas de muitas casas guarnecidos de columnas bem lavradas. O que tudo destruiram os portuguezes, quando foram conquistando e tomando estas terras aos mouros, tendo muitas brigas com os moradores d'estas ilhas. Nas quaes ainda no tempo que eu ahi estive, havia mouros que se lembravam dos primeiros portuguezes que passavam por cada costa, e da crueldade de que usavam com os naturaes da terra, que não queriam paz e amisade com elles; nos quaes executaram tão grande castigo, que a nenhum perdoaram a morte, nem ainda a mulheres e meninos. D'esta ilha Mâtèmo, era então senhor Lourenço Vaz de Carvalho, portuguez. D'aqui a quatro legoas está a sexta ilha, a que chamam Macoloe, de que n'este tempo era senhor João Estacio. D'ahi a outras quatro legoas está a setima ilha, chamada Xangá, de que era senhor outro portuguez chamado Domingos Cacella. Alem d'esta, obra de duas legoas está outra chamada Melinde, de era senhor um mouro, chamado Muinhe Falumé. Junto da qual, obra de uma legoa estão duas ilhas quasi juntas, que vão correndo ao mar, uma de um portuguez chamado Manuel Gomes, e outra de outro chamado Manuel Freire. D'estas ilhas ao Cabo Delgado, são quatro legoas, onde está a derradeira, chamada do Cabo Delgado, de que era senhor Jorge de Barros Botelho, portuguez. Outros ilhocos estão n'esta costa por entre as ilhas nomeadas, os quaes não aponto aqui por serem despovoados; a um d'elles chamam o ilheu das Rollas, pela grande creação que alli ha d'ellas todos os annos, e fazem grande damno nos milhos, de que todas estas ilhas se semeiam. Pelo que no tempo de sua creação se vão os moradores das outras ilhas a esta, a destruir-lhe os ninhos e quebrar os ovos, e dos filhos pequenos que acham trazem sacos cheios, mas nem isto é bastante para deixarem de ser infinitas.

Em cada ilha d'estas ha uma povoação de mouros, os mais d'elles mesquinhos e pobres, mui sujeitos aos senhores das ilhas em que moram, a quem pagam tributo cada anno, que é de tudo que semeiam e colhem na ilha, de vinte e um, afóra o dizimo, que pagam a nossa egreja.

Todas estas ilhas são muito sadias, e de mui bons ares, particularmente Quirimba e a ilha de Cabo Delgado, e a das Cabras; ainda que por serem os ares muito subtis e penetrantes, morre n'ellas muita gente de ar, particularmente velhos e meninos. Para esta enfermidade tem muitos remedios e a sabem muito bem curar, como mal continuo e caseiro. Primeiramente a toda pessoa em que dá o ar, logo a defumam com esterco de elephante, mostarda, cascas d'alhos, e uma certa semente a que chamam Ingo, que é como fizirão verde, de cheiro mui fortum. E com tudo isto junto, deitado em braseiros, vão defumando o doente duas ou tres vezes no dia, e a cabo de quatro ou cinco dias que continuam isto, fazem um excellente unguento de meia canada d'azeite de oliveira, e um quartilho de vinho branco de uvas, e pouco mais de uma quarta de páo da China desfeito em migalhas, e tudo junto ferve no fogo até que se gasta o vinho, ficando sómente um quartilho d'azeite; no qual coado deitam uma pequena porção de cera bella, para se coalhar; e assim fica feito o unguento, e com elle untam toda a parte tomada do ar, pela manhã e ao meio-dia e á noute. E d'esta maneira em breve tempo saram os doentes d'este mal, e ficam tão sãos, como se nunca lhe dera o ar. De outra mezinha usam tambem mui excellente, que é uma certa raiz de páo, a que chamam coto, moida e desfeita em agoa morna, com a qual untam a parte lesa, e saram em breve tempo.

CAPITULO VI

De algumas cousas notaveis que ha n'estas ilhas de Quirimba

Ha em todas estas ilhas de Quirimba, muitas creações de vaccas muito mansas, e os touros tambem são mansissimos. Tem sobre os hombros uma corcóva, como uma grande abobora de Guiné, que lhe desce sobre o pescoço, a carne da qual é como ubre de vacca muito gorda. Um touro velho quizeram coar em Quirimba, por não prestar ja para casta; mas não o souberam fazer, e assim morreu. Este touro viram outros do mesmo rebanho morrer e esfollar, em um campo junto do curral, onde todos se recolhiam com as vaccas; os quaes com esta vista começaram a dar tão grandes berros, e mugidos, que pareciam chorar com sentimento a morte do touro morto, do qual os mais d'elles eram filhos. E depois de tirarem a carne do logar onde o esfollaram, se foram os touros vivos áquelle logar a cheirar o sangue, arranhando a terra com as unhas, e dando terriveis e espantosos mugidos. E n'isto continuaram muitos dias á tarde quando se recolhiam do campo, particularmente um que foi continuando d'esta maneira mais de um anno, o qual touro todos os dias á tarde, quando se recolhia para casa com o mais gado, tanto que chegava ao curral, apartava-se dos outros e ia-se direito ao logar, onde vira morrer o touro, que tenho dito, e n'elle cheirava e arranhava com as unhas mui grande espaço de tempo, e depois d'isso dava dois ou tres mugidos muito grandes, e tornava-se para o curral. Isto que tenho dito, vi eu fazer a este touro, muitas vezes, achando-me no mesmo logar ao tempo que as vaccas se recolhiam do campo. No que vi claramente verificado o que refere o glorioso S. Bernardo, ácerca do pranto que fazem os touros na morte dos outros, trazendo-o em um seu sermão, onde diz que os touros quando acham outro algum morto choram e mugem sobre elle, e quasi movidos de um divino e natural sentimento de piedade e humanidade, celebram as suas exequias como se foram racionaes.

Em todas estas ilhas ha grandes creações de porcos e cabras fertilissimas, as quaes ordinariamente parem duas vezes no anno dois e tres cabritos de cada parto. Ha muitas creações de gallinhas, adens e pombas mansas, que se criam em pombaes. Tem muitos palmares que dão muito vinho e cocos. Tem algumas hortas e quintaes com romeiras, laranjeiras, limeiras e figueiras da India. Pelos campos ha muito mangericão, como alfavaca; a qual herva se dá nos mais dos campos d'esta costa. Ha grandes sementeiras de arroz, que é a principal veniaga de todas estas ilhas.

N'estas terras que tenho nomeado, ha muita herva de que se faz o anil. A qual nasce pelo campo em moutas de altura de uma vara de medir; na côr e na folha é muito similhante á arvore, mas nenhum cheiro tem. Esta herva colhem os mouros d'esta ilha para fazerem tinta azul. E depois de a terem colhido alguns dias a pisam muito bem, e assim a deitam de molho em umas gamellas d'agua onde se está curtindo e apodrecendo, e ali a vão mechendo para que se desfaça.

E depois de bem desfeita lhe dão um fervura, onde tambem a mechem e desfazem até que fica como polme, e depois d'isto a tornam a lancar em gamellas, ou pias de pedra, e a põem ao sol a curar, onde se vae coalhando e seccando e tomando a côr azul que tem, e d'ali a tiram em pedaços, secca e dura como pedra. Este e o anil de que os mouros fazem as suas tintas para tingirem o fiado d'algodão, e de seda, de que em todas estas ilhas fazem ricos pannos para se vestirem as mulheres. assim portuguezas como mouras e tambem os mouros graves. Estes pannos tecem os mouros, que n'estas ilhas ha grandes tecelões, aos quaes chamam tecelões de Miluâne, e os pannos que tecem teem o mesmo nome. E a causa d'isto é, porque antigamente moravam todos estes mouros na terra firme, ao longo d'um rio, que se chama Miluâne. Mas depois que os Muzimbas passaram por estas terras destruindo-as e comendo quanto n'ellas havia, fugiram os mouros para estas ilhas onde agora vivem e n'ellas trabalham todos em seu officio, como lá faziam; mas os pannos que ainda hoje fazem não perderam o nome de pannos de Miluâne, os quaes tambem são muitos estimados dos reis cafres de Sofala e rios de Cuama. Estas terras, que correm pelo sertão dentro d'esta costa se chamam do Embeöe.

CAPITULO VII

Da ilha do Cabo Delgado e do precioso Manná que n'ella se cria, e do coral e coco de Maldiva que se acha no mar d'estas ilhas

A ilha do Cabo Delgado está situada tres ou quatro legoas do mar, defronte da terra firme do mesmo Cabo. E' muito formosa e grande e a ultima de todas as ilhas de Quirimba. No tempo que eu estava na costa, era senhor d'ella um portuguez chamado Jorge de Barros Botelho. E' povoada de mouros e alguns gentios, como as mais d'esta costa. E' fertil de mantimentos e criacões de cabras. Nos matos d'esta ilha ha muito manná, o qual se gera e cria do orvalho do ceo, que cae sobre certas arvores que ha n'esta ilha; nas quaes sómente este orvalho se coalha em cima dos troncos e dos ramos, e das mesmas folhas, e depois de coalhado fica como assucar encandilado, pegado nos paos, a modo de resina, e pendurado das folhas, que parece estando aljofar. D'aqui o colhem os moradores da ilha, e enchem muitos azados, jarras e frascos, que vendem a todos os que por alli passam, muito barato. Este manná é doce como assucar; com elle se purgam na India, e por toda esta costa ordinariamente. Eu fui algumas vezes a esta ilha e por recreação fui ao mato em companhia dos moradores d'ella e apanhei com minha mão um frasco de manná, mais por curiosidade que por me faltar quem m'o desse; porque na ilha me davam de graça quanto eu queria. As arvores onde se coalha e cria este manná são quasi como as de esteva dos nossos mattos, assim na grandeza e feição da arvore, como na folha. E com haver n'esta ilha outras muitas arvores de differentes castas, sómente n'estas que tenho dito se acha este precioso manná.

No mar d'esta costa do Cabo Delgado se cria coral preto pelo fundo do mar, estendido em longo da feição de um rota. Não tem nós, mas tem umas raizes pequenas e delgadas como barbas, com que parece estar pegado no fundo do mar. Alguns marinheiros o tem levantado nas unhas da fateixa de suas embarcações, quando as levantam do mar. Um marinheiro me deu um pedaço d'este coral de comprimento quasi de um covado, e de grossura de uma penna de pato. Este coral quando logo sae do mar vem correento e brando, que se pode dobrar, mas depois que lhe dá o ar fóra d'agua, vae-se fazendo duro como pedra.

N'esta costa se acha pelas praias alguns cocos de Maldiva; os quaes dizem que nascem no fundo do mar, em umas palmeiras muito grossas e curtas que sempre estão cobertas d'agua em algumas ilhas alagadiças de Maldiva, situadas no mar da India, defronte da ilha de Ceylão. Estes cocos depois que são de vez e estão em sua perfeicão cahem das palmeiras e vindo acima d'agua os ventos e as correntes os levam de uma parte para outra, até que vão dar em alguma costa onde os tomam. N'esta da Ethiopia se acham muitos, os quaes são mui estimados, e dizem que são muito grande contrapeçonha.

A terra firme que corre ao longo d'estas ilhas de Quirimba e de Moçambique, até este Cabo Delgado, toda é povoada de barbaras nações de cafres, de cabello revolto, gentios, os mais d'elles macûas furados e pintados, como os de que tenho fallado atraz. Alguns cafres d'estes, que habitam perto do Cabo Delgado, já se não pintam, nem furam, nem usam de cornos, antes rapam as cabeças. Pelo sertão dentro d'este Cabo está o reino do Mongallo, cafre gentio, senhor de muitos vassallos. Suas terras são fertilissimas e abundantes de mantimentos. N'este reino dizem que está uma fonte, que converte em pedra os paos que lhe deitam dentro, de que já tratei no livro segundo.

CAPITULO VIII

Da ilha de S. Lourenço, e da morte do padre frei João de S. Thomaz que n'ella mataram os mouros

Defronte d'esta Ethiopia, de que até agora fallei do Cabo das Correntes até o Cabo Delgado, em todo este golphão, jaz a ilha de S. Lourenço, a qual tem trezentas legoas de comprido e noventa de largo, ficando entre a ilha e a terra firme da Ethiopia um braço de mar que no mais estreito tem sessenta legoas de travessa, que é defronte de Moçambique. Esta ilha foi descoberta pela armada de Tristão da Cunha quando foi á India por capitão mór, no anno do Senhor de 1506, em dia de S. Lourenço; pelo qual respeito lhe ficou o nome do mesmo santo, chamando-se antigamente Madagascar. Toda esta ilha é muito fertil, assim de mantimentos como de creações. Tem muito arroz, milho e legumes e umas certas raizes de herva saborosas e sustanciaes, de que os naturaes se sustentam muita parte do anno. Tem muitas cidras e limas muito boas; muitas cannas d'assucar, que lhe servem de mantimento e não sabem d'ellas fazer assucar; tem muito gengivre; muitas fontes e ribeiras perennes, grandes e de boas aguas, tem muitos matos, silvados e bosques desertos, em que se criam muitas feras e animaes silvestres. Tem muita caça a que os naturaes são mui dados. Acham-se n'ellas minas de ferro e cobre, de que fazem manilhas, anneis e muito boa ferramenta. Tambem dizem que tem minas de prata.

Os moradores d'esta ilha são cafres idolatras, de cabello crespo e côr baça, que tira quasi a vermelho, como os Brafijs. Usam de arcos, frechas e azagaias, com que pelejam e caçam. Não sabem navegar mais que ao longo da costa em almadias pequenas, particularmente para pescar muito e bom peixe que ha n'este mar. Onde tambem ha ambar e coral em grande copia. São governados por mais de quarenta reis que ha na ilha. Os quaes ordinariamente andam em guerra uns com os outros, e n'ellas se captivam muitos escravos, que se vendem commummente aos mercadores que tem commercio n'esta ilha.

Pela fralda do mar d'esta ilha, da parte que fica defronte da Ethiopia, vivem alguns mouros que ali vieram ter da costa de Melinde, e do estreito de Méca, os quaes se ficaram n'esta ilha para terem contracto com os gentios naturaes da terra, atravessando suas mercadorias para depois as venderem mais caras aos mouros, que ali vão do estreito de Méca, e de toda esta costa. A principal veniaga que os mouros levam d'esta ilha, é ambar e muitos escravos, para os venderem no Mar Roxo aos mouros e turcos; cousa certo muito para sentir, pois todos estes se fazem mouros, podendo facilissimamente ser christãos, se os portuguezes de Moçambique que tivessem este commercio e trato, pois lhe ficam mais perto e a conversão d'estes é certa, porque ainda que são idolatras, facilmente acceitam a lei que lhe ensinam seus senhores.

No tempo que o alferes-mór de Portugal D. Jorge de Menezes era capitão de Moçambique, estavam os mouros d'esta ilha levantados contra os portuguezes, os quaes defendiam o posto e não queriam que fossem alli fazer suas veniagas, assim pelo odio que tem aos christãos, como pelo damno que lhe faziam em seus tratos, tirando-lhe o ganho. O que podiam fazer, pois vivem no porto principal que os portuguezes vão demandar. Pelo qual respeito o dito capitão armou um navio mui bem petrechado de armas e soldados, e os mandou áquelle porto fazer o costumado resgate, dando-lhe regimento, que se os mouros não quizessem paz com Moçambique nem consentissem fazer-se o commercio com os naturaes da ilha, lhe fizessem cruel guerra, e lhe queimassem a povoação; mas acceitando as pazes se houvessem com elles amigavelmente; e depois de fazerem seu resgate, ficasse na ilha um feitor com dez soldados, para tomarem pé e fazerem assento n'ella d'ahi por diante, e que o navio se tornasse com as novas do que succedesse. E para que isto se fizesse com mais firmeza e paz, pediu ao vigario do convento de S. Domingos de Moçambique, que lhe desse um padre para mandar no navio, e ficar na ilha com os portuguezes, assim para os confessar, como para fundar casa e fazer christandade dos naturaes da ilha, como se esperava.

Offereceu-se para esta empreza o Padre Fr. João de S. Thomaz, bom letrado e pregador. E havidas as cousas necessarias para esta ida, partiu o navio de Mocambique, e chegou a salvamento ao porto da ilha levantada; mas tanto que os mouros viram o navio armado e guarnecido com gente de guerra, tiveram tanto medo, que logo lhe commetteram pazes, e acceitaram todos os concertos e partidos que os portuguezes lhe fizeram, de modo que desembarcaram todos pacificamente, e fizeram seu resgate sem contradicção alguma. Mas não se poude effectuar o principal intento, que era ficar um feitor na ilha com soldados, por respeito d'algumas differenças, que houve entre os mesmos portuguezes, de maneira que nenhum d'elles quiz ficar. Mas o padre não desistiu de sua santa tencão, antes ficou só na ilha em uma egreja que já tinha feito de madeira, esperando que logo lhe fosse companheiro de Mocambique, e tornasse o navio com as cousas necessarias para se fazer a feitoria, que o capitão mandava.

Partindo o navio para Moçambique, d'ahi a poucos mezes chegou ao mesmo porto uma naveta de mouros do estreito de Méca. E sabendo que os portuguezes lhe queriam tomar o porto, e lhe damnavam o trato que n'elle tinham, e vendo que o padre pregava livremente a lei de Christo em sua presença, não o poderam soffrer, e logo pretenderam matal-o, como fizeram, dando-lhe peçonha secretamente por meio dos mouros da terra. A qual morte o padre conheceu, e recebeu da mão dos inimigos, com grande contentamento pelo amor e fé de Christo Nosso Senhor, que pregava e confessava. Depois d'isso, no anno do Senhor de 1587, tornou o navio de Moçambique a este porto para concluir o primeiro intento. Mas achando o padre morto, e a terra levantada, lhe fez cruel guerra, destruindo a povoação e pondo tudo por terra. E d'ali se foi a outros portos da ilha a fazer o resgate; d'onde tornando para Mocambique deu novas da morte do padre, que foi muito sentida.

Logo no anno seguinte veiu ter a Moçambique uma naveta de mouros do estreito de Meca, forçada de uma grande tormenta, que a fez arribar a esta ilha, quasi perdida. A qual ia da ilha de S. Lourenço carregada para o estreito, e n'ella vinham alguns mouros dos culpados na morte do P. Fr. João, pelo qual tanto que desembarcaram na ilha, mandou o capitao chamar o ouvidor da terra, que entao era Lisuarte Caeyro da Gran, e dando-lhe quarenta soldados armados da fortaleza, lhe mandou que fosse prender todos os mouros da naveta. Aos quaes indo com este alvoroco, se ajuntaram quasi todos os moradores de Moçambique com suas armas, e deram sobre os mouros, e prenderam alguns cincoenta, e mataram quarenta, que se nao quizeram dar á prisao. O que os christãos fizeram com mais vontade movidos de uma voz que se levantou d'entre elles, que dizia: mata, mata, mouros levantados que mataram o padre Frei Joao na ilha de S. Lourenco; cuidando juntamente que o capitao os mandava matar. Os mouros antes que morressem resistiram mui fortemente com suas armas, e feriram alguns portuguezes de perigosas feridas; mas quiz Deus que nenhum morreu. Os outros mouros que ficaram vivos, estiveram presos alguns mezes, e com isso e com as mortes dos companheiros se satisfez o capitao; e depois os mandou soltar, e dar-lhe sua naveta, em que se foram para sua terra.

CAPITULO IX

Da ilha de Comoro, e de uma fonte maravilhosa, que dizem que tem, e de um caso que na ilha de Mazalagem aconteceu

Entre o Cabo Delgado, e a ilha de S. Lourenço, está situada a ilha de Comoro, em 11 gráos e meio da banda do Sul. A qual tem dezeseis legoas de comprido, e jaz mais encostada para a ilha de S. Lourenço, que para a terra firme da Ethiopia. É terra montuosa e cheia de serras tão altas que se vão ás nuvens, mui frescas, e de muitas creações de vaccas, cabras e carneiros. É povoada de cafres gentios e de mouros bravos, que são os principaes senhores d'ella. Tem commercio com os mouros do estreito de Méca, e da costa de Melinde.

Entre estas grandes serras dizem que ha uma tão alta, que a maior parte do anno está coberta de nuvens, e affumada de nevoeiros, de modo que se lhe não pode ver o cume, e d'estes nevoeiros se causa sobre ella tanta estillação de orvalho, que sempre corre do alto d'ella muita agua, que a vem regando ate os valles. Pelo qual respeito é muito fresca e fertil. Outros dizem que estas aguas são de fontes, que nascem na cabeça da mesma serra. O que tudo pode ser, pois sabemos de muitas fontes, que nascem no alto de grandissimas serras, como é aquella tao celebre entre os gentios da ilha de Ceylão, que nasce no cume de uma serra mui alta chamada o Pico de Adão, porque dizem os gentios, que d'este pico subiu ao ceo nosso pae Adão. Assim mais as fontes, que nascem no alto das serras da ilha de Santa Helena, e outras muitas, que será infinito contar.

E quanto a ser agua destillada de nuvens, tambem é cousa possivel, porque outra nuvem de maior maravilha se ve na ilha do Ferro (que e uma das sete Canarias) a qual esta sempre sobre uma arvore estillando agua, sem crescer nem minguar, verão e inverno, de noite e de dia; e nenhuma arvore se viu jámais similhante a esta; suas folhas são estreitas e muito compridas, e todo o anno estão verdes, como limos, e d'ellas está gotejando continuamente agua, que recebem da nuvem, mui clara, em umas pias que os moradores da ilha tem feito ao pe da mesma arvore, onde se recolhe toda, a qual é bastantissima para sustentar a todos os moradores da mesma ilha, gado e animaes, sem se saber até hoje a causa d'esta maravilha, nem quanto tempo ha que começou. Parece que quiz Deus prover esta ilha d'esta agua maravilhosa, porque em toda ella não ha outra fonte, nem agua doce para beber. Pelo que fica muito claro, que menos maravilha e haver uma nuvem sobre a serra do Comoro, com o mesmo effeito, onde e mais proprio crearem-se nuvens por respeito das exhalações e vapores da terra, que nas arvores.

Perto d'esta ilha estão outras tambem grandes povoadas de mouros e gentios, de cabello crespo e côr baça. Os reis e senhores d'ellas são mouros, gente muito má e atraiçoada, como tem experimentado alguns navios, que ali foram de Moçambique; os quaes chegando á estas ilhas, foram n'ellas recebidos com signaes de paz e amisade, e dando-lhe n'ellas licença para poderem os mercadores seguramente negociar e tratar das veniagas que quizessem e houvesse na terra, foram salteados, roubados e mortos pelos mouros da ilha.

Em uma d'estas ilhas chamada Mazalagem, aconteceu o caso seguinte no anno do Senhor de 1587, no qual o capitão de Moçambique D. Jorge de Menezes mandou um navio a fazer resgate á ilha de S. Lourenço, em que foi por capitão Antonio Godinho, seu creado. O qual depois de tomar S. Lourenço, e não fazer lá todo o resgate que desejava, foi ter á ilha de Mazalagem, com tenção de o fazer n'ella e carregar o navio, achando commodo para isso. Chegado ao porto da ilha, lançou ancora n'elle, e mandou a terra dois marinheiros mouros, que sabiam a lingoa d'ella, para que dissessem ao rei da ilha d'onde era o navio, e como vinha de paz a fazer resgate n'aquelle porto, dando-lhe licença para isso. O rei como era máo e atraiçoado, fingiu que folgava muito com a sua vinda, e mandou-lhe dizer que desembarcasse seguramente e fizesse o resgate que quizesse. E logo mandou chamar seus regedores e disse-lhe que tanto que os portuguezes desembarcassem, logo os prendessem, e querendo resistir os matassem, porque lhe queria tomar o navio e dar-lhe tal castigo que não tornassem mais christãos á sua ilha.

Consultada esta traição, inspirou Deus em um mancebo de dezoito annos, mouro, natural da mesma ilha que avisasse os portuguezes, parecendo-lhe mal a traição que lhe tinham ordenado. E foi-se de noite secretamente ao navio nadando, e entrando n'elle deu conta ao capitão de tudo o que estava ordenado. O qual aviso lhe dava porque já estivera em companhia de portuguezes na costa de Melinde, e sabia que era boa gente, e que se não achasse ser verdade o que lhe dizia o matasse, ou castigasse, pois o tinha em seu poder. Pelo que determinou o capitão experimentar se era verdade o que o moço lhe dizia; e no dia seguinte de madrugada mandou o batel a terra sómente com os marinheiros mouros, para que se informassem do que passava na ilha. Os quaes tanto que chegaram á praia, deram logo sobre elles muitos mouros armados, que estavam em espia, e abalroaram o batel cuidando que vinham n'elle os portuguezes. Mas achando-se frustrados de seu intento, com raiva d'isso começaram a espancar os marinheiros, os quaes se lançaram logo ao mar, e foram nadando até o navio, ficando-lhe o batel na praia.

Vendo o capitão a traição que lhe estava ordenada, e que o moço fallara verdade no aviso que lhe dera, quiz premeal-o com dadivas, e mandal-o na noite seguinte outra vez para sua terra. Mas elle respondeu que não queria tornar para tão má gente, falsa e atraiçoada; e pois na ilha já não tinha pae nem mãe, que queria ir com o capitão e ser christão, para salvar sua alma. O que poz em grande admiração aos do navio. Os quaes se partiram d'aquelle porto e tornaram para Mocambique. O moco foi posto no convento de S. Domingos, para o cathechisarem, e depois foi baptisado e chamado Joao Baptista, e foi muito bom christão. Onde se podem vêr as maravilhas e secretos juizos de Deus que chamou a este mouro por taes meios ao rebanho de suas ovelhas, tirando-o como rosa d'entre os espinhos; e póde ser que seria este predestinado para gosar da bemaventuranca dos escolhidos de Deus.

CAPITULO X

Das palmeiras que ha n'esta Ethiopia Oriental, e de seus fructos e utilidades

Em todas estas terras da Ethiopia Oriental ha muitos palmares, muito estimados pelo proveito e varios fructos que d'elles se colhem, que podem causar admiração a quem d'elles não tiver noticia. O fructo natural que d'estas palmeiras se colhe sao cocos; os quaes nascem no alto da palmeira em cachos, e ha cachos que tem sessenta cocos e mais, e muitas palmeiras que tem dez e doze cachos. Estes se criam dentro de umas cascas grossas, de comprimento de um covado ao modo de bainhas, a que os cafres chamam tombos. E depois que os cocos estão de vez para brotar, abrem-se estes tombos e apparecem os cachos dos cocos, da feição d'uma espiga de milho, e cada coco do tamanho d'uma noz, e alli se vão creando, até ficarem do tamanho e maiores que a cabeça d'um homem.

Todos estes cocos estão cheios de agua e alguns,

d'elles ha, que tem mais de meia canada; a qual é muito fria, e excellente para beber como para refrescar com ella, particularmente quando os cocos são tenros, aos quaes então chamam lanhas, e tem melhor agua para beber, que quando são grandes e duros. Estas lanhas quando são pequenas e tenras tiram-lhe a casca grossa de fóra, a que chamam cairo, e o entrecasco de dentro, que esta ainda tenro, come-se aparado, e molhado no sal, como cardo, e tem o mesmo sabor e nome. Este entrecasco depois que o coco é de vez, se faz duro e secco, e dentro n'elle se vae coalhando toda a agua que tem, e convertendo em miolo duro, de grossura de um dedo, saboroso e alvo, a que chamam coco. Este é o fructo que se colhe das palmeiras.

Do miolo do coco fresco se tira leite com que cozem arroz, ralado com um ralo e bem lavado em duas ou tres aguas, e expremido entre as mãos, de modo que lhe facam lancar toda a humidade que tem. E d'esta maneira fica o coco tão secco e miudo, como farello de pao, e pelo contrario a agua em que foi lavado fica tão grossa, que parece leite de vaccas muito alvo, ou de amendoas, e com esta agua se faz o arroz de leite tão bom que fica mais saboroso, do que podera ficar, se fôra cosido com qualquer outro leite. Este miolo de coco depois de secco e avellado, se chama copra, e serve aos gentios de mantimento, e assim o comem com o arroz em logar de conducto, o qual é muito bom, e sabe como avellãs. D'esta copra se faz azeite muito excellente, pisando a em certos engenhos, ou lagares, do modo que se faz o azeite de gergelim, como fica dito. Este azeite de coco se queima nas candeias e arde melhor e dá melhor lume, que o azeite da oliveira, e tambem é muito medicinal para as feridas, e os mais dos gentios as curam lavando-as com elle sómente.

Se querem que a palmeira dê vinho em logar dos cachos, tomam os tombos em que estao os cachos encerrados, e cortam-lhe as pontas quando já estão para arrebentar, das quaes comeca logo a gotejar uma agua solta e clara, como ca faz uma vide de parreira, quando a podam. A qual agua é um licôr suave e doce, quasi como mel, e assim fresco se bebe e é muito medicinal, refresca e engorda; pela qual razão se manda dar a doentes de febres antigas, que se não querem despedir como cá se faz aos que mandam tomar o sôro do leite. E este e o primeiro vinho da palmeira, a que chamam sura doce. Ha muitas palmeiras que tem quatro, cinco e seis tombos d'estes, que estao sempre estillando sura, e cada um d'elles da cada dia meia canada pouco mais ou menos d'este licôr, o qual se recolhe em panellas, que penduram debaixo dos tombos cortados, e n'estas panellas está pingando sempre emquanto duram os mesmos tombos, que e pouco mais ou menos vinte até trinta dias, e antes que se acabem vão nascendo e creando-se outros tombos, de modo que sempre as palmeiras tem ou poucos ou muitos que estillam sura. E a causa de se acabarem, é porque duas vezes no dia lhe cortam uma pequena parte da ponta para que corra o licôr com mais força, porque se lh a nao cortam, engrossa n'ella o mesmo licor de modo, que não pode correr. De maneira que toda a sustancia que a palmeira havia de communicar aos cocos d'aquelle cacho, se os creasse, estilla e lança fóra pelo mesmo cacho convertida n'este licôr.

D'esta sura doce se fazem tres vinhos e vinagre, mel e assucar. O primeiro vinho se faz deixando-a estar dois ou tres dias em algum vaso, onde se azeda, e alli está fervendo com grande impeto, como faz o mosto das uvas, e d esta maneira o bebem ordinariamente os mais dos gentios, e com elle se embebedam, se bebem mui demasiadamente, porque e mui fumoso.

O segundo vinho se faz estillando esta sura azeda em um engenho a modo de lambique, a que chamam batî, e todo o licôr que d'alli sahe estillado é o segundo vinho, a que chamam urraca. O qual é muito melhor que o primeiro, mais forte e fumoso, quasi como agua-ardente, e embebeda mais que a sura azeda.

O terceiro vinho se faz d'esta mesma urraca deitando-lhe dentro passa de uvas pretas em quantidade que tinja o vinho, e nas pipas está fervendo com esta passa vinte ou trinta dias, até que se assenta a balsa no fundo da pipa; e depois de assentada se trasfega o vinho tinto para outra pipa vazia, d'onde bebem depois de se compor alguns mezes, e quanto mais velho e melhor sabor tem, e é mais estimado. A estes chamam vinho de passa, que e o vinho ordinario que bebem os portuguezes na India, e algum d'elle é tao bom, que lhe não faz vantagem o de Portugal, e embebeda como elle.

O vinagre se faz d'este vinho, quando se damna, ou da mesma sura, deixando-a azedar muitos dias, ou das balsas, que ficam nas pipas, deixando-as tambem azedar, e depois de bem azedas, deitando-lhe agua dentro, da qual se faz vinagre. E todas estas tres castas de vinagre são fortes e temperam muito bem os comeres, como o bom vinagre de Portugal.

O mel se faz da sura doce, logo quando se colhe da palmeira, o qual cosem muito bem ao fogo em um tacho, ou caldeira, e alli ferve tanto, ate que fica em ponto, do modo que cá se faz o arrobe do mosto das uvas. Mas este mel da palmeira e muito melhor, mais alvo e mais doce.

D'este mel se faz o assucar, deixando-o ferver no fogo tanto, até que se coalha de todo, e fica duro, indo-lhe sempre tirando a espuma, que faz emquanto ferve. E depois de tirado do fogo, se acaba de apurar e aperfeiçoar fora, curando-se ao sol, como se faz ao assucar de canna, com o qual se parece muito, assim na côr como no sabor. E a este se chama na India, iagra.

CAPITULO XI

De outras particularidades e utilidades da palmeira

Quando querem fazer palmares, semeiam estes cocos inteiros, com a sua casca e cairo, que tem de fora, enterrados um palmo debaixo da terra, pouco mais ou menos, todos juntos em algum logar humido, para que nascam depressa, ou onde lhe possam lançar agua cada dia. E n'este logar estão até que nascem, e lançam pelo olho um palmito de comprimento de um covado. E então os tiram d'aqui, e os dispõem no campo, onde se ha de fazer o palmar, quatro braças apartado um pé do outro, e enfiados de modo que ficam fazendo ruas mui largas e direitas, e depois que são de sete ou oito annos começam a dar fructo.

Se querem comer o miolo d'estes cocos nascidos, abrem-lhe a casca e acham dentro uma maçã muito alva e formosa, do tamanho de todo o vão do coco, a qual se creou, e formou do miolo e agua, que o coco tinha em si. Este pomo é muito saboroso, tenro e frio. Muitas pessoas mandam semear estes cocos, sómente para comerem as macãs, tanto que começam de nascer.

O olho d'estas palmeiras se come tambem e é muito excellente e saboroso, ao qual chamam palmito. Quando querem comer estes palmitos cortam as palmeiras pelo pé, e depois de lhe cortarem todas as palmas do olho, e a casca de fora, fica o palmito limpo, alvo e formoso, de mais de um covado e de quatro a cinco palmos de roda.

Das folhas da palmeira fazem coberturas para as casas que servem em logar de telhas tecidas umas com as outras; as quaes vedam muita chuva, e duram quatro a cinco annos. Do entrecasco duro dos cocos fazem na India carvão para os ourives, o qual é muito forte e faz muito boa obra.

Das cascas de fora d'estes cocos, a que chamam cairo, se fazem cordas da maneira seguinte: Mettem estas cascas em covas debaixo da terra e alli estão apodrecendo, e curtindo-se certo tempo e d'alli as tiram e pisam, como cá fazem ao linho, até que ficam desfeitas, como estopa, e assim desfeito este cairo, o torcem á mão ou com engenho de cordoeiro, e tambem o fiam á roca, e d'estes fios fazem todo o genero de cordas, que servem na India, as quaes são mui fortes, chamam-lhe cordas de cairo, e d'estas fazem mui grossos calabres e amarras que servem nas naus da India.

Dos troncos velhos e duros d'estas palmeiras fazem taboado, e d'elle embarcações, particularmente nas ilhas de Maldiva, onde ha muitas, todas de palmeira, assim o casco do navio, mastro, vellas e cordas, como as mercadorias, que n'ellas se embarcam, como são copra, cordas de coiro, azeite de coco, vinho estillado, a que chamam nipa, assucar, a que chamam iagra e tambem muitos cocos frescos, de cuja agua bebem em toda a viagem, sem haver mister outra aguada.

De modo que d'estas palmeiras se colhe mantimento como são cocos, maçãs, palmitos e cordas, quatro castas de vinho e trés de vinagre, mel e assucar, azeite, agua, madeira, carvao, cordas, vellas para embarcações, coberturas para casas, e lenha para queimar. Além de tudo isto, os palmares em si são formosissimos e deleitosos á vista, porque todo o anno estao verdes e frescos, e fazem mui boas sombras. E com razão podem estas arvores ser tidas pelas melhores e mais proveitosas que ha no mundo.

Outra casta de palmeiras bravas ha pelos mattos de Sofala, pequenas e delgadas, a que os cafres chamam muchindos, e os portuguezes palmitos; das quaes se colhe o vinho em certos mezes do anno, cortando-lhe o olho, d'onde corre muito em panellas, que lhe põem debaixo. Os olhos d'estes palmitos tambem se comem, mas nem elles nem o vinho que d'elles se tira é tão bom como o das outras palmeiras.

No reino de Mexico ha outras arvores, quasi similhantes a estas nossas palmeiras mansas, nos proveitos e fructos, que d'ellas se colhem, os quaes se chamam Maguei, e d'ellas se tira vinho, vinagre e mel; de duas folhas cortidas na agua como linho, se faz muito fio, de que tecem mantas e fazem linhas, com que as cozem, e cordas fortes e de muita dura. Os troncos d'estas arvores servem de vigas, com que emmadeiram as casas, e as folhas de sua cobertura em logar de telha. Das contas d'estas folhas se tiram umas agulhas duras, como ferro, com que cozem os vestidos, sapatos e alparcas, que fazem do mesmo fio d'estas arvores; mas as nossas palmeiras fazem vantagens em muitas cousas.

CAPITULO XII

De quatro pragas geraes, que houve n'esta Ethiopia em nossos tempos e de tres generos de doenças mui ordinarias n'esta costa

QUATRO castigos ou pragas geraes, houve n'esta costa em nossos tempos. A primeira foi a guerra dos Zimbas, de que já fallei atraz, que no anno de 1589 atravessaram muita parte d'estas terras, matando e comendo quanto achavam, assim gente, como brutos animaes, sem perdoarem a cousa viva; de maneira que se pode dizer, que estes barbaros foram um fogo abrazador e consumidor de meia Ethiopia.

O segundo castigo, que no mesmo tempo tiveram estas terras, foi uma cruel praga de gafanhotos, que por ellas passaram, mui grandes e em tanta quantidade, que cobriam as terras; e quando se levantavam no ar faziam tão grande nuvem, que as assombrava. E tanto damno fizeram n'ellas, que comeram todas as searas, hortas e palmares, que havia por onde passavam, deixando tudo tão secco e queimado, como se lhe pozeram o fogo; de maneira que nem d'ali a dois annos tornaram a dar fructo; pelo que houve grandissima estirilidade em todo este tempo, e fome, de que muita gente morreu. Esta fome foi o terceiro castigo d'esta Ethiopia, porque houve tanta falta de mantimentos, que os cafres se vinham vender e captivar, sómente pelo comer, e vendiam seus filhos a troco de um alqueire de milho, e os que não achavam este remedio pereciam á fome. De modo que morreu n'este tempo grande parte da gente d'estas terras.

O quarto mal, e trabalho que houve n'esta cafraria, foi uma grande doença de bexigas, de que tambem morreu grande numero de gente. Esta enfermidade em toda esta costa e como fina peste, porque na casa em que dá todos mata, assim homens como mulheres e meninos, e mui poucos escapam d'este mal, porque o não sabem curar. Os que se sangram muito morrem, e da mesma maneira os que se nao querem sangrar. Mas o mais certo remedio e sangrarem-se logo em lhe dando. Não se pegam estas bexigas aos portuguezes, inda que tratem com os cafres doentes, salvo ás creanças de tenra edade. Em todas estas partes do Oriente não ha, nem se sabe que houvesse peste em algum tempo; o que deve ser por causa d'estes climas serem muito quentes, e gastarem os vapores e ares grossos, de que ordinariamente se gera este mal, mas em seu logar ha estas bexigas mui ordinarias, tão contagiosas como a peste. Algumas vezes vem estas bexigas mais brandas e menos perigosas, de modo que não matam.

Outra doença ha em toda esta terra de Sofala, rios de Cuama e Moçambique, mui pegadiça a todo o genero de homem, a qual é causada pelas negras d'estas terras, porque muitas d'ellas, particularmente as escravas dos portuguezes, se acertam de conceber, e não querem que o parto venha a lume, tomam uma beberagem do summo de uma certa herva, que n'estas partes ha, e logo movem com ella; mas depois do movito ficam tão apeçonhentadas, que se não pegam aquelle mal a algum homem por meio de ajuntamento, vão-se seccando, e consumindo pouco e pouco, até que morrem. Pelo que depois de moverem, logo buscam algum homem, a quem peguem esta enfermidade, para ficarem com saude; e o homem fica tão apeçonhentado, que raramente escapa da morte, porque logo no mesmo instante se lhe causam tão grandes dôres nas virilhas, que d'ellas morrem em poucos dias. E já aconteceu a alguns d'estes em acabando este acto deshonesto, acabarem juntamente a vida. A esta enfermidade chamam entaca, e contra ella ha um só remedio, que é beber o summo de outra herva contrapeçonha da que tomam as negras para mover, com a qual beberagem escapam da morte. Mas para aproveitar esta mésinha ha de ser tomada no mesmo dia em que o mal se pegou, porque se lhe dilatam a cura, logo lavra a peçonha até chegar ao coração, e já então não tem remedio. D'estas duas hervas ha muita quantidade na terra firme de Moçambique, mui conhecida de todos.

Outro genero de doença ha sómente em Moçambique, que vem a muitas pessoas, sem se saber de que procede, a qual é, privar da vista de noute, não sómente a portuguezes, mas tambem a cafres, sem lhe causar dôr nem pena alguma, mais que a de não poderem vêr de noute; e esta cegueira lhe começa desde que se põe o sol ate que torna a nascer, no qual tempo nenhuma cousa veem, ainda que faça muito grande luar, e tão cegos ficam, como se o fossem de sua nascença. Mas tanto que o sol nasce, logo tornam a ver muito bem, e todo o dia veem, inda que o sol ande encoberto. Dizem alguns, que os figados do cação assados nas brasas e comidos, são remedio com que se tira este mal. Outros dizem, que lavando os olhos com agua dos bebedouros das pombas, tambem saram. Outros affirmam, que todo o que tiver este mal, se se fôr de Moçambique para outra qualquer terra, tambem se lhe tirará, e verá de noute como d'antes.

Quando os cafres tem dôres de barriga, cingemse com uma corda, ou correia de casca de pao, como de trovisco, e com ella apertam muito a barriga, e quando lhe doe a cabeça fazem o mesmo, atando uma fita d'estas pela testa mui apertada, e dizem que assim se lhe tiram as dôres, e saram mais depressa, e n'isso tem muita fé.

CAPITULO XIII

Dos elephantes d'esta Cafraria, e de como os cafres os matam

Em toda esta cafraria se criam muitos elephantes mui grandes, e bravos; os quaes são mui damninhos nas sementeiras do milho e arroz, o qual comem e pisam, de que os cafres recebem muita perda Além d'isso fazem grande damno nos palmares, derrubando-lhe as palmeiras para lhe comerem os palmitos. Os cafres lhe armam de muitas maneiras. A principal e mais ordinaria, e menos perigosa para os caçadores, é fazendo-lhe covas pelos mattos, muito compridas, fundas e largas, cobertas de rama e de herva, com terra por cima, de modo que se não enxergue a cova, onde se os elephantes cahem, não se pódem mais tirar, e ali os matam sem trabalho.

Outro modo tem de caçar os elephantes, e e quando estão dormindo, o que é facil de saber, por que o elephante quando dorme resona e ronca tão grandemente, que o ouvem de muito longe, e tem o somno tão carregado, que se chegam os cafres caçadores a elle muito manso, sem serem sentidos, e mettem-lhe pelas virilhas uma azagaia, cujo ferro é de meio palmo de largo, ao modo de choupa, e de comprido dois palmos, sahida na ponta mui aguda e cortadora, feita sómente para esta caca dos elephantes. E depois de lh'a pregarem, fogem mui ligeiramente e embrenham-se pelos mattos, até que se vão para suas casas. O elephante ferido acorda logo com a dôr da ferida, e levantando-se com grande furia, acaba de metter a azagaia pelas tripas, carregando sobre ella quando se levanta, e logo começa de se vasar em sangue. E d'esta maneira vae fugindo e bramindo pelos mattos, até que se lhe esgota o sangue todo, e morre. No dia seguinte tornam os cacadores ao logar onde o feriram, e o vão seguindo pelo rasto do sangue até que dão n'elle, ou morto de todo, ou já tão desmaiado e desfallecido, que se não póde bulir, e alli o acabam de matar. Este modo de cacar é mais perigoso aos caçadores, porque algumas vezes acham os elephantes pouco feridos, e são mortos por elles. Esta caçada fazem os cafres ordinariamente em noutes de luar, assim para que vejam os elephantes e os vão seguindo e vigiando, até que se deitam a dormir, como é seu costume, como tambem para verem o modo que hão de ter para chegar a elles para os ferir.

Tanto que os caçadores tem morto algum elephante, vão chamar sua familia, parentes e amigos, e vem-se todos ao logar onde o elephante jaz morto, e alli o comem assado, e cosido, sem fazerem outra cousa em todo este tempo. E posto que o elephante morto logo aos tres dias cheira tão mal, que não ha podel-o soffrer, nem por isso deixam de o comer, até que não fica d'elle cousa alguma, como cães encarniçados em corpo morto.

A causa principal porque os cafres armam aos elephantes e os matam, é para lhe comerem a carne, e depois d'isso para lhe venderem os dentes, que é o marfim, de que se fazem todas as peças, e brincos, que da India vem para Portugal, e é a principal veniaga d'esta costa, da qual se levam cada anno para a India mais de tres mil arrobas; porque estando eu n'esta fortaleza de Sofala, vi um anno ao capitão, que então era d'ella Garcia de Mello, mandar ao alferes-mor capitão de Moçambique, seu cunhado, um bares de marfim, que tem cada um dezeseis arrobas, e por aqui se pode colligir todo o mais marfim, que se tira d'esta costa, onde ha grande trato d'elle, como é no rio de Lourenço Marques, no Cabo das Correntes, e rio de Inhambane, nas ilhas de Angoche, rios de Cuama, na costa de Quirimba, e na de Melinde. D'onde claramente se deixa vêr o numero de elephantes, que ha n'esta Ethiopia, e a multidão que d'elles se mata cada anno, pois de cada um se não tiram mais que dois dentes.

Estes dois dentes são as presas da bocca, com que trabalham e pelejam. Estão mettidos no queixo debaixo mais de um covado, e sahem-lhe fóra da boca outro tanto, e mais; e alguns d'elles são muito grossos, e muito maiores do que tenho dito, particularmente os de elephante velho. Garcia de Mello, de quem agora fallei, teve dois dentes na sua feitoria, ambos de um elephante, que pesavam um bar que são dezeseis arrobas, oito cada dente. Estes vi eu e outros muitos quasi tão grandes como estes.

Todos os elephantes se deitam no chão, e dormem deitados, e roncam muito alto, como tenho dito; d'onde se vê bem claramente o engano, que alguns tiveram em dizerem, que os elephantes não se deitavam, e por isso dormiam encostados ás arvores, e que para os matarem, lh'as serravam pelos matos onde andavam, deixando-as em pé meias serradas, para que encostando-se os elephantes a ellas para dormir, cahissem juntamente no chão com elles; e assim por serem mui pezados, e não se poderem levantar, os matavam. O que tudo é falso, porque inda que os elephantes sejam muito grandes, e pareçam carregados, comtudo tem muita fôrça para se poderem menear, e andam, e correm muito, como lhe eu vi fazer muitas vezes.

Os elephantes de Ceylão são mais pequenos de corpo, que todos os das outras partes, segundo dizem. Mas são mais nobres, e mais reaes, que todos, e de maiores forças. Pelo que todos lhe tem sujeição e medo. Isto se tem experimentado em algumas partes da India, onde ajuntaram uns e outros. El-rei de Camboja dizem que teve antigamente um elephante branco, outros que o rei de Syão, sobre que houve grandes guerras com o de Pegu, pretendendo cada um que fosse seu, por ser uma cousa nunca vista. Dizem os cafres que os elephantes vivem trezentos annos, e que não geram nem parem, senão de cem annos para cima, porque até então são creanças. De cada parto parem um filho, o qual criam a duas tetas, que tem como vaccas.

CAPITULO XIV

De um caso que succedeu em Moçambique na morte de um elephante, e do caçador que o matou.

UMA tarde, estando eu com outros religiosos na terra firme de Mocambique, chamada Cabaceira, em um palmar do nosso convento, subitamente veiu dar comnosco um elephante bravo e mui assanhado, dando grandes bramidos; do qual não poderamos escapar com vida, se nos vira; mas quiz Deus que antes que chegasse nos mettessemos na ermida que alli temos, e elle foi passando sem nos vêr. D'ahi a perto de meia hora veiu da mesma parte um cafre gentio, chorando e lamentando a morte de um seu irmão, que lhe matara aquelle elephante. E o caso foi, que este morto era um cafre macûa, grande caçador de elephantes, o qual a noite atras foi seguindo dois d'elles pelo rasto, até que se deitaram a dormir dentro n'um matto espesso, como é seu costume; e depois de dormirem e roncarem, chegou o caçador a um d'elles, e metteu-lhe com ambas as mãos uma azagaia pelas virilhas, e fugiu para sua casa. O dia seguinte tornou com este seu irmão, que o chorava, em busca do elephante ao logar onde o deixou ferido, e achando grande quantidade de sangue, foram ambos pelo rasto d'elle dar com os elephantes juntos d'uma ribeira, que perto d'alli estava; onde viram estar o ferido á borda da agua, em pé sem se bulir, já mui desfallecido do muito sangue que se lhe tinha ido, e o outro estava dentro na ribeira tomando agua com a tromba, e borrifando o rosto do elephante ferido muito a meudo, porque nao desmaiasse de todo. Isto estiveram vendo os dois irmãos grande espaco de tempo, sem serem vistos, nem sentidos dos elephantes; mas enfadando-se o caçador de esperar tanto que o ferido morresse, se chegou mais perto d'elle e deu-lhe um brado para que se inquietasse e virasse para quem lhe bradava, porque entendia que tanto que se bolisse havia de cahir logo no chão de fraqueza, e assim o acabaria de matar, como costumam fazer a outros. A cujas vozes acudiu o outro, que não estava ferido, e antes que o negro cacador se lhe escondesse, foi d'elle visto e morto. E n'este mesmo tempo cahira no chão o elephante ferido, querendo-se bulir, e morreu juntamente com o cacador que o matou. Com cujas mortes ficou o elephante são mui assanhado, e veiu fugindo e bramindo pelos palmares que perto estavam, como tenho dito.

Vendo nós o caso que o cafre nos contou, fomos ver os dois mortos, elephante e caçador, seguindonos mais de vinte cafres e indios e alguns misticos, que se ajuntaram d'aquelles palmares, e tanto que chegámos a elles mandamos os cafres que enterrassem o caçador no mesmo matto, onde estava morto. Depois d'isso começaram cortar no elephante para levar cada um para casa seu quinhão. E sobre esta repartição houve tantas brigas e differenças entre os cafres, que se nós alli não estiveramos, se houveram de matar. De modo, que estivemos alli a requerimento dos mesmos cafres, como juizes, repartindo-lhe os logares no corpo do elephante, onde cada um fosse cortando e tirando a carne que quizesse, ficando para o irmão do morto os dentes, uma perna inteira e a tromba, que é a cousa que os caçadores mais estimam, porque com ella ganham muito levando-a pelas aldeias e logares dos cafres, e mostrando-a, como em Portugal fazem com pelle de lobo ou de rapoza, e os cafres vendo-a, lhe dão sempre alguma cousa, pelo odio que teem aos elephantes, por serem muito damninhos e destruidores de suas searas.

Este elephante jazia de barriga, e os cafres lhe fizeram no costado duas portinholas, tirando-lhe primeiro d'aquelles logares dois pedaços de couro, como duas adargas, que tinham de grossura mais de um dedo. E depois lhe foram tirando a carne, e quebrando as costas com machados, até que lhe fizeram duas janellas mui grandes, por onde lhe tiraram as entranhas. As tripas ordinarias tinham mais de dois palmos de roda. O coração era muito maior, que um grande bucho de boi; e assim quando o abriram pelo meio, lançou de si quatro ou cinco canadas de sangue. Os figados e bofes eram tamanhos, que se não pode crêr sua grandeza. Depois que lhe tiraram as entranhas entraram dois cafres dentro pelas janellas, como quem entra em uma casa, e lá por dentro envoltos no sangue, e gordura andavam com grande festa tirando-lhe as banhas e sebo, e infinita gordura, de que encheram muitas gamellas e outros por fóra cortavam a carne, de modo, que estavam dez ou doze cafres a cortar n'elle, e outros tantos se occupavam em acarretar a carne para suas casas. A carne d'estes elephantes toda é entresachada com gordura ou sebo, do modo da carne de porco, porque tem uma cama de fevera, e outra de gordura, e d'estas camas tem tres de carne e tres de gordura entre a pelle e as costas, que virá toda junta a ser quasi meio palmo de carne.

CAPITULO XV

Dos elephantes da India, e de algumas cousas notaveis que fizeram

ALGUNS elephantes de El-Rei andam na ribeira da cidade de Gôa occupados no serviço d'ella, o qual fazem por mandado dos Nayres, que os governam a que obedecem e intendem tudo quanto lhe dizem e mandam, como se fossem racionaes.

De um elephante d'estes, que houve na ribeira se conta, que tendo o Nayre rota a caldeira, em que lhe fazia de comer, e dizendo-lhe que não tinha em que lh'o fazer, e mostrando-lhe a caldeira assim rota, lhe disse: hoje teras paciencia que não has de comer; pelo que o elephante tomou a caldeira com a tromba, e foi se ao ferreiro de El-Rei, que trabalha na mesma ribeira, e metteu-lhe a caldeira na mão. Vendo o ferreiro que a caldeira estava rota, intendeu que lh'a trazia para a concertar, e assim o fez, e tornou-lh'a a dar concertada, esperando elle sempre por ella, sem se tirar da porta do ferreiro até que lh'a concertasse. E depois que lh'a entregaram foi-se com ella ao rio, que estava defronte, e metteu-a dentro, e levantando-a para cima cheia de agoa com a tromba, olhava por baixo, para vêr se se ia como d'antes, e vendo que não, se foi com ella para casa, e a deu ao seu Nayre, para que lhe fizesse de comer.

Outro elephante houve n'esta ribeira chamado Perico, muito nomeado e conhecido na India. Este era grande bebado, e todas as vezes que passava por alguma casa, onde estivesse ramo de vinho, se punha á porta e mettia dentro a tromba, e não se bulia d'alli, até lhe não darem de beber. Os taberneiros, que já lhe sabiam esta manha, tanto que o viam á sua porta, lhe deitavam vinho na tromba, que elle aparava para isso, e n'ella o recolhia, e bebia, fazendo muita festa; e depois d'isso fazia seu caminho. Algumas pessoas que lhe sabiam esta habilidade, lhe davam dinheiro para um quartilho, ou meia canada de vinho, o qual dinheiro elle tomava na tromba, e levava logo á taverna, e dando-o ao taberneiro, aparava a tromba, para lhe medirem n'ella o vinho, e se lh'o não dava muito bem medido, que trasbordasse por fóra da medida, não o queria tomar.

Todos os elephantes tem certo tempo, em que andam no cio; no qual ficam muito mais bravos, e furiosos do costumado. E até estes mansos, que andam em Gôa, n'este tempo ficam muito bravos, e não ha pessoa a que não remettam, e tratem muito mal se a podem apanhar. Mas os Nayres, a quem sómente tem obediencia, os prendem com umas cadeias de ferro pelos pés em umas arvores fóra da cidade, onde estão presos todo o tempo do cio, e alli lhe dão de comer, e com estarem n'este tempo mui furiosos e bravos, nem isso basta para deixarem de reconhecer a obediencia que tem a seus Nayres, para com os quaes sempre estão mansos, e humildes.

Succedeu um anno, que este elephante Perico, dando-lhe esta paixão, foi fugindo pela cidade bravo como um touro, e muita gente apoz elle correndo e bradando que fugissem d'elle, e passando d'esta maneira pela porta d'uma taberna, onde lhe costumavam dar de beber, achou uma creanca da mesma casa na rua, conhecendo-a, teve-lhe tanto respeito, que nenhum mal lhe fez, antes a tomou com a tromba mansamente, e a poz sobre o telhado da casa, que era terrea, no que fez grande bem á creança, porque além de a não matar, a livrou de a poder pisar a multidão de gente que apoz elle vinha correndo desatentadamente.

De outro elephante da ribeira se conta, que andando um dia ajudando a lançar os navios da armada ao rio, lhe mandou o Nayre, que pozesse a cabeça na pôpa de um navio, e que o lancasse ao rio, como costumavam sempre fazer. Poz o elephante a cabeça no navio, e fez força para o lançar por duas vezes; mas não poude, porque o navio era muito grande e pesado. Pelo que pelejou o Nayre com elle, chamando lhe fraco e molle, que sendo vassallo d'El-Rei de Portugal tão poderoso, não prestava para deitar um navio ao mar. O elephante tomou estas palavras em grande affronta, e em caso de honra. Pelo que remetteu terceira vez ao navio, e pondo-lhe a cabeça, fez tanta força, que o lançou ao mar, e juntamente arrebentou, e cahiu logo morto.

Um elephante novo do tamanho de um boi, veiu na náo de S. Simão, em que eu vim da India para Portugal no anno do Senhor de 1600, o qual mandava o conde D. Francisco da Gama, vice-rei da India, para El-Rei Philipe, nosso senhor. Este elephante entendia quanto lhe dizia o Nayre, que vinha com elle, não somente na lingua em que os criam, mas tambem na lingua portugueza. Algumas vezes me succedeu ir onde estava este elephante. O qual em me vendo, ensinado pelo Nayre, me fazia muitas mezuras, com a mão para traz, como nós fazemos com o pé, e grande inclinação com a cabeça, e me tomava a mão com a tromba, e a beijava. Algumas vezes, que o Nayre deixava este elephante só, indo pela náo fazer o que lhe era necessario, dava tão grandes bramidos e urros, que atroava toda a náo, e chorava lagrimas que lhe corriam dos olhos, como um menino podia fazer por sua mãe, ou ama. Bailava ao som que o Nayre lhe fazia com um ferro, movendo todos os quatro pés, e meneando o corpo, e colleando a cabeça, como que gostava do som que lhe faziam. Outra mudança fazia tambem, que era bater com uma só mão no chão a compasso, e pancada do som que lhe faziam, sem errar passo, com os mesmos meneios do corpo e cabeça, e mostras de bailar.

CAPITULO XVI

Das baleias e espadartes que ha em toda esta costa da Ethiopia

Ha em toda esta costa da Ethiopia muitas baleias e espadartes, que são quasi tão grandes como ellas. Os quaes dois generos de peixe todas as vezes que se encontram pelejam cruelmente, e as mais das vezes sobre a agua. E a causa é, porque o espadarte, quando peleja, para ferir melhor a baleia, dá um grande salto para o ar, e virando sobre ella de cabeça, a fere com a espada que tem na ponta do focinho, cheia de mui duros e agudos dentes, ao modo de serra. A qual espada é de osso mui duro, de mais de um covado de comprido, e mais de meio palmo de largo. Da terra os viamos muitas vezes pelejar no mar de Moçambique, e as náos da India os encontram muitas vezes pelejando d'esta maneira, quando vão ou vem por esta costa.

Na terra firme de Moçambique, entre uns baixos, que estão na barra, a que chamam Luxaca, deu uma baleia á costa, e outra em Sofala na praia. chamada Maçamzane, no tempo que eu estava n'estas terras, mas nenhuma d'ellas vi inteira, porque quando soubemos que estavam alli, indo para as vêr, já os cafres as tinham quasi desfeitas, e levado a maior parte da carne, a qual é gordissima e d'ella fazem muito azeite, pondo-a a derreter em tijellas, como fazem á banha de porco. Os cafres comem os torresmos que ficam, e com o azeite se allumiam, e comem seu milho. Este azeite cheira mal, mas allumia bem. Dos nós do espinhaço fazem tripeças, em que se assenta uma pessoa folgadamente.

São tantas as baleias n'esta costa, que muitas vezes andam em bandos, particularmente entre as ilhas de Moçambique que estão na barra, onde vi um dia á tarde entrar pelo rio dentro cinco, todas enfiadas, e assim passaram ao longo da fortaleza pelo meio do canal, e deram uma volta dentro na enseada que está entre a terra firme e a ilha, e depois se tornaram a sahir pelo rio fóra, como entraram. As baleias não tem ambar no bucho, como algumas vezes ouvi dizer n'este reino a pessoas que d'isso tinham pouca noticia; verdade é, que dizem os mouros pescadores d'esta costa, que as baleias o comem, e o vomitam mui negro e mole, como massa, e de ruim cheiro. Mas eu não sei que certeza, ou experiencia elles d'isto tenham, salvo cuidarem que o ambar preto, que muitas vezes se acha nas praias languinhoso e de ruim cheiro, é vomitado da baleia.

Os pangaios, que no mar se encontram com estas baleias, correm muito perigo, porque ellas lhe vão no alcance para pelejarem com elles, como fazem com os espadartes, cuidando (segundo parece) que são outros peixes grandes, que vão nadando, e por isso remettem ás embarcações, e lhe dão focinhadas e encontros, o que já algumas vezes aconteceu, particularmente á uma, que vinha dos rios de Cuama para Moçambique carregada, em que vinha D. Fernando de Monroy, capitão que então era d'esta fortaleza. O qual perto das ilhas de Angoxa encontrou com uma baleia, que o veiu seguindo quasi um dia, e por duas vezes remetteu á embarcação, e d'uma d'ellas lhe deu tal encontro, que lhe levou fóra o leme, e a teve quasi virada. Vendo-se os que n'ella iam arriscados, receiando que se lhe désse outro encontro, os mettesse no fundo, foram-lhe fugindo para terra, com determinação de darem á costa, se a baleia os não deixasse, e juntamente lhe deram grandes brados, e lhe tangeram com uma bacia de cobre, e batéram com ferros na pôpa do pangaio. Com o qual estrondo a baleia não tornou mais a encontral-os, mas de longe os foi ainda seguindo mais de duas horas.

Um peixe deu á costa na ilha de Moçambique, defronte da porta da cerca do nosso convento de S. Domingos, o qual depois que vaşou a maré ficou em secco na praia. Os escravos de casa accudiram logo, e vendo o peixe chamaram os religiosos, que o fossem vêr, porque era monstruoso e nunca visto. Tinha este peixe de comprimento dezenove palmos, e no mais grosso do corpo tinha oito em roda. As quaes medidas lhe mandámos tomar com uma corda, antes que o cortassem, porque nós fomos dos primeiros que chegámos a elle. Logo se ajuntou muita gente da ilha n'este logar, e todos começaram a cortar no peixe, e levar para suas casas. E cuido eu que pouca gente ficou na ilha que d'elle não levasse quinhão. Este peixe era da feição de um cação, ou espadarte, mas não tinha espada no focinho, nem menos era baleato, porque estes tem a pelle mais preta, e outra feição de cabeça, e a boca muito mais larga. E assim não houve pescador, nem marinheiro que soubesse a casta d'este peixe.

CAPITULO XVII

Das tartarugas, que se pescam n'esta costa, até o Cabo Delgado

Por toda esta costa de Moçambique, até o Cabo Delgado, ha muitas tartarugas da feição de um cágado, e do tamanho de uma grande rodela. Estas sahem do mar em certos tempos a desovar nas ilhas desertas, e deshabitadas, onde fazendo uma cova com as unhas nos areiaes da praia, põem n'ella de uma postura trinta, até quarenta ovos, e tornando-os a cobrir com a areia, se recolhem outra vez para o mar. Estes ovos são do tamanho de ovos de gallinha, redondos, não tem casca, senão uma pelle muito dura e grossa; tem gemma, como ovo de gallinha, mas a clara é liquida, e solta como agua. Estes ovos estão debaixo da terra certo tempo, no qual se chocam, e se geram d'elles as tartarugas, sómente com as influencias do sol, sem mais beneficio da mãe que os poz; e depois de nascidas, ellas mesmas sahem da areia, e caminham para o mar, onde se criam.

Os naturaes d'estas terras sabem já o tempo em que as tartarugas sahem a desovar em terra e vão-se pôr nas praias para as vigiar e espreitar, quando sahem fóra do mar e como as vêem em terra, correm a ellas e viram de costas as que podem alcançar, do qual modo ficam sem se poderem mais bulir e assim as matam, e tiram-lhe a carne de dentro para comer e as conchas de cima das costas sómente, que são as que prestam e vendem. Das quaes fazem na India os cofres e brincos de tartaruga, que vem para este reino.

Os pescadores matam as tartarugas no mar de differente e estranha maneira. Primeiramente, pescam em certas paragens do mar ao longo da costa entre pedras uns peixes de comprimento de dois palmos, a que os mouros chamam sapi, tão inimigos das tartarugas, como o forão do coelho. Este sapi tem pelle muito parda, que vae tirando a preta, o focinho comprido, e delgado e na ponta d'elle uma tromba como porco. Tem um pescoço de meio palmo e sobre elle da parte de cima uma concha do mesmo comprimento e de tres dedos de largura, a qual é de couro, dura e esponjosa, toda arregoada, com a qual se pega nas pedras como fazem as sanguesugas e a mesma propriedade tem de chupar sangue. E por essa razão quando encontram as tartarugas, remettem a ellas e ferram-lhe do pescoço ou d'uma ilharga com esta concha e com ella lhe chupam tanto sangue, até que se fartam, deixando-as quasi mortas, sem ellas lhe poderem resistir, nem fugir, por serem muito grandes e carregadas e o peixe sapi mui ligeiro.

Tanto que os pescadores tem tomado algum d'estes peixes, logo o deitam em uma gamella de agua salgada e o trazem na embarcação em viveiro e lhe atam no rabo uma linha de pescar muito comprida, e d'esta maneira o levam e vão pelo mar em busca das tartarugas, que ordinariamente andam sobre as aguas, e como vem alguma lançam-lhe o peixe preso pelo rabo, como quem lança forão atrellado a coelho, e o peixe remette logo a ella com tanta furia, como se estivera solto e não tivera recebido algum escandalo do anzol com que foi pescado, ou da prisão em que andava. E em lhe chegando se aferra n'ella tão fortemente que a não larga mais; e depois que os pescadores o sentem ferrado, puxam pela linha e o trazem acima da agua sem soltar a tartaruga, a qual com ser tão grande e pesada, vem tão senhoriada e atormentada do peixe, que não bole comsigo, antes se deixa levar d'elle facilmente, pela dôr que sente no tempo que puxam por elle, porque então ferra muito mais. E d'esta maneira, chegando a tartaruga á borda da embarcação, os pescadores a tomam logo com as mãos mui deprèssa, e a mettem dentro e tornam o peixe á sua gamella. E d'esta maneira tomam muitas tartarugas.

D'este modo se faz outra pescaria na China com corvos marinhos, que para isso manda o rei crear em todos os seus portos de mar em capoeiras, como gallinhas, como refere o padre Fr. Gaspar da Cruz, no livro que fez da China. A qual pescaria se faz da maneira seguinte: Atam estes corvos com um cordel comprido por baixo das azas e os lançam ao mar, com o bucho atado, para que não possam engolir, o peixe que tomarem. Os quaes mergulham logo abaixo e tomam quanto peixe miudo lhe pode caber na bocca e na garganta, e tornando acima da agua, voam para a embarcação, onde estão os pescadores, e n'ella despejam a pescaria que trazem e logo voltam ao mar a fazer outra. E depois de terem feito grande pescaria d'esta maneira, lhe desatam o laço do bucho, para que possam pescar para si e comer até que se fartem. Este peixe miudo recolhem os pescadores em viveiros de agua que trazem nas embarcações, e d'aqui os levam para terra, e os criam em tanques, que para isso tem feitos, até que são grandes e d'alli os vendem. Pelo qual respeito ha sempre grande abundancia de peixe fresco em todas as terras da China.

Duas castas de tartarugas ha n'esta costa: umas tem uma só concha, como concha de cágado, preta e feia, da qual se não faz obra, nem presta para mais, que para servir de gamella, mas a carne d'estas é melhor. Outras tartarugas ha, que tem duas conchas. A primeira, que tem junto da carne é inteira e molle como couro grosso; sobre esta tem outra concha pegada mui formosa, e pintada de amarello e preto, a qual é de onze peças, cada uma de um palmo, pouco mais ou menos, e estão juntas umas com as outras e pegadas na concha molle, de tal maneira, que parecem ambas uma só inteira. E d'aqui se tiram estas conchas de cima, de que se faz toda a obra que vemos feita de tartaruga, como são cofres, colheres e outras peças curiosas e ricas, tão estimadas como sabemos.

CAPITULO XVIII

Dos tubarões de Moçambique, e de todo o mar Oceano, e de outras castas de peixe que ha n'este mar

GRANDES e muitos tubarões ha n'este mar Oceano, mui carniceiros, e em particular os que andam no mar de Moçambique. Os quaes se vão ás praias da ilha a espreitar os cafres, que se vão lavar no mar, onde tem já tomado muitos. Pelo que ninguem ousa de se metter n'elle para se lavar, ou nadar, porque estão os tubarões nas praias, tão cosidos com a areia debaixo da agua, que não parecem senão quando dão de subito com a presa, e a apanham e levam. Em uma praia d'esta ilha, junto a S. Gabriel, andavam uns moços folgando á borda do mar, e não tinham dentro d'agua mais que os pés, cuidando que andavam mui seguros; mas succedeu-lhes mal, porque veiu um tubarão, e apanhou um d'elles, e o levou para o mar e o comeu.

Outro tubarão apanhou um escravo da nossa casa

de S. Domingos de Moçambique, o qual andava com outros da mesma casa deitando ao mar um batel, que na praia estava varado, estando presente o padre Fr. João Madeira, Vigario que então era da dita casa, que lhe mandava fazer esta obra; o qual tubarão ferrou do escravo por uma perna de tal maneira, que lh'a levou logo fóra por cima do joelho, como se lh'a cortaram com um machado, e acudindo o escravo com uma mão, lh'a levou juntamente com meio braço, e acabara de o levar de todo se os outros escravos lhe não acudiram, e o tiraram a terra, onde d'ahi a pouco morreu.

A estes tubarões chamam os homens do mar marraxos. Outra casta de tubarões ha mais prejudiciaes e carniceiros, que estes, a que chamam tintureiras. Estes são muito maiores e mais compridos, e tem a pelle mais parda, e muitas ordens de dentes. São mui golosos, assim uns, como os outros. Não ha cousa que se deite ao mar, que elles não engulam, se podem. Quando eu fui para a India, em uma náo da nossa companhia tomaram um tubarão, e acharam lhe no bucho um garfo de prata, que devia ter cahido de alguma náo, ou da mesma companhia, ou de qualquer outra. Diz o padre Mendoça, que na viagem das Indias Occidentaes acharam os hespanhoes mui grandes tubarões, que tinham muitas ordens de dentes, e pescando alguns d'elles, lhe acharam nos buchos todas as immundicies, que lançavam das náos, em um dos quaes acharam a cabeça de um carneiro inteira com seus cornos, que tinha cahido ao mar de uma das náos. Os que nós achamos iam seguindo a náo, e tomando toda a carne de salé, que os marinheiros e soldados deitavam ao mar atada em cordas, para se lhe ir lavando a salmoura. E tão golosos e carniceiros eram, que até as camizas, que deitavam ao mar atadas da mesma maneira, para se irem lavando, apanhavam e engolliam, inteiras cortando-lhe as cordas, em que andavam presas. Pela qual causa os marinheiros lhe armavam anzoes grandes iscados com carne que para isso levavam, com dous palmos de cadeia de ferro, porque lhe não cortassem a corda com os dentes. E d'esta maneira tomavam muitos de que faziam grandes justiças, abrindo-lhe as barrigas e o bucho, onde achavam muitas vezes as camizas, que tinham engollido, inda com os nós atados, e as postas de carne inteiras. E depois d'isso lhe quebravam os olhos, e lhe cortavam dois palmos de rabo, e nem assim acabavam de morrer. D'esta maneira os tornavam a deitar ao mar, onde inda iam nadando, até que desappareciam.

Em muitas partes d'esta viagem achamos muito peixe que logo ia seguindo a náo, como eram douradas, bonitos, albocoras. Dos quaes se pescava muita quantidade. Este peixe se pesca, indo a náo á vela, com anzoes, que penduram da náo por uma linha, até chegar á superficie da agoa, os quaes levam pegado ao ferro um retalho de panno de linho, ou penas de gallo, que vão tocando de quando em quando na agoa; ás quaes remette o peixe de salto, cuidando que é outro peixe pequeno, a que chamam peixe voador, e assim engollindo estas iscas falsas juntamente com o anzol, fica preso, e pendurado pela linha, até que o tiram acima da náo.

Em outras paragens achavamos infinitos peixes voadores. Os quaes são do modo de um arenque, e do mesmo tamanho. Tem duas barbatanas nas ilhargas, grandes e largas como azas de morcego, com que voam muito alto e longe como passaros, quando se veem apertados de outros peixes grandes, que os querem comer. Este é o mais perseguido peixe, que me parece ha no mar, porque os grandes andam sempre após elle, para o comerem, e quando foge d'elles, e vae voando pelo ar, é perseguido dos passaros, que tambem o buscam para o comerem. De modo, que se foge do mar perseguido pelos peixes, fica no ar nas unhas das aves. E com estes voadores serem tão perseguidos, e morrerem d'esta maneira muitos, ficam tantos, que em muitas partes cobrem os ares voando, como passaros, que andam em bandos.

No mar das ilhas de Quirimba d'esta costa, de que vou fallando, ha tantos salmonetes que por serem muitos, não são estimados. Ha tambem outros peixes, a que chamam mordixins, que se parecem muito com bogas ou picões do rio. Este é o melhor e mais sadio peixe, que ha n'estas partes. Ha outro peixe, a que chamam peixe serra, como grandes corvinas, mas é muito melhor, e guarda-se em conserva, e curado parece lacão; e assim é muito estimado.

CAPITULO XIX

Das embarcações e marinheiros, navegação, e mercadorias de toda esta costa

TODAS as embarcações, em que se navega por esta costa do Cabo das Correntes até o estreito de Meca, que são de madeira, que os mouros colhem no mato, fendida pelo meio ao machado, e depois lavrada com enxó de duas mãos ao modo de enxada, e assim não fazem de cada páo mais que duas taboas, podendo fazer muitas, se o serraram, mas é cousa que não se usa n'esta costa. D'este taboado fazem as embarcações cosidas todas com fio de cairo, e pregadas com pregos de páo, e do mesmo cairo lhe fazem toda a cordoalha e as amarras. A's embarcações grandes chamam navetas, e ás meãs pangaios, e ás pequenas luzios, ou almadias. As vellas de todas estas são de esteira feitas de folhas de palma, ou tamareiras bravas.

Os marinheiros de todas estas embarcações são

mouros os mais d'elles pretos, barbaros e mui amigos de vinho, e não tem de mouros mais que o nome, e circumcisão, porque nem sabem, nem guardam a lei de Mafoma, que professam. O principal em que se esmeram, é em festejar muito todas as luas novas, e n'ellas ordinariamente se embebedam todos com festa defendendo-lhe sua lei o vinho. São muito agoureiros, quando andam no mar, se tem alguma tormenta grande, inda que tragam a embarcação sobre-carregada, não querem alijar cousa alguma d'ella, dizendo que o mar engolle tudo quanto lhe lançam, e nunca se farta, e quanto mais lhe lançam, tanto mais se embravece, e não amaina suas ondas, até lhe não lançarem tudo quanto vae na embarcação.

Quando falta o vento a estes marinheiros para navegar, açoitam as embarcações, em que vão, com cordas pela popa, e pelas ilhargas, tanto, até que elles mesmo cançam e suam; isto fazem gritando e pelejando com ellas, como se tiveram entendimento para sentirem, o que lhe dizem e fazem, ou deixaram de navegar por sua culpa, attribuindo-lh'a elles; porque dizem, que tambem as embarcações se fazem preguiçosas, e ronceiras por não navegar, e o vento, como as vê d'esta maneira, deixa de ventar, compadecendo-se d'ellas e deixando-as descansar, e como descansam, torna a ventar, como d'antes. E alguns marinheiros ha, que tem esta superstição por tão verdadeira, que não ha despersuadil-os d'ella. Isto vi eu fazer duas vezes aos marinheiros das ilhas de Quirimba, indo para Moçambique, e estranhando-lhe muito darem nas embarções, pois não sentiam o que lhe faziam, zombaram de mim dizendo que não sabia o costume d'aquelles pangaios, porque como se descuidavam era necessario espertal-os, e que eu veria logo tornar o vento; mas não veiu senão quando Deus foi servido. Ao piloto d'estas embarcações chamam Malemo, e ao mestre Mocadão.

As mercadorias com que os mercadores d'esta costa refregam tudo o que os cafres vendem, são roupas de todas as sortes, e particularmente bertangis pretos, e contas meudas de barro vidrado de todas as côres, as quaes vem cada anno da India para Moçambique. Com estas veniagas manda o capitão da fortaleza uma naveta cada anno á ilha do Inhaca, que está no rio de Lourenço Marques a fazer resgate, d'onde lhe vae ambar, marfim, escravos, mel e manteiga, cornos e unhas de Bada, dentes e unhas de cavallo marinho. Outra naveta ou pangaio manda cada anno ao Cabo das Correntes, e rio de Inhambane, d'onde lhe vae o mesmo. Cada seis mezes manda um pangaio e muitas vezes dois a Sofala com as mesmas mercadorias, d'onde lhe levam ambar, marfim, aljofar e perolas, que se pescam no mar das ilhas Bucicas, dentes de peixe mulher, mel, manteiga, arroz, muitos escravos, e uma boa copia de ouro em pó, pastas e lascas. Aos rios de Cuama manda cada seis mezes tres e quatro pangaios com estás mercadorias. D'onde lhe vae grande copia de ouro em pó, pastas e lascas, marfim, dentes de cavallo marinho, mel e manteiga, arroz, e muitos escravos. A's ilhas de Angoxa manda cada seis mezes um pangaio. D'onde lhe trazem marfim, algum ambar, muitos escravos, esteiras de palha muito fina, e palhetes para a cabeça, que são mui usados n'esta costa. A' ilha de S. Lourenço manda cada anno um navio, ou naveta grande. D'onde lhe levam muitas vaccas, cabras de boa casta, que parem duas vezes no anno, dois e tres cabritos de cada parto, ambar e escravos, pannos de hervas, que os negros da ilha tecem, mui bons e finos, de que os portuguezes fazem esteiras para os estrados, e alguns negros, particularmente os da ilha, se vestem d'elles. A's ilhas de Quirimba, até o Cabo Delgado, manda cada anno um capitão. O qual faz por todas estas ilhas muitos mantimentos de milho e arroz, para provimento da fortaleza de Moçambique, muitas vaccas, cabras e algum marfim que vem da terra firme a vender ás ilhas, algum ambar, muito manná, e muita tartaruga, e grande copia de escravos. Esta jurisdicção do capitão de Moçambique, começa da ilha do Inhaca até o Cabo Delgado, que são mais de trezentas legoas de costa.

Estes escravos de todas estas terras, que tenho apontado todos, ou a maior parte d'elles nasceram fôrros; mas estes cafres são tão grandes ladrões, que furtam os pequenos, e trazem enganados os grandes ate ás praias onde os vendem aos portuguezes, ou aos mouros, ou a outros cafres mercadores que tratam n'isso, dizendo que são seus captivos. A outros escravos d'estes vendem seus paes em tempo de necessidades ou de fome. Outros captivam os reis por alguns crimes, que commettem, e os mandam vender. Outros são os que se captivam em guerra, na qual ordinariamente os cafres andam uns com os outros, e os vencedores vendem os captivos que tomam n'ella.

Já que n'este livro terceiro tratei da ilha e fortaleza de Moçambique, rasão será que dê aqui uma relação, que agora veiu da India, do cerco e guerra que os hollandezes lhe fizeram o anno passado de 607 a qual se pode vêr no capitulo seguinte.

CAPITULO XX

Em que se dá uma breve relação da guerra que os hollandezes fizeram á fortaleza de Moçambique, e do cerco que lhe pozeram no anno de 607

N'ESTE anno de 608 chegaram a este reino as náos da India, de que era capitão mór D. Jeronymo Coutinho, em as quaes vieram novas da guerra, que os hollandezes fizeram á fortaleza de Moçambique. E porquanto n'este terceiro livro da *Ethiopia Oriental* tenho tratado d'esta ilha e fortaleza, me pareceu que devia (antes de passar ávante) dar uma breve relação do que n'esta guerra, e cerco succedeu, a qual é a seguinte.

Aos vinte e nove de Março do anno do Senhor de 1607, chegaram ao porto de Moçambique oito náos de hollandezes (estando n'ella por capitão D. Estevão de Athayde, fidalgo mui nobre) com cuja vista os moradores da ilha se acabaram de recolher na fortaleza, porque já se começavam a recolher, por terem aviso da India da ida d'estas náos; e por essa causa tinham já mettido n'ella a principal fazenda, dinheiro; peças e móvel de suas casas. Tanto que estas náos chegaram ao porto (que é da banda de dentro de duas ilhas que estão defronte da fortaleza, obra de uma legoa ao mar, chamadas S. Jorge e Santiago) surgiram todas juntas, e logo largaram uma bandeira de guerra, por onde de todo foram conhecidas por náos de inimigos e juntamente lançaram muitas lanchas ao mar, que traziam dentro nas náos. No dia seguinte, que foi sabbado, tanto que a maré começou a encher se levou a náo capitaina e as mais apoz ella, e todas enfiadas uma detraz da outra, foram entrando pela barra da ilha de Moçambique, com tanta ousadia, como se não houvesse ali fortaleza, sendo ella uma das mais fortes da India, e jogando ella n'este tempo com muita e grossa artilheria, que tem, de que os inimigos receberam muito damno. N'esta entrada, tocou uma d'estas oito náos em um baixo (de dois que tem esta barra mui perigosos) e sobre elle esteve quasi encostada, e perdida; mas os hollandezes lhe acudiram logo com muita pressa em suas lanchas, e com cabos, que lhe deram, a tiraram para o canal, e a meteram dentro em companhia das mais náos, com tanta deligencia, como se toda a sua vida foram pilotos d'aquella barra, e souberam os passos d'aquelle canal e bahia. E foram surgir dentro, em parte onde a fortaleza lhe não podia fazer damno; e logo no domingo seguinte pela manhã deitaram em terra quinhentos mosqueteiros; e foram senhores d'ella, por causa da gente da fortaleza ser então pouca, em comparação dos inimigos, que não era bastante para lhe defender que não desembarcassem, porque n'esse tempo não havia na fortaleza mais que cento e quarenta e cinco homens, entre velhos e moços. No mesmo domingo tiraram das suas náos algumas peças de artilheria e as pozeram no convento de S. Domingos; onde se fizeram fortes, e se alojaram todos, por ficar fronteiro á fortaleza. E vendo que lhe ficava d'ali a bateria longe, começaram a fazer vallos e trincheiras do convento até a ermida de S. Gabriel, e d'ahi outras até junto á fortaleza; onde armaram tres baluartes com sacas e pipas cheias de terra, tão fortes como de pedra e cal; e n'elles pozeram nove peças de artilheria grossa com que batiam a fortaleza com tanta presta, que cada dia lhe tiravam de oitenta peças para cima, entre as quaes havia um canhão mui grande, que tirava com pelouro de cincoenta e dois arrateis, com o qual lhe faziam muito damno na fortaleza. N'este combate foram continuando por espaço de dois mezes, que a tiveram de cerco.

Alem d'esta bateria ordenaram umas mantas de madeira e taboas postas sobre cavallos de páo, e debaixo d'ellas chegaram a querer picar um baluarte que se chama de S. Gabriel, mas a gente da fortaleza os tratou tão mal com penedos que lhe lançou de cima dos muros, que lhe fez largar a empreza e o ardil que tinham ordenado, com morte de muitos hollandezes. Todos estes ardis faziam os hollandezes de noite por se livrarem do grande damno, que os nossos lhe faziam de cima dos muros da fortaleza com a espingardaria. Da nossa parte tambem não faltavam ardis para encontrar e desfazer os dos hollandezes, porque fizeram grandes luminarias de alcatrão ardendo em caldeiras postas em hasteas compridas sobre o muro, de modo que aluminavam o campo circumstante á fortaleza; por onde os hollandezes não ousavam chegar perto d'ella, por não serem vistos dos nossos, que vigiavam por cima dos muros, e mortos á espingarda. De maneira, que os cento e quarenta e cinco homens que havia dentro na fortaleza, sempre levaram a melhor dos inimigos, que eram dois mil homens pouco mais ou menos, e sempre lhe desfizeram suas machinas, e vieram a tel-os em tão pouca conta, que sahiram uma noute da fortaleza vinte homens, e deram sobre elles, e mataram muitos, sem algum dos nossos perigar; e pelo discurso do tempo, que durou o cerco foram mortos dos inimigos passante de trezentos, e dos nossos sómente dois portuguezes; no que se deve muito ao bom governo, e prudencia do capitão da fortaleza, que n'esta guerra se houve não sómente como sagaz capitão, mas tambem como exforçado soldado, sendo o primeiro na vigia, e na briga, com que dava grande animo aos seus soldados.

Vendo os inimigos o pouco fructo que tinham feito em tão continua guerra, e a muita gente que os da fortaleza lhe tinham morto; e tambem por se temerem que podiam ir as nossas náos d'este reino áquelle porto, (como tem de costume) e achal-os dentro sem poderem fugir, tornaram a embarcar toda a sua artelheria, e querendo-se partir, fizeram uma carta ao capitão da fortaleza em que lhe diziam, se queria resgatar as egrejas, casas e palmares da ilha, e quintas da terra firme, que fossem dois homens da fortaleza tratar isso com elles, e senão, que tudo haviam de pôr por terra, e abrasar com fogo. A isto lhe foi respondido, que nenhum concerto nem resgate queriam com elles, mais que guerra. O que visto pelos hollandezes, pozeram logo fogo a toda a cidade com tão grande incendio d'alçatrão, que não ficou casa nem egreja em pé. Cousa bem para sentir, maiormente o que fizeram ás imagens e altares; o que tudo quebraram e derrubaram. Além d'isso cortaram todos os palmares que havia na ilha, que eram muitos e de muita renda, tambem queimaram duas náos que estavam no porto, uma d'ellas meia carregada de fazendas, que havia poucos dias havia chegado da India. E em terra tomaram muita fazenda, que não houve tempo para se recolher na fortaleza. E levaram um galeoto do capitão da fortaleza, que tinha vindo do Cabo das Correntes. De maneira que a todos foi geral a perda, estimada em mais de cem mil cruzados. Isto concluido, sahiram pela barra fóra, não tanto a seu salvo, como cuidaram, porque além de lhe matarem muita gente com a artilheria da fortaleza, que sempre lhe foi tirando, uma das náos, ao sahir da barra, se embaraçou de maneira que tocou em um dos baixos do canal, e alli ficou encalhada. D'aqui se foram os hollandezes ás ilhas do Comoro, que estão setenta legoas d'esta de Moçambique, buscar mantimentos, como depois se soube.

Poucos dias depois que os hollandezes se foram, chegou ao porto de Moçambique D. Jeronymo Coutinho (que ia d'este reino para a India, por capitão mór) com tres náos, e entrando com ellas pela barra dentro, surgiu perto da fortaleza, onde é costume surgirem. Aqui esteve fazendo agoada, tomando refresco, e esperando tempo, para se partir para a India, até cinco d'agosto; no qual dia tornaram os hollandezes ao porto de Moçambique e lançaram ancora, no surgidouro que está da ilha de S. Jorge para dentro, com cuja chegada se tornou a recolher a gente da ilha de Moçambique dentro na fortaleza; e D. Jeronymo com a sua se foi para as suas náos, e assim uns, como os outros, se pozeram em ordem de pelejar com os hollandezes, se quizessem entrar o canal de Moçambique; o que elles não ousaram fazer, antes se deixaram estar no mesmo porto, e d'ali fizeram algumas sahidas em suas lanchas, e de uma se encontraram com os nossos bateis, e pelejaram ás mosquetadas, até fugirem para as suas náos. Outra vez sahiram, e desembarcando na terra firme, tomaram um mouro da ilha, e souberam d'elle como D. Jeronymo tinha dois mil homens de peleja, pela qual razão logo se resolveram em ir para a India, como fizeram, e sahiram do porto de Moçambique aos vinte e seis dias de Agosto.

Vendo D. Jeronymo Coutinho como os hollandezes eram idos, e que inda tinha tempo para poder ir á India, negociou as cousas, que lhe eram necessarias para a viagem, e deixando na fortaleza cem soldados das suas náos, e trinta mosquetes, logo se partiu; mas ao sahir da barra tocou uma das tres náos que levava (que foi a náo S. Francisco) em um dos baixos do canal, onde se encostou, mas logo lhe acudiram, e a descarregaram da fazenda que levava, sem se perder nada d'ella; e depois que a náo se descarregou, nadou, porém fazia tanta agoa, que ficou em Moçambique, e parte da sua carga, e a outra se partiu pelas outras duas náos, e foi para a India. N'este estado ficaram as cousas d'esta ilha, e fortaleza de Moçambique. E hoje está mui bem provida de soldados, munições, e mantimentos.

FIM DO TERCEIRO LIVRO

LIVRO QUARTO

Da Ethiopia Oriental, em que se dá relação dos reinos e provincias, que ha pelo sertão dentro, do Cabo Delgado, até ás terras do Egypto, e praias do mar Roxo, particularmente, de alguns reinos principaes sujeitos ao Preste João; e do rio Nilo, que por elle corre, dos costumes, ritos, e abusos dos habitadores d'estas terras, e de muitas cousas notaveis que n'ellas ha.

CAPITULO I

Dos reinos de Munimugi, e Gorage, sujeitos a cafres, e de outros sujeitos ao Preste João

Tendo já tratado da maior parte da Ethiopia, do Cabo das Correntes, até o Cabo Delgado, que são tresentas legoas de costa, da jurisdicção do capitão de Moçambique, convem agora para conclusão d'esta historia, dar relação das terras, e reinos, que vão d'aqui até o Egypto e mar Roxo, que são os limites d'esta Ethiopia.

Do Cabo Delgado, até á linha equinocial jaz situada a costa de Melinde, que é da jurisdicção do capitão de Mombaça. Toda esta terra firme é povoada de cafres differentes na lingua e costumes, e todos barbaros como os da costa de Quirimba. Pelo sertão d'este reino, de Mongallo, de que já fallei, vae correndo para o Norte o grande reino de Munimugi, cafre gentio, poderozo, e grande senhor e confina da parte do Sul com as terras do Mauruça, e do Embêoe, e da parte do Norte e Nordeste com os reinos do Preste João, e de Leste com o de Gorage.

Este reino de Gorage está situado perto do rio Nilo da parte do Levante, cinco gráos da linha para o tropico de Cancro. E' povoado de gentios barbaros, cafres pretos de cabello revolto. Tem muitas minas de ouro, e d'elle pagam grande tributo a seu rei. Entre estes ha grandes feiticeiros e adivinhadores e fazem seus feitiços nas entranhas do animal que matam, adivinhando n'ellas quanto querem; fazem parecer que não queima o fogo com seus feitiços, e para isso matam um boi, fazendo certas cerimonias, e dizendo certas palavras, e untam-se com o cebo do mesmo boi; e depois fazem uma grande fogueira e assentam-se n'ella, e dentro respondem a todos os circumstantes, adivinhando-lhe as cousas que lhe perguntam, sem se queimarem. E d'esta maneira ganham de comer, e são temidos, e venerados por esta arte.

N'este reino ha grandes povoações debaixo do chão, abertas em ladeiras muito ingremes de serras mui altas, aonde escassamente podem subir os donos das casas, ou lapas, para se recolherem n'ellas. O vão de cada uma d'estas lapas é quadrado, e capaz de recolher sete ou oito pessoas, e o portal tão estreito, e baixo, que não cabe por elle mais que uma só pessoa inclinada. Quem vê de longe estas ladeiras cheias de portaes, parecem que são pombaes cheios de buracos em que criam pombas.

Este reino é cercado do Norte, Leste e Oeste de alguns reinos do Preste João, dos quaes apontarei os principaes que são os seguintes: Hadia, Conche, Damute, Gojame, Bagamedri, Dambia, Caphate, Angote, Xoa, Amara, Fatigar, Barvu, Baligange, Adea, Oja, Vague, Tigrimahom, Barnagais, no qual está a provincia Sabbaim, d'onde foi a rainha Sabbá, e outras muitas provincias de grandes senhores, que são como reis, os mais d'elles sujeitos ao Preste João, o qual se intitula Acegue, que quer dizer imperador, e tambem se chama Negus, que significa rei.

D'estes reinos tratarei algumas cousas mais notaveis que n'elles ha, de que tive noticia n'esta costa por informação de alguns abexins, que a ella vieram e particularmente de um, que captivaram os mouros do reino de Adel nas guerras de Ianamora, e fugiu de Zeila para esta costa; e tambem por via de um veneziano mercador chamado Jeronymo Cherubim, homem de muito bom entendimento, o qual passou aos reinos do Preste João por via de Alexandria, com suas mercadorias, e correu quasi todos, e residiu n'elles alguns annos, e depois se tornou pela via do mar Roxo para a India, trazendo comsigo uma mulher abexin e um filho que d'ella tinha, e da India se veiu para Portugal com elles na mesma náo em que eu vim, onde me informei d'elle de muitas cousas, que lhe perguntei e me disse d'estes reinos, que são mui conformes com as que escreveram o patriarcha D. João Bermudes, e o P. Francisco Alvarez, clerigo de missa, os quaes andaram muito tempo n'estas partes, e viram as mais das cousas notaveis que n'ellas ha, e d'ellas tambem relatarei n'este livro algumas.

Junto de Gorage, do Nilo para o Levante, está o grande reino de Hadia, povoado de gentios tributarios ao Preste João, muito mais polidos que os gorages, e menos feiticeiros, posto que tambem alguns usam da mesma arte diabolica. Acha-se n'este reino muita e boa myrrha, cria infinito incenso, anime e pouco ouro.

Pelo sertão dentro d'este reino indo para o Ponente está situada a provincia de Conche, povoada de gentios tributarios ao Preste João; é gente mui polida e mui dada ao exercicio da guerra. N'esta provincia está uma ribeira, ao longo da qual vão correndo grandes e altas serras, deshabitadas e cheias de matos e arvores silvestres, onde ha muitas feras, bichos e cobras venenosas. Em uma d'estas terras ha muito ouro e deixa-se vêr em algumas partes, particularmente quando lhe dá o sol. Esta terra tem o rei mui guardada, e defeza, como grande thesouro, que é. Ninguem póde passar á outra parte da ribeira, onde ella está, nem o rei manda tirar ouro d'ella senão de outras minas, que tem n'esta paragem, das quaes na fundição se tiram as tres partes de ouro e uma de terra. O patriarcha D. João Bermudes esteve n'este logar, e viu esta terra, como elle diz no livro que fez do Preste João.

De Gorage para o Ponente está o reino de Gojame, o qual é muito rico, assim por respeito das minas de ouro que tem, como do infinito algodão, gados, cavallos e mullas que n'elle se criam, e de tudo isto pagam os naturaes ao Preste João, em cada um anno, tres mil cavallos, tres mil mullas, tres mil pannos grandes gadelhudos, como tapetes feitos de algodão, mui estimados, a que chamam basutos, trinta mil pannos de algodão de baixa sorte, e trinta mil ouquias de ouro, que tem cada uma o peso de doze cruzados. Por este reino corre uma ribeira perenne, no fundo da qual se acham muitas pedras furadas por dentro, ao modo de pedras pomes, mas são mui pesadas e amarellas, como açafrão; das quaes se tira muito ouro, posto que de poucos quilates.

CAPITULO II

Do reino de Damute, e das amazonas da Ethiopia

De Gojame mais para o Ponente, da outra parte do rio Nilo, se vae estendendo o reino de Damute, até quasi a linha equinocial, em altura de quarenta e oito gráos de Leste a Oeste. E' povoado de gentios tributarios ao Preste João, e de christãos abexins. E' terra de muito ouro, e de nenhum ferro, pelo que val n'ella quasi tanto como o ouro, porque o trazem alli de muito longe. Em muitas partes d'este reino ha grandes serras mui fragosas e desertas, onde se criam muitos bichos e feras, como são serpes peçonhentissimas, elephantes, leões, tigres, onças, unicornes montezes, que são do tamanho e quasi da mesma feição de rocins pequenos, de côr parda e formosa, e não são da casta de badas, como alguns affirmam. Os naturaes dizem que estes são os verdadeiros unicornes, pelas grandes virtudes que tem experimentado em um só corno, que tem na testa. Ha n'estas terras muitas creações de bois mui grandes e mansos; tem grandissimos cornos, dos quaes usam os moradores d'esta terra em logar de cantaros de serviço, e levam alguns mais de meio almude. Isto refere Francisco Alvarez. N'esta terra val o sal muito, pelo não haver n'ella, e lhe vir de muito longe, que é do reino de Dambia, e da provincia Belgada, e val tanto, que dão um escravo muito bom por cinco ou seis pedras de sal, que pesa cada uma quatro arrateis, pouco mais ou menos.

Junto de Damute está uma provincia de mulheres tão varonis e robustas, que ordinariamente andam com as armas nas mãos, assim na caça das feras e animaes silvestres, como nas guerras, que se lhe offerecem, onde mostram exforço e animo mais de homens belicosos, que de mulheres fracas; e para este effeito logo em pequenas lhe queimam a teta direita com um ferro abrasado, para que se lhe seque, e não cresça, e assim possam usar do braço direito ligeiramente no tirar de arco e frecha. Os maridos d'estas são mui pusillanimes e effeminados, ou por natureza ou por costume já introduzido de muitos annos, de exercitar os officios que as mulheres houveram de fazer.

Outros affirmam que estas mulheres vivem sem companhia de homens, de modo que antigamente viviam as amazonas da Scythia, e que em certo tempo do anno admittem em sua provincia os ethiopes seus visinhos, e as que concebem, e parem machos, depois de tirados da creação do leite, os mandam a seus paes que os acabam de crear; e se parem femeas ficam com suas mães, e lhe queimam a teta direita, como fica dito. A rainha d'estas mulheres nunca conhece varão, e por isso é venerada de todas, como Deusa. Estas mulheres estão conservadas n'este estado, e defendidas pelos reis, e senhores seus visinhos, gentios como ellas, por dizerem que foram instituidas pela rainha Sabbá, como refere o patriarcha D. João Bermudes.

Outras mulheres similhantes a estas se descobriram em umas ilhas, que estão ao mar da China, as quaes são povoadas de gentios idolatras, mui similhantes aos japões na côr e feição do rosto, mas differentes na lingua. Entre estas ilhas está uma povoada de mulheres sem haver homem entre ellas; mas em dois mezes do anno os admittem como fazem as de Ethiopia, sómente para propagarem a geração. E na creação dos filhos fazem tambem o mesmo, que as de Ethiopia e tambem usam de arco e frecha, e por esse respeito tem a teta direita secca. D'estas trata o P. Mendoça, no livro que fez da China. Das outras da Ethiopia tratam muitos auctores, como refere Francisco Tamara, no livro que fez de todas as nações do mundo; onde tambem diz, que junto do monte Atlas situado na Ethiopia, está uma grande lagoa chamada Tritonida, no meio da qual está uma formosa ilha, chamada Hesperia; povoada de amazonas; as quaes tem os costumes que tenho dito das outras.

Na provincia d'estas amazonas da Ethiopia ha muitos grifos, que são aves grandissimas de rapina. N'ellas estão umas serras altas e fragosas, sobre as quaes dizem que se cria á formosa ave Phenix, que é uma só no mundo, e que os naturaes da terra tem conhecimento d'ella, e a vêem muitas vezes, e é muito grande e formosa. Isto refere o patriarcha allegado.

CAPITULO III

Dos reinos de Bagamedri e Dambia, e suas egrejas admiraveis, e do rio Nilo, e sua catadupa

DA linha equinocial para o Norte se vae estendendo o grande reino de Bagamedri, povoado de gentios, no qual dizem, que ha minas de prata, de que os naturaes se não aproveitam, porque são mui preguiçosos, e não se querem occupar em cousa alguma, que lhe dê trabalho, e por isso são pusillanimes e pobres. N'este reino entra o rio Nilo, o qual nasce no sertão d'esta Ethiopia de um grande lago, chamado Barzena, situado em doze gráos da banda do Sul (segundo a mais certa informaçao que tive) o qual é cercado de altissimas serras e asperissimas montanhas, particularmente de Leste, por onde sae este rio, que são as terras habitadas por cafres gentios, chamados cafâtes barbaros, mui robustos, e dados á caça das feras, e, animaes silvestres. D'aqui vae correndo este rio ao Nordeste, até ao segundo lago, que está debaixo da linha; d'onde vae continuando para Leste, e Nordeste, passando por alguns reinos do Preste até chegar á ilha Meroe; e d'ali torna ao Nordeste, até ao reino de Dambia, povoado de christãos abexins. E n'este reino faz um cotovello, e torna a voltar para o Sudoeste por espaço de cincoenta legoas pouco mais ou menos, e d'ali faz outras duas voltas, uma para o Nordeste, e outra para o Norte, até se metter no mar Mediterraneo, por sete braços, defronte da ilha de Chypre. Os dois principaes são Damiata, que fica para o Levante, e Roseto para o Ponente, junto de Alexandria.

Do cotovello, que este rio faz no reino de Dambia, começou o Preste João, chamado Alebale, a romper a terra para lançar sua corrente, que fosse entrar no mar Roxo, como refere Francisco Alvarez, posto que João Botero diz que el-rei Sesostres, começou a cavar a terra, do Nilo para o mar Roxo; e depois d'elle Dario receando que o mar Roxo alagasse o Egypto com suas agoas salgadas, e se perdesse, desistiu d'esta obra, e depois os Ptholomeus lhe fizeram um grande lago de cem covados de alto, em que se recolhessem suas agoas, para que não passassem ao mar Roxo, nem as do mar Roxo entrassem nas terras do Egypto e as salgassem, porque totalmente se perderiam, e não seriam habitadas, porquanto nunca chove n'ellas, e sómente, com as enchentes d'este rio, se regam de tal maneira, que todas se semeam como se lhe chovera a seus tempos. Estas enchentes succedem ordinariamente em tres mezes do anno, que são Julho, Agosto e Setembro; e a causa é, porque n'este tempo é a força do inverno em muitas partes da Ethiopia, por onde o Nilo corre; o qual recolhendó em si todas estas agoas, vem corrente por entre grandes serras, de que é cercado, até chegar ao Egypto, que tem as terras chãs, e n'ellas espraia, como fica dito.

N'este reino faz o Nilo uma grande lagoa, que tem trinta legoas de comprido, e vinte de largo, e n'ella ha muitas ilhas grandes, e fertilissimas, entre as quaes está a famosa ilha Siene, onde ha conventos de religiosos; nos quaes ha duas egrejas abertas em pedra viva, mui grandes e de excellente obra; as quaes affirmam os natuaes que foram edificadas pelos anjos, porque no principio d'esta christandade, foram achadas milagrosamente, pelos christãos novamente convertidos, e dentro n'ellas uma cruz, e uma imagem de Nossa Senhora com menino Jesus no collo, feitas de pedra, mui primas e bem talhadas. O que parece quiz Deus mostrar no fundamento d'esta christandade, para confirmação dos fieis. E piamente se pode crêr isto ser verdade, pois Deus tem mostrado aos homens, outras similhantes maravilhas obradas pelos anjos, como foi a sepultura que mandou dar a Santa Catharina martyr, no monte Sinai, e a que deu a Santa Iria martyr dentro no Tejo, junto a Santarem, e o templo de marmore, que ós anjos edificaram no mar da ilha Transpontina, em que sepultaram o corpo do glorioso S. Clemente, papa e martyr. Isto mesmo se crê da pedra quadrada, de que fazem menção as chronicas da India que se achou miraculosamente em uns alicerces, que se abriram para se edificar um templo ao apostolo S. Thomé na cidade Meliapore, na qual pedra estava uma cruz entalhada, cercada de gottas de sangue inda fresco, com umas lettras, que referiam o martyrio do Apostolo. Da mesma maneira se pode affirmar, que é obra feita pelos anjos aquella tão maravillhosa imagem de Nossa Senhora, que se manifestou aos moradores da ilha Tanarife, que é uma das Canarias, á qual appareceu n'esta ilha, sendo inda de gentios, em uma lapa, onde os pastores se costumavam recolher das calmas e chuvas. Um dos quaes entrando um dia na dita lapa, viu dentro esta imagem rodeada de muito resplendor. E cuidando que era algum phantasma, levou de uma pedra para lhe tirar com ella, mas o braço lhe ficou logo secco com a pedra na mão fechada. E d'este modo permittiu Deus e a Virgem Nossa Senhora que ficasse todo o tempo que viveu em testemunho d'este milagre.

Sabido isto pelos mais pastores moradores da ilha, tiveram esta imagem em grande veneração, dizendo que era a mãe do sol; pelo que faziam cada anno grandes festas. Mas depois que os castelhanos possuiram esta ilha, lhe fizeram um templo muito sumptuoso, que hoje é dos religiosos da ordem dos pregadores, onde está mui venerada, e solemnisam sua festa da Purificação, e tem feito assim no tempo dos gentios, como dos christãos infinitos milagres. De maneira, que d'estes templos e imagens, que piamente se crê serem feitas pelos anjos, podemos inferir, que estes templos da Ethiopia e suas imagens, seriam tambem feitas por elles, como dizem os moradores de Dambia, segundo me contou o veneziano em que atraz fallei, que residiu n'esta terra.

Abaixo da ilha Siene, obra de vinte legoas, faz o Nilo a catadupa mui nomeada de que tratam Ortelio, Botero, Tullio e outros. N'esta paragem faz o Nilo uma grandissima queda do alto d'uma rocha muito alcantilada, que terá de altura meia legua, e de tão alto cae toda a agua junta de pancada sobre um profundissimo pego, cercado de altas e mui fragosas serras, e faz na queda tanto estrondo por entre ellas que atroa os ouvidos e sôa mais de uma legoa. Chama-se este logar na lingua da terra Catadî, d'onde parece que os antigos lhe vieram a chamar Catadupa.

CAPITULO IV

Do reino de Angote, e serra em que mettem os principes, e dos edificios admiraveis de Brigama, e das penitencias asperas e abusos dos abexins

DA linha para o Levante, vae correndo o reino de Angote. N'este está uma serra grandissima, quasi redonda, tão alta, que se vae ás nuvens, e tão ingreme, e talhada na rocha dura do alto a baixo, que parece muro feito a prumo e ao picão. Tem de circuito mais de vinte leguas. Em cima d'ella ha grandes campinas, e muitas fontes d'agua. N'esta serra mettem os infantes filhos de todos os Prestes, e n'ella se criam e moram toda sua vida, sem d'ali nunca sahirem, tirando o principe herdeiro do reino, porque esse somente fica na côrte onde se cria. Aos da serra dão mulheres com que casam, e nem ellas, nem os filhos e netos pódem d'ali sahir para fóra, salvo quando morre algum Preste, que não deixa filho herdeiro, porque então se vão os senhores do reino a esta serra e trazem d'ella o filho ou parente mais chegado do Preste que então falleceu, e esse juram por Preste, se tem partes para poder governar, e quando não é sufficiente, escolhem outro mais idoneo para isso. A causa d'este encerramento dos infantes, é porque os Prestes antigos tinham muitas mulheres de diversas nações, e muitos filhos d'ellas, e não queriam que estes sendo homens se levantassem com alguns reinos de seu imperio, e assim se diminuisse por tempos este grande senhorio. A esta serra são applicadas muitas rendas para comedia dos infantes e suas familias, que lá vivem em muitas povoações; onde tambem ha conventos de religiosos, para lhe celebrarem os officios divinos. Tem esta serra tres portas por onde se entra n'ella, nas quaes ha muitas guardas, que não tem outro officio mais que vigial-as e guardal-as, e quaesquer outras pessoas, que ali chegarem, tem pena de morte, o que se lhe defende por não levarem novas aos principes do que se passa no reino, nem tambem trazerem de lá secretamente alguns recados dos mesmos principes, ou algumas cartas para pessoas de cá de fóra.

N'este reino está uma provincia, chamada Brigama, que confina com as terras de Tigrimahom; esta foi a segunda que se fez christã logo depois da terra de Aquaxumo. N'ella viviam antigamente os reis como em Aquaxumo viviam as rainhas. Aqui está uma nobre e sumptuosa egreja, chamada Santa Maria de Ancona, e outras muitas òbras, edificios reaes, entre os quaes estão grandes pyramides e padrões levantados, com seus letreiros que ninguem póde entender, como os de Aquaxumo. Perto d'este logar está um convento de religiosos, chamado Alleluia, o qual mandou ali fazer um rei por lhe dizer um frade santo, que houve n'estas partes, que n'aquelle logar ouvira aos anjos cantar alleluia. Este frade (segundo conta Fr. Seraphino Razzi, na chronica da ordem de S. Domingos) foi religioso da mesma ordem, dos primeiros oito que foram prégar a estas partes, como adiante direi.

N'esta provincia de Brigama estão duas egrejas fundadas em duas serras debaixo do chão; uma é da invocação de Nossa Senhora, e outra de Christo. São mui grandes, e de grande magnificencia, lavradas em pedra preta muito formosa, com suas columnas da mesma pedra. A de Christo tem tres sepulturas, uma de um Preste, chamado Abrahão, o qual deixando o governo do reino, se fez clerigo, e edificou esta egreja n'esta lapa, onde dizia missa sempre, e dizem que foi santo. Outra sepultura de uma sua filha. E a terceira de um patriarcha de Alexandria, que vindo alli visitar o rei pela fama de sua vida, falleceu, e foi enterrado na mesma egreja, por mandado do mesmo rei.

Na mesma provincia estão dez egrejas, que mandou edificar um Preste chamado Lalibella, que reinou oitenta annos. Todas são lavradas em pedra dura de muitos lavores e primas laçarias. São de muitas naves, com suas columnas da mesma pedra. A maior d'estas é uma chamada S. Salvador, a qual tem cinco naves, e em cada uma sete columnas, e em cada cabeça de nave uma capella mui bem lavrada, cortada na mesma rocha, com suas columnetas bem tiradas e lavradas, e nos portaes das egrejas tem a mesma obra, e outras muitas particularidades e grandezas, que será infinito contal-as.

Em todas estas egrejas e conventos, que ha por estas provincias, vivem muitos religiosos, os quaes pela mór parte são mui penitentes e abstinentes, e particularmente na quaresma, que entre elles começa na segunda feira da sexagessima, dez dias antes da nossa. N'este tempo ha muitos que não comem pão e sómente com hervas cosidas passam a quaresma; outros que fazem esta penitencia um anno inteiro, outros toda a vida. Outros ha que em toda a quaresma se não deitam, nem assentam, e sempre andam em pé, e quando o cançasso e somno os vence, tem umas casinhas mui estreitas (quanto uma pessoa possa estar em pé entallada) onde se mettem, e no logar onde lhe fica o assento tem um releixo ou encaixe de tres dedos onde descansa o corpo, e no logar em que ficam os cotovellos, outros releixos do mesmo tamanho, onde põem as pontas dos cotovellos, e assim descansam com este pequeno encosto, estando sempre em pé. Outros se mettem em tanques d'agoa até o pescoço no tempo dos frios, onde estão em pé toda uma noute fazendo penitencia. Outros se mettem em covas e lapas, pelo deserto, onde não comem mais que hervas de tres em tres dias, e isto emquanto dura a quaresma.

Com haver religiosos tão penitentes e seculares, que tambem os imitam na mesma penitencia, não faltam outros muitos, que na guarda dos jejuns da quaresma são mui depravados, porque os mais d'elles seguem um abuso, que tem como lei, que é dizerem que podem comer carne dois mezes inteiros depois que casam, e assim muitos deixam os casamentos para o principio da quaresma, e antes que entre, casam e ficam comendo carne em toda ella, e o mesmo fazem no advento. E quanto aos sabbados e domingos (que ambos são de guarda entre elles) é costume geral comerem sempre carne em toda a quaresma, sem lhe ser prohibido. E tambem podem casar com muitas mulheres. e não lhes é defeso pela justiça secular, senão pela ecclesiastica; e a pena que lhe dão, é não lhe darem communhão, nem officios na egreja, inda que sejam clerigos, nem se ajuntarem nas procissões, e ficarem como excommungados; e muitos ha que vivem d'esta maneira muitos annos, e como se enfadam das mulheres dão-lhe libello de repudio, e ficam-se com uma só, e então são admittidos outra vez á graça da egreja.

CAPITULO V

Dos reinos Amara, Xoa, Fatigar, Adea, e das cousas notaveis que tem

Do reino de Angôte para o Norte vae correndo o reino de Amara, cujas rendas quasi todas tem o Preste applicadas para as egrejas de seus reinos. Para o Nordeste se vae estendendo o reino de Tigare, de que fallarei abaixo. E para Levante o de Xoa, todos tres povoados de christãos abexins, de côr baça, politicos e mui bem entendidos. E todos estes tres reinos são abundantes de mantimentos. De trigo, cevada, favas, legumes e fructas, caça, creações de vaccas, cabras e ovelhas, em grande quantidade.

No reino de Xoa reside ordinariamente o Preste João, assim por ser muito sadio e de bons ares, como por estar quasi no meio de seus reinos. N'este reino está um passo mui perigoso, por onde se caminha de muitos reinos do Levante para a côrte do Preste, por não haver outro caminho mais acommodado, por causa das grandes serras e valles profundissimos que atravessam este reino. Este passo é de cinco legoas, e todos se andam por cima de uma mui alta serra, cujo caminho é muito ingreme, e particularmente em espaço de um tiro de bésta é tão estreito, que escaçamente cabem por elle dois homens a cavallo, indo emparelhados, e de uma parte e da outra é a serra tão alcantilada, que faz medo caminhar por ella, e assim perigam aqui muitas cavalgaduras, que se desviam do caminho, porque lhe escorregam os pés, e antes que cheguem aos profundos valles, já vão feitas em pedaços. Na entrada d'este caminho d'uma parte e da outra, estão umas portas, onde pagam direitos ao Preste todos os que por elle passam, com tanto perigo de suas vidas. A este passo chamam Badabaxa, que quer dizer terra nova.

O reino de Fatigar confina com o de Xoa da parte de Levante, é povoado de christãos sujeitos ao Preste; a mór parte d'este reino é de terras campinas, onde ha muitas creações de gados, vaccas, cabras, ovelhas, egoas e mulas. E' mui abundante de trigos, cevada, favas, e todo o genero de legumes. Tem figos da India; pecegos e uvas, as quaes fructas começam no principio de Março e acabam no fim de Abril, que é o verão d'estas terras; porque o inverno começa meado Junho, e acaba meado Septembro, pouco mais ou menos. N'este reino está uma serra, de mais de vinte e cinco legoas de roda, e é quasi quadrada, muito alta e ingreme, tem em cima grandissimas campinas, e no meio d'ellas uma lagôa de quatro legoas de comprido, e uma de largo, onde se criam muitos e grandes peixes. Ao redor d'esta lagôa estão muitas povoações dos naturaes da terra, e alguns conventos de religiosos mui abastados e ricos.

De Fatigar para o Ponente as provincias de Ganze e Gamu, de gentios pretos, de pouco fausto e menos estimados, sujeitos ao Preste. De Fatigar para Levante, está o reino de Oya, povoado de christãos e gentios, sujeitos ao Preste.

De Oya mais para Levante está o reino de Adea, de mouros amigos e vassallos do Preste. Este reino dizem que chega perto de Magadaxo, e confina com os maracatos. N'elle vivem muitos christãos por ser a terra mui boa e de paz. Ha n'estas terras muita frescura de arvoredo silvestre, que não dão fructo, muitos mantimentos e gados. No meio d'este reino está uma grande lagôa, que parece mar, e não se vê a terra de uma parte á outra; tem muito peixe e cavallos marinhos, e uma ilha pequena, onde está uma casa de religiosos, que um Preste alli mandou fazer (sem embargo de ser esta terra de mouros) e applicou-lhe algumas rendas, dos tributos que este reino lhe paga.

D'este reino de Adea para o Norte, jaz uma provincia de christãos, chamada Balgada, na qual estão umas serras de sal em pedra, d'onde se tira muito em pedaços que se leva a vender pelos mais dos reinos d'este sertão, onde vale muito, pela grande falta que d'elle ha pela terra dentro, e assim são infinitos os almocreves, que de continuo o vão buscar a esta provincia, de todos os reinos d'esta região.

N'estes reinos vivem muitos christãos, que descendem d'aquelles quatrocentos portuguezes que da India foram em soccorro do Preste João, mandados por El-Rei D. João III, em companhia do patriarcha D. João Bermudes, e do capitão D. Christovão da Gama, sendo governador da India D. Estevão da Gama, seu irmão, filhos ambos do grande D. Vasco da Gama, descobridor almirante do mar da India Oriental. D'esses quatrocentos portuguezes ficaram muitos n'estas partes, e n'ellas casaram e multiplicaram filhos, e d'elles descendem os que ainda hoje vivem no reino de Tigare, Baroa e Annîna, sujeitos ao Preste João. Porém, inda que vivem nas terras dos abexins, em nenhuma cousa seguem seus erros, mas em tudo se conformam com a egreja romana, guardando sua doutrina, e pureza na fé.

CAPITULO VI

Do grande reino de Tigare e sua divisão, e das provincias com que confina

Do reino de Angote para o Nordeste vae correndo o grande reino de Tigare por entre o reino de Amara, que lhe fica para o Ponente, e o de Xoa, que jaz para o Levante, e além de Xoa confina com as provincias Balgada, Ianamora, ambas povoadas de christãos sujeitos ao Preste João; e mais ávante da mesma parte de Leste lhe ficam os Dobas, mouros bellicosos, que sempre andam em guerra com os christãos de Ianamora, e assim uns como os outros são mui exforçados, e grandes cavalleiros, pela continua guerra em que andam.

Além d'estes se vae estendendo Tigare até os alarves mouros, pastores de gado vaccum, que habitam nas terras maritimas do mar Rôxo, e d'alli vae correndo da parte de Leste até as terras de Suaquem.

Da outra banda do ponente vae correndo este reino de Tigare em muitas partes ao longo do rio Nilo, até chegar ás provincias dos Agaos gentios, e dos Belloos mouros, tributarios ao Preste em grande copia de cavallos. Com estes confinam os Nobijes, que segundo dizem foram antigamente christãos, sujeitos a Roma, d'onde lhe vinham bispos, e morrendo o ultimo que tiveram, nunca mais lhe poude vir outro, por causa das muitas guerras, que houve nos portos, e terras sujeitas ao Turco, por onde elles vinham, e assim foram perdendo os ministros ecclesiasticos, e juntamente o christianismo e a fé, e os que hoje vivem não tem lei alguma; e dizem que desejam ser christãos, como antigamente foram seus antepassados, mas não tem quem os possa instruir na fé, porque o Preste lhe não quer dar padres para isso, por quanto não são seus vassallos, antes trazem sempre guerra com as provincias Dafila e Canfila suas visinhas, que são as ultimas sujeitas ao Preste; as quaes vindo do Ponente cercando o reino de Tigare confinam pelo Levante com as terras de Suaquem, perto do mar Rôxo, onde fenece esta Ethiopia Oriental.

Saindo das terras de Suaquém para o Norte, começam as provincias do Egypto, povoadas de mouros e gentios e de alguns christão e judeus, e todos sujeitos e tributarios ao Turco. De Suaquem até o Cairo, cidade principal do Egypto, são dez ou doze dias de caminho, muita parte d'elle despovoado, por não ter agua para beber; e com tudo isso dizem que ha n'elle alguns mosteiros de monges, que fazem aspera penitencia, entre os quaes está um mosteiro onde viveu o bemaventurado Santo Antão, e da sua ordem ha muitos religiosos, que vivem n'estas partes.

Por este caminho faziam antigamente os christãos abexins, cada anno sua romaria á casa santa de Jerusalem, quando estas terras estavam pacificas, em que gastavam um mez de ida e outro de vinda, pouco mais ou menos, a qual romaria hoje não podem fazer, senão com muito trabalho e perigo de suas vidas, por causa das guerras do Turco, com que tem os portos atalhados e impedidos.

Tornando pois ao grande reino Tigare, é assim chamado, porque em todo elle se falla a lingua tigare, que é a melhor e a mais polida d'estas partes. Este reino está repartido pelo Preste em duas grandes senhorias que são como grandes reinos. A primeira que fica para o Sul junto de Angote, se chama Tigrimahom, que quer dizer senhor de grandes terras. E a segunda, que vae para o Norte se chama Barnagais, que significa rei do mar, por quanto está perto do mar Rôxo. Os senhores que governam estas duas provincias são postos pelo Preste, e tirados quando lhe parece, como vice-reis. Ambos tem debaixo da sua jurisdicção grandes senhores. As terras são mui abundantes de mantimentos de trigo, cevada, favas, grãos, lentilhas, feijões e outros legumes. Tem muitas creações de vaccas, cabras, ovelhas, lebres, perdizes e porcos do matto; e tambem muitas féras, leões, tigres, adibis, e outros bichos peçonhentos. N'este reino ha grandes edificios e sumptuosos templos, como se póde vêr no capitulo seguinte.

CAPITULO VII

Dos sumptuosos edificios do Aquaxumo, e das rainhas Sabbá, e Candaces, primeira christã da Ethiopia

NA senhoria de Barnagaïs está uma provincia chamada Sabbaim, que vae entestar no rio Nilo, d'onde era natural a rainha Sabbá, senhora de grande parte d'esta Ethiopia; e d'aqui foi com muitos camellos carregados de ouro a Jerusalem, offerecel-o a Salomão, do qual houve um filho, que depois foi rei mui poderoso n'esta Ethiopia. Pelo tempo em diante succedeu n'este reino a rainha Candaces, e tinha sua côrte no logar chamado Aquaxumo, onde se fundou, e principiou a christandade d'estas terras, de que foi causa aquelle eunucho, mordomo d'esta rainha, a quem o apostolo S. Philippe converteu, e baptizou, vindo de Jerusalem para Ethiopia, como nos consta da sagrada escriptura. Este eunucho depois que foi instruido na fé pelo dito apostolo, veiu-se para Ethiopia mui contente, e contou a sua senhora Candaces o successo que tivera no caminho com elle, pela qual razão ella se converteu com toda sua casa, e foi baptisada pelo mesmo eunucho, e depois ella mandou baptisar a todo o seu reino de Buno, Cama, e Bono. E logo edificou uma sumptuosa egreja no logar de Aquaxumo, onde tinha sua côrte, e poz-lhe nome de Santa Maria de Syon, e dizem que foi assim chamada, porque de Syon lhe mandaram os apostolos a pedra d'ara para o seu altar, na qual vinha esculpido o mesmo nome. Dizem mais estes abexins de Aquaxumo, gloriando-se, que elles foram os primeiros christãos, que houve no mundo, e que n'elles se cumpriu a prophecia de David, que diz, *Aethiopia praeveniet manus eius Deo*; (*) a Ethiopia levantara as mãos a Deus e o louvára primeiro que todas as provincias e nações do mundo.

Esta egreja de Aquaxumo é de cinco naves, e todas de aboboda, e pedraria de cantaria bem lavrada, na qual estão sete capellas, mui formosas, com seus altares, e côro alto de aboboda ao modo dos nossos. Tem uma grande cerca em roda de muro alto de pedraria, e todo o campo que ha entre o muro e a egreja, é lageado de pedras mui grandes como campas. Fóra d'esta cerca estão dois aposentos mui grandes, sumptuosissimos, que deviam ser os em que morou a rainha Sabbá, e depois a Candaces, onde agora moram dois prelados, ou dignidades, que tem esta egreja, com muitos conegos, e frades, os quaes em todas as egrejas servem juntamente com os clerigos. Pelo campo em roda d'este logar, estão mais de trinta pyramides de uma só pedra, mui altos, quadrados, e bem lavrados, e

(*) Psl. 67, vers. xxxiv.

todos passam de cincoenta, e de sessenta covados de altura, e seis de largo, e tres de grosso, e cada um d'elles tem seu letreiro de lettras antigas que os naturaes agora não entendem.

Meia legoa d'este logar estão duas casas debaixo do chão, lavradas em pedra viva, onde ha muitas casas por dentro, e retretes, e n'ellas postas arcas de pedra, grandes e bem lavradas, onde dizem que a rainha Sabbá tinha seu thesouro. Perto d'este logar estão muitos picos altos, de pedra dura, em cima dos quaes estão edificadas muitas ermidas, com grande artificio, mui custosas e de muitas rendas, onde estão sepultados alguns santos, que houve n'estas partes, entre os quaes está um chamado Abbalicano, o qual dizem que foi confessor da rainha Candaces.

Em todos estes edificios e outros muitos, que deixo por abreviar, se mostra mui bem a magnificencia e nobreza, que houve antigamente n'este logar onde a christandade d'estas terras começou, com grande fervor, e perfeição na fé pura; e n'ella perseveraram os abexins muitos annos até que pelo tempo em diante receberam a falsa doutrina de Eutiques, e do malvado Dioscoro Alexandrino, aos quaes veneram por santos, seguindo seus erros na fé, sendo desobedientes ao papa, e obedientes ao patriarcha de Alexandria, e guardando muitas ceremonias judaicas, como é a observancia dos sabbados, e dos jejuns, a circumcisão dos meninos, não comerem alguns manjares immundos, em darem libello de repudio a suas mulheres, tomando outras.

No anno do Senhor de 1316 sendo papa João XXII, foram oito religiosos da ordem dos pregadores em romaria a Jerusalem, e d'alli passaram a estas terras do abexim com desejo de pregar n'ellas a fé, e doutrinar estes povos, e tiral-os dos erros em que viviam, e aproveitaram tanto com sua doutrina, que converteram muitos d'elles, e fundaram casas da ordem de S. Domingos, onde receberam muitos abexins á religião, entre os quaes tomou o habito um filho d'um rei vassallo do Preste João, que depois foi martyrisado pela fé, como mais largamente contarei. D'estes religiosos trata Seraphino Razzi (1) e Luiz de Paramo, (2) inquisidor de Sicilia.

(1) Razzi, na cron. dos Pregadores, fol. 299.
(2) Paramo, lib. 2 de orig. Inquis. tit. 2, c. 9, fol. 237.

CAPITULO VIII

Dos costumes dos abexins e erros que tem no christianismo.

Todos estes abexins ordinariamente não comem mais que uma vez cada dia, e esta depois do sol posto. Os religiosos e clerigos, jejuam a quaresma estreitamente, de maneira que muitos d'elles não comem mais que trez dias na semana, s. terça, quinta e sabbado. Não bebem vinho nem comem carne, nem leite, nem ovos, nem manteiga, comem sómente legumes e fructas. Os seculares tambem jejuám a quaresma estreitamente, e todas as quartas e sextas feiras do anno, tirando o tempo que se mete entre o Natal, e a Purificação de Nossa Senhora, e da Paschoa da Resurreição, até ao dia da Trindade, porque n'estes tempos não ha jejum. Toda a semana santa andam vestidos de preto ou azul, e não fallam uns com os outros, nem se saudam quando se encontram nas ruas, porquanto Judas com saudação e beijo de paz entregou Christo Nosso Senhor á prisão.

Todas suas egrejas são pintadas por dentro pelas paredes, onde tem muitas imagens de apostolos, prophetas, e santos, e em particular a S. Jorge, que em todas as egrejas está pintado. Tem muitas imagens de Nossa Senhora, e de Christo, e cruzes, e em nenhuma tem a Christo crucificado, tendo-se por indignos de vêr a Christo posto em uma cruz, onde fez tantas mercês ao genero humano.

Celebram suas festas moviveis, de Paschoa, Ascensão, Espirito Santo, nos proprios dias e tempos em que nós as celebramos; e na festa do Nascimento de Christo, Circumcisão, Epiphania, e de alguns santos, tambem são conforme comnosco. O seu anno se começa aos vinte e nove dias de Agosto, em que se celebra a degolação de S. João Baptista, e esse dia tambem é o primeiro do mez. O anno tem doze mezes e cada mez trinta dias, e acabado o anno sobejam cinco dias, a que chamam Pagomé, que quer dizer, comprimento de anno, e no anno bissexto sobejam seis dias, e assim fica o seu anno de tantos dias como o nosso.

Suas egrejas todas tem duas cortinas, que as atravessam; uma está perto do altar com campainhas, e d'aqui para dentro não entram senão sacerdotes; outra no meio da egreja, onde não entram senão pessoas de ordens; pelo que muitos fidalgos, e pessoas honradas se ordenam sómente para poderem entrar nas egrejas.

Nenhuma pessoa entra calçada na egreja, nem se assenta n'ella, nem cospe dentro, nem menos deixam entrar n'ella cão nem outro animal. Confessam-se em pé, e em pé lhe dá o sacerdote a absolvição. Os frades e clerigos resam nas egrejas psalmos e hymnos. Os clerigos casam depois que são de missa.

Os frades não casam. Ha muitas egrejas que tem conegos, os quaes vivem juntos, em um cercado em communidade; mas tem suas casas e mulheres fóra da cerca, onde vão estar com ellas. Os filhos dos conegos ficam conegos, e como são de edade servem a egreja onde os paes andam, o que não tem os filhos dos outros clerigos. Em todos estes reinos não se paga dizimo á egreja, porque todas tem grandes rendas, de que vivem os ministros d'ellas.

Em nenhuma egreja se diz mais de uma só missa, a qual é pelo povo, e não se diz por esmola, nem por defuntos. Dizem as epistolas e evangelhos á porta da egreja, aos seculares, que estão fóra d'ella. Os sacerdotes consagram no altar, e não mostram o sacramento ao povo. Toda a gente que vem á missa é obrigada a commungar, ou deixar de vir á missa, se não quer tomar communhão, a qual lhe vão dar á porta da egreja, no logar onde se diz a epistola, e evangelho. Commungam todos, até os meninos, *sub utraque specie*; e acabada a communhão dão uma pouca d'agoa benta a cada um dos que commungaram para lavar a bocca.

O vinho com que dizem a missa, se faz da maneira seguinte. Deitam passas de uvas de molho em agoa, onde estão dez ou doze dias, e depois de bem inchadas, as deixam enxugar, e as pisam, e espremem em um panno, e d'este summo que d'ellas sae fazem o vinho que bebem, e com este dizem missa.

As vestimentas com que dizem missa, são ao modo de camisas grandes, e a estola furada pelo meio, e metida pela cabeça; não usam de manipulo, nem de amicto, nem de cordão para se cingirem. Os frades dizem missa com o capello na cabeça, e os clerigos com ella descoberta. Todos trazem as cabeças rapadas, e barbas compridas.

Ninguem pode passar por diante das portas das egrejas a cavallo, e antes que cheguem a ellas, são obrigados a se descer, e passar a pé com a cavalgadura pelo freio, ou cabresto e depois que passam a egreja, tornam a cavalgar, e fazem seu caminho. Tanta reverencia tem ás cousas da egreja, que quando o Preste muda a sua côrte para outro logar, tambem se muda o altar em que lhe dizem missa, e este levam os clerigos nos braços, e a pedra d'ara com muita reverencia, indo diante um diacono tangendo uma campainha, e toda a gente se afasta do caminho, e os de cavallo se apeiam, e fazem reverencia á pedra d'ara e altar, quando passa.

O prelado maior d'estas partes lhe vem de Alexandria, mandado pelo patriarcha, o qual tem todos seus poderes; e em toda esta christandade não ha outro bispo mais que este, a que chamam Abima, que quer dizer padre, e este só ordena os clerigos, e frades d'estas partes, e quando este morre vão buscar outro a Alexandria.

Temem muito n'esta terra as censuras, porque se o prelado manda com pena de excommunhão a qualquer pessoa que faça alguma cousa, inda que seja em seu prejuizo, logo a faz, o que não faria d'outra maneira. Quando se manda dar juramento a alguma pessoa, põem-se dois clerigos á porta da egreja com incenso e brasas, e o que ha de jurar põem as mãos na porta da egreja, e um dos clerigos lhe diz que falle verdade, e que se jurar falso, que assim como o leão traga a presa no mato, assim seja sua alma tragada do diabo; e que assim como o trigo é moido entre as pedras, assim seja elle moido dos diabos; e assim como o fogo queima a lenha, assim seja sua alma queimada no inferno; e se elle disser verdade, que sua vida seja alongada, com muita honra, e sua alma goze do paraizo com os bemaventurados. E a cada uma d'estas maldições, e bencãos responde o que jura, e diz amen. E isto acabado, dá seu testemunho, e vae-se cada um para sua casa.

Quando morre alguma pessoa vão os clerigos a sua casa com cruz, incenso e agoa benta, e rezam-lhe certas orações, e levam-no a enterrar aos adros da egreja, os quaes estão cerrados, onde ninguem entra.

CAPITULO IX

Das povoações, côrte do Preste João, vestidos, armas, creações e fructos da terra do Abexim

Em todos estes reinos do Preste João não ha cidade, nem logar, que passe de dois mil visinhos, e nenhum d'elles é cercado nem acastellado. As aldeias não tem conto, porque a mais da terra é povoada. As casas communmente são redondas, terreas, algumas d'ellas cobertas de argamassa, e outras de palha, com sua cerca em roda, de pedra ou de madeira. As camas em que dorme a gente nobre, são catres com precintas de correias de boi, e a gente pobre sobre os coiros dos mesmos bois. Não usam de mezas, porque ordinariamente comem sobre umas bandejas grandes, sem toalhas nem guardanapos. A louça de que se servem é de barro preto muito delgado, fino e rijo. Muita gente d'esta come carne crua, e outra assada nas brasas.

Os fidalgos, conegos e religiosos andam vestidos,

e a mais gente commum anda nua da cintura para cima e uma pelle de carneiro lançada ao hombro, atada do pé á mão ao modo de surrão de pastor.

O Preste não tem certo o logar onde viva porque o mais do tempo anda correndo seus reinos, e onde quer que chega assenta sua casa e côrte no campo, com grande numero de tendas, que cada um dos que anda na côrte leva para seu alojamento. Junto das tendas do Preste estão as da rainha sua mulher, que são por todas seis ou sete tendas, mui grandes e formosas, forradas por dentro de muitas sedas. Todas estas tendas são cercadas com umas cortinas de côres, quarteadas ao modo d'enxadrez, de branco e preto, que ficam como muro das tendas, e em roda d'elle muita gente de guarda. A cozinha do Preste se faz em uma tenda, que está detraz da em que elle mora um tiro de bésta, e de lá lhe vem as iguarias em tigellas e panellas de barro preto como azeviche, postas em umas bandejas, as quaes trazem pagens nas mãos, todos juntos debaixo d'um pallio. Afastado um grande espaço das tendas do Preste estão as das egrejas, onde se diz missa, e se celebram os officios divinos. E na frontaria das tendas reaes outro bom espaço, estão as tendas da justiça, e logo se vão seguindo em circuito as mais tendas dos senhores, que andam na côrte, que todas tomaram campo de grande meia legoa, onde estão todas assentadas, e arruadas por sua ordem, como em uma cidade populosa, porque n'esta se acha tudo o que pode haver nas cidades, assim de officiaes da terra, como de mercadorias de toda a sorte, e outras muitas particularidades, em que me não detenho, quaes pode cada um julgar, que são necessarias para um tão grande povo, como é este, que anda com o Preste, cujo numero é de cincoenta mil homens de cavallo, e de mullas, antes mais que menos, afóra gente plebêa, que será muito mais.

N'estas terras não é costume escreverem-se uns aos outros, nem ha escrivães, nem tabelliães, porque todas as suas demandas e sentenças são verbaes, averiguadas, e julgadas diante das partes. Sómente o Preste, e grandes senhoras tem escrivães de suas fazendas. Não corre moeda n'esta terra, nem o Preste a manda bater; as compras se fazem por troca de umas couzas por outras, e particularmente do sal em pedra, que é moeda ordinaria n'estes reinos, onde vale muito, pelo pouco que n'elles ha. Tem estas terras ouro, prata, cobre, e estanho, mas os moradores d'ellas tem tão pouco artificio, que o não sabem tirar das minas, e sómente se aproveitam d'aquelle que as chuvas descobrem nas regueiras, com a corrente das aguas.

Todas estas terras são mui abundantes e fartas de trigo, cevada, milho, tafo e guça, sementes que não conhecemos, de que se faz mantimento. Ha muitas favas, grãos, feijões, chicharos e outros legumes, tirando pepinos e melões, e rabanos, que estes não se dão n'estas terras. O Preste João tem grandes reguengos, e campos que manda semear, e todo o trigo que d'elles se colhe manda repartir por pessoas pobres e honradas, e nenhum se recolhe para seus celleiros. Pelos mattos ha muito mangericão, e pela ribeira muitos salgueiros; pelos campos e serras grandes zambujaes. Ha muitas cannas de assucar, de que não sabem fazer assucar, e servem-lhe de mantimento. Ha muitas uvas e pecegos, que amadurecem em Fevereiro, e duram até todo Abril.

Ha muita abundancia de mel e colmeias, assim nas povoações como nos campos, e da cêra fazem muitas e boas vellas, com que se allumiam. O azeite que se gasta n'estas terras é d'umas hervas que parecem pampillos, muito louro e formoso, mas tem pouco gosto. Ha muitas arvores de espinho e pouca hortaliça.

Ha n'estas terras grandes creações de vaccas, cabras, ovelhas, muitas aves como as de Portugal, s. perdizes de trez castas, lebres, gallinhas do mato pintadas, grandes e formosas, codornizes, rollas, pombas, açores, falcões, gaviães, aguias reaes, e ribeirinhas, tordos, pardaes, andorinhas, rouxinoes, cotovias, patas bravas, adens, marrecas, garças, grous, emas, e outra muita variedade de aves não conhecidas.

Criam-se n'estas partes muitos leões, tigres, onças, lobos, veados, antas, vaccas bravas, porcos montezes, e porcos espinhos, gazellas, elephantes, gatos de algalia, raposas, e outros animaes, e bichos de varias especies. Os bojios são tantos, que por amor d'elles ordinariamente guardam os pães e searas, de dia sómente, porque de noute não sahem a comer, e são tão damninhos, que se os não vigiassem, em dois dias destruiriam as searas, particularmente no reino de Barnagais, onde são infinitos.

As armas de que usam commummente são arcos e frechas, azagaias, espadas, faias de malha, algumas espingardas, e capacetes, muitas e boas adargas; não tem bombardas, nem outras peças de artilheria, mais que alguns berços, que lhe mandou El-Rei D. Manoel. Os instrumentos de guerra são trombetas, atabales de bronze ou cobre, e outros de páo, tambores de duas pelles, da feição dos nossos, mas não tão primos. Os cavallos em que pelejam commummente são da terra, pequenos, posto que ha muitos n'estes reinos, mui formosos e grandes, que vem da Arabia, e outros muito melhores, que vem do Egypto. Outras muitas cousas notaveis ha n'estas terras, e reinos do Preste, que será infinito contal-as, e uma das melhores que tem, é não haver judeus n'ellas; havendo christãos, gentios, e mouros.

FIM DO LIVRO QUARTO

LIVRO QUINTO

DA ETHIOPIA ORIENTAL, EM QUE SE DÁ RELAÇAO DA COSTA DE MELINDE E SUAS ILHAS, E DE TODA A MAIS COSTA, ATÉ O MAR ROXO, E DOS COSTUMES DOS HABITADORES D'ESTAS TERRAS, E DE ALGUMAS COUSAS NOTAVEIS, QUE N'ELLAS ACONTECERAM EM NOSSOS TEMPOS

CAPITULO I

Das ilhas da costa de Melinde, e seus habitadores, e das varias seitas de Mafamede

JÁ temos visto as terras, e reinos principaes, que correm pelo sertão dentro da Ethiopia, até as terras do Egypto seu limite. Resta agora para concluirmos a historia da mesma Ethiopia, relatar as terras maritimas que a cercam, começando do Cabo Delgado, onde ficamos, até entrar pelo estreito do mar Roxo.

O Cabo Delgado está em dez gráos da parte do Sul. D'elle até a linha equinocial se chama costa de Melinde, que é da jurisdicção do capitão de Mombaça. N'esta costa vem sahir o grande rio Quilimanci, ou Quilimangi, e o celebre rio Cuabo, ou Coavo, o qual dizem que nasce d'um lago do rio Nilo. Ao longo d'esta costa estão muitas ilhas, povoadas de mouros baços, e gentios cafres, algumas das quaes são ilhas mui grandes, formosas e ferteis, como é Quiloa, Monfia, Zanzibar, Mombaça, Pemba, Lamo, Pate e outras mais pequenas. Em cada uma d'estas ilhas tem o capitão da costa seu feitor, que lhe feitoriza suas mercadorias, que são escravos, ambar, tartaruga, marfim, cera, milho e arroz, das quaes veniagas tem estas terras boa quantidade. Em todas estas ilhas, ha muitos palmares e searas de milho e arroz. Fazem-se n'ellas muitas embarcações, muito cairo, esteiras e palhetes de palha fina, muitos e bons pannos de seda, e algodão, e particularmente na ilha de Pate, onde ha grandes tecelões, e por esse respeito são mui nomeados os pannos de Pate, de que se vestem os mouros fidalgos, e reis d'esta costa, e tambem as mulheres de alguns portuguezes.

Cada uma d'estas ilhas tem seu rei mouro, os quaes todos são vassallos d'El-Rei de Portugal, e todos lhe pagam tributo em reconhecimento de vassallagem, o qual arrecada o capitão da costa em cada um anno. Todos estes mouros foram antigamente estrangeiros n'esta costa, como hoje n'ella são os portuguezes, porque são arabes de nação, e sahiram da provincia d'Arabia Felix, da cidade de Larach, e vieram povoar estas ilhas, e algumas terras da fralda do mar d'esta Ethiopia, onde fundaram grandes e populosas cidades e povoações que hoje tem, e n'ellas vivem ha muitos annos, já como naturaes da terra, e quasi similhantes aos mesmos ethiopes, assim na côr do rosto, como em costumes. Todos estes arabes seguem a seita dos persas, que é a interpretação que Alé fez sobre a lei de Mafamede, no que vão mui desviados da seita dos turcos, os quaes seguem a Omar interprete de contraria opinião; pela qual rasão tem uns aos outros em conta de herejes na observancia da mesma seita de Mafamede; e essa é uma das causas, porque o Xá Ismael Sophi, Gran sultão de Persia, é inimicissimo do Gran Turco, e traz sempre guerra com elle sobre a pretensão do summo Pontificado da seita de Mafamede, allegando que lhe convem legitimamente, porquanto segue a mais certa interpretação da lei que Ale fez, e o Turco lhe tem usurpado o mesmo Pontificado, sendo hereje e seguidor d'outra falsa interpretação.

E para que esta differença de seitas melhor se entenda, é de saber, que depois da morte de Mafamede houve algumas duvidas entre seus descendentes, sobre o entendimento da seita que tinha deixado, pela qual rasão quatro parentes seus mais chegados, e que mais o communicavam, querendo cada um mostrar-se mais douto na mesma lei, pretendendo com isso ser seu verdadeiro successor, escreveram todos quatro sobre a lei, cada um por seu modo differente, variando em muitas cousas; pelo que resultaram d'aqui quatro seitas, differente uma da outra. Ale foi o primeiro que escreveu, e fez a seita chamada Immemia, seguida dos persas, indios, e gelbinos de Africa, e dos arabes, que habitam as terras maritimas de Arabia Felix, d'onde os mouros d'esta costa procedem. Albubequer, foi o segundo, que fundou a seita Melchia, seguida geralmente de todos os mais arabes, sarracenos e africanos. Omar, foi o terceiro, que fez a seita anephia, seguida dos turcos, surianos, e dos africanos d'aquella parte chamada Zahara. Odmão, foi o quarto que deixou a seita baanephia, ou xaphaya, como vulgarmente se chama, seguida tambem de alguns mouros d'esta costa. De modo que os mouros que seguem uma seita d'estas, tem aos mais que seguem qualquer das outras por herejes, cuidando cada um que a sua é a mais certa seita de Mafamede, mas todas ellas são infames e deshonestas e tão alheias da verdade, como é a noite escura, do claro e formoso dia.

A principal ilha de toda esta costa, foi antigamente Quiloa, onde havia uma mui nobre e sumptuosa cidade, de soberbos edificios, como ainda hoje se mostra em algumas mesquitas mui grandes que estão em pé, posto que mui damnificadas. N'esta cidade morava um rei, que era como imperador e senhor de toda esta costa até Sofala, e em todas estas ilhas, e rios tinha tracto, vassallos e feitorias; mas hoje é um rei mui pequeno e pobre, e agora a mais nobre ilha, e mais rica d'esta costa é a de Mombaça, onde está a nossa fortaleza, em que reside o capitão da costa de Melinde, o qual antigamente assistia o mais do tempo na cidade de Melinde, antes que se fizesse esta fortaleza de Mombaça.

CAPITULO II

Da ilha de Pemba, e suas empofias, e das ilhas de Lamo e Pate

DEFRONTE de Mombaça, está outra ilha chamada Pemba, oito legoas ao mar, pouco mais ou menos afastada da terra firme, a qual tem nove ou dez legoas de comprimento. E' mui fertil de mantimentos, e em particular de arroz. Tem muitas e grandes criações de gado vaccum, pela qual rasão val mui barato. Toda esta ilha é cortada de muitas ribeiras d'agua dôce. Tem muitos mattos cheios de larangeiras, e limoeiros, sem dono, devolutos a quem quer colher d'elles, e alguns são tão cerrados, que não ha quem possa romper por elles. Tem muito rica e grossa madeira, de que se podem fazer muitas náos, e navios. E com ser um ilha tão viçosa, fresca e fertil, é muito doentia.

N'esta ilha moraram sempre muitos portuguezes,

assim mercadores casados, como soldados, e soffriam as doenças da terra pela grossa e boa vida, que n'ella levavam, por sua grande abundancia e fertilidade; e tinham senhoreado tanto aos mouros da ilha, que até o comer do fogo lhe tomavam, particularmente os soldados vadios e ociosos, o que faziam não porque lhe faltasse cousa alguma, senão pelo não cozinharem, ou por zombarem das mouras. E além d'isto lhe apanhavam tudo o que d'ellas haviam mister, sem para isso lhe pedirem licença, nem satisfazerem cousa alguma. E tão opprimidos eram estes pobres mouros com as perpetuas forças, que lhe faziam os portuguezes, não sómente os moradores da terra, mas tambem os mercadores forasteiros, que a ella vinham com suas fazendas, que não podiam viver. Porque a gallinha do mouro, que entrava em casa do christão, não era mais do mouro, e se elle a pedia, respondia-lhe o christão que a gallinha fôra a sua casa para se fazer christã, e que lh'a não havia de dar. E a mesma rapina lhe faziam das cabras, e dos porcos, que os mouros ali creavam, para vender aos mesmos portuguezes. Se o christão passava pela porta do mouro, e acertava de empeçar em alguma pedra, ou dava alguma topada, ou lhe succedia qualquer outro desastre, o pobre do mouro, ou moura d'aquella casa lhe havia de pagar todo o damno que recebeu, ou com roupa, ou com gallinhas, ou com fardos de arroz, de modo que ficasse o christão satisfeito á sua vontade; e outras mil forças, e trapaças como estas lhe faziam; as quaes os mouros chamam empofias; de maneira que eram mui nomeadas por toda esta costa as empófias de Pemba.

Não podendo os mouros d'esta ilha soffrer tantas forças e affrontas, como de continuo recebiam dos portuguezes, determinaram levantar-se contra elles, e contra o seu mesmo rei que os soffria e consentia, a qual determinação pozeram em effeito, e uma noute saltaram na povoação dos portuguezes e nas casas do seu proprio rei, que perto d'elles estava, e mataram muitos, assim homens, como mulheres e meninos. E o rei com alguns portuguezes que poderam escapar d'este assalto fugiram, embarcando-se em pangaios, que estavam no mar, perto da ilha, e se foram para Mombaça. E de então até agora sempre estes mouros de Pemba, estiveram levantados, e nunca mais quizeram obedecer ao proprio rei, nem menos consentir portuguezes na sua ilha. E posto que depois d'isso foram castigados por Matheus Mendez de Vasconcellos, capitão d'esta costa, e o rei mettido de posse da ilha por força d'armas, comtudo tornaram-se a levantar, como hoje estão, sem querer obedecer a seu rei natural, que está na fortaleza de Mombaça, feito christão e casado com uma portugueza das orphãs que vão d'este reino para a India.

Além da cidade de Melinde está situada a ilha de Lamo, onde ha muita creação de asnos mui grandes de corpo, mas muito molles e de pouco serviço. Perto de Lamo está a formosa ilha de Pate, junto da terra firme, a qual é muito fertil e grande, e senhoreada de tres reis, que vivem em tres cidades, situadas dentro na mesma ilha, povoadas de muitos mouros, que são Pate, Sio e Ampaza, tributarias a El-Rei de Portugal. Esta ultima cidade de Ampaza foi antigamente muito rica e mui prosperá, e de melhores edificios, que toda as mais cidades d'esta costa, e assim era povoada de mouros mais arrogantes e soberbos, e grandes inimigos de christãos; pela qual rasão foi castigada pelos portuguezes, destruida e posta por terra, como se póde vêr no capitulo seguinte.

CAPITULO III

De uma galé de turcos que sahiu do estreito de Meca, a roubar a costa de Melinde, e do captiveiro de Roque de Brito

No anno do Senhor de 1585, sahiu do estreito de Meca uma galé de turcos a roubar e saquear a costa de Melinde, na qual vinha por capitão um grande corsario, turco de nação, chamado Mirale Beque, e foi elle tão venturoso, que fez quanto quiz nas pessoas e fazendas dos portuguezes, que estavam espalhados por toda esta costa, o que fez com mui pouco trabalho, porque os mais d'elles lhe foram entregues pelos mouros, assim pelo odio que tem ao nome christão, como pelos escandalos, que cada dia recebiam dos mesmos portuguezes. N'este tempo tinha sahido da capitania d'esta costa de Melinde Roque de Brito Falcão, natural da cidade d'Evora, o qual fazendo sua viagem para a India em uma fusta sua, com quarenta mil cruzados seus em dinheiro, marfim, ambar, cera, breu e muitos escravos, foi ter á ilha de Lamo, na qual teve novas da galé dos turcos, e logo começou de temer o que lhe podia succeder; mas o rei da ilha (que era mouro, vassallo e tributario á corôa de Portugal) lhe disse que não temesse, nem receiasse a vinda dos turcos, antes se deixasse ficar na sua ilha, porque elle o defenderia ou morreria com elle em sua defensão, e dos mais christãos que vinham em sua companhia, que eram quarenta pessoas portuguezas, entre homens, mulheres e meninos, afóra muitos escravos christãos. Roque de Brito parecendo-lhe que as palavras do mouro não eram fingidas, e que era amigo seu, como sempre se mostrara, deixou-se ficar na ilha; mas tanto que os turcos chegaram a ella, o tredo rei os sahiu a receber e metteu na ilha, e foi tão infiel e falso, que os levou onde os christãos estavam, para lh'os entregar todos á prisão, mas o esforçado capitão Roque de Brito (posto que tinha pouca gente comsigo para resistir a tanta multidão de turcos e mouros) não se quiz entregar, antes embraçando uma rodella e tomando uma espada nas mãos, juntamente com cinco portuguezes, que o ajudaram, pelejou tão valorosamente, que em pouco espaço de tempo tirou a vida a muitos inimigos primeiro que lhe tirassem sua liberdade; finalmente depois de haver uma mui travada briga, e Roque de Brito já mui mal ferido, então foi rendido e captivo, e logo curado pelos turcos com muito cuidado, por respeito do resgate que por elle esperavam de haver, e depois foi levado a Constantinopla, onde falleceu de sua doença. De modo que os turcos levaram d'esta costa muitas e grossas prezas, que montariam ao todo cento e cincoenta mil cruzados, assim do que tomaram a Roque de Brito e aos outros portuguezes, como tambem de dadivas que os mouros d'esta costa lhe deram, e além d'isso levaram duzentas e sessenta pessoas captivas, em que entraram quarenta portuguezes, que lhe foram entregues em diversas partes d'esta costa, pelos mouros d'ella, falsos e tredos.

Soube tão bem este bocado aos turcos, que determinaram tornar a esta costa com maior cabedal e armada, para n'ella fazerem uma fortaleza, onde se recolhessem e fortificassem. O qual intento favoreciam grandissimamente os mouros d'esta costa, e mais em particular os de Mombaça e os de Ampaza, o que faziam em odio dos portuguezes e d'elrei de Melinde nosso amigo, promettendo para este effeito muitas dadivas aos turcos, e todo o favor e ajuda que lhe fosse necessaria. Com esta determinação se tornou o turco para o estreito de Meca, levando comsigo a Roque de Brito e a seus companheiros, e a fusta que lhe tomou, com toda a sua carga.

CAPITULO IV

De uma armada que veiu da India castigar os mouros da costa de Melinde, e do martyrio de João Rebello

Ficou o estado da India receiando a tornada dos turcos a esta costa, e assentarem n'ella como tinham concertado com os mouros falsos e tredos da mesma costa; tudo afim de lançarem os portuguezes fóra d'estas terras. O qual intento, se viera a effeito, recebera o estado da India muito damno, e a fortaleza de Moçambique muita oppressão, por ficar na mesma costa. Pelas quaes rasões o vice-rei D. Duarte de Menezes ordenou logo mandar uma grossa armada para tomar vingança d'estas culpas, e castigar os mouros d'aquella costa pela traição que fizeram aos portuguezes em os entregar aos turcos e em quebrar as pazes que tinham com Portugal, favorecendo, e recolhendo os turcos inimigos nossos em suas terras. Para o qual effeito mandou Martim Affonso de Mello por capitão mór de uma grossa armada de dois galeões, trez galés, e doze galeotas, em que foram seiscentos e cincoenta portuguezes, e por sota capitão Simão de Brito de Castro.

Partiu toda esta armada de Gôa aos nove de Janeiro, de 1587 (que é o tempo em que se navega da India para esta costa) e fazendo sua viagem com prospero tempo chegou á vista d'ella aos vinte e oito do mesmo mez, e querendo logo dar em Magadaxo, cidade de mouros, isenta e soberba, passaram por ella de noute sem a poderem tomar, nem menos Brava, e outras povoações d'esta costa; mas foram tomar vista de sete ilheos despovoados que estão defronte da cidade de Ampaza com a gente toda sã, e desejosa de dar assalto n'aquella maldita cidade, merecedora de todo o castigo que lhe logo veiu, porque além de n'ella se entregarem alguns portuguezes com suas fazendas aos turcos, sucedeu o caso seguinte. Um dos portuguezes captivos chamado João Rebello, adoecendo na galé foi mandado pelo capitão mór dos turcos a esta cidade, para que lh'o curassem; mas os mouros d'ella em vez de o curarem lhe deram gravissimos tormentos, e lhe fizeram muitos opprobrios e injurias, porque não quiz deixar a lei de Christo, e fazer-se mouro (sendo commettido para isso). E finalmente lhe ataram uma corda ao pescoço, e o arrastaram por toda a cidade, o que tudo este martyr soffreu com grande constancia, sendo já de mais de cincoenta annos, respondendo sempre aos mouros, que nunca Deus permitisse que elle empregasse tão mal sua velhice, seguindo a falsa lei de Mafamede, e deixando a seu verdadeiro Deus, Jesus Christo, em tempo que tinha mais necessidade d'elle; e assim morreu arrastado, e apedrejado, com muito contentamento, como cavalleiro fiel de Christo.

Estava esta cidade de Ampaza em um monte redondo, cercada em partes de vasa e em partes de muro, e da parte do mar com grande e grossa estacada de madeira. Era cidade mui grande e mui cheia de gente, prospera e rica; o rei que a possuia era mui poderoso, e mui envejado de todos os reis d'esta costa. Ao tempo que a nossa armada lançou ancora, veiu logo um batel de terra tomar falla d'ella, cuidando ser a frota dos turcos, que vinha do estreito de Meca, como tinha promettido, mas achando o contrario, voltou mui ligeiramente, e tornou á cidade com a nova do que era. O rei chamado Estambâdur, entendendo muito bem que os portuguezes haviam de pelejar com elle, e castigal-o, pelas culpas que contra elles commettera, e que tinha pouca esperança de soccorro de seus visinhos, pois a todos tinha por inimigos, fez uma falla a seus vassallos, da maneira seguinte:

Bem vêdes, amigos, quão incerta é nossa vida e salvação n'esta hora, porque se fugimos para a terra firme havemos de ser roubados, e por ventura comidos ou captivos dos cafres. Os visinhos que temos dentro na ilha da cidade de Pate e de Sio, certo é que nos não hão de soccorrer, nem ajudar, antes entregar aos portuguezes, de quem são amigos. Pelo que nos fica sómente o remedio da espada, a qual ha de pôr em duvida esta contenda entre nós e os portuguezes; e se vencermos, ficamos com muita honra, e nossa cidade com nossas familias, e fato seguro, e ficamos então pondo os pés sobre os pescoços de nossos inimigos, e se morrermos, mais vale que seja pelejando com os portuguezes, que são cavalleiros, que não comidos pelos cafres, e finalmente eu hei de pelejar até vencer ou morrer. Ditas estas palavras, e outras similhantes rasões, e certificado dos grandes, e principaes vassallos que tinha, estarem todos no mesmo parecer, ordenou-se logo um solemne juramento, em que todos jurassem de pelejar em defensão da patria, de seu rei, e de suas familias, até morrer na contenda, o qual juramento se póde vêr no capitulo seguinte.

CAPITULO V

De como foi destruida e arrasada por terra a cidade de Ampaza pelos portuguezes

TANTO que os mouros de Ampaza se resolveram em pelejar com os portuguezes, e deffender sua cidade, ordenaram um solemne juramento, com mil superstições, da maneira seguinte. Tomaram uma novilha branca sem malha alguma, e pozeram-lhe os olhos para o Nascente, lançando sobre ella arroz com casca, ramos e vinagre, com certas palavras; e depois d'isto lhe deram um golpe no pescoço, da parte esquerda com um terçado, do qual logo cahiu morta. E porque cahiu para a parte onde estavam os portuguezes, ficaram muito alegres, tendo-se por senhores do campo e victoriosos; e abraçando-se uns com os outros tres vezes, e tocando o joelho do rei com a mão, e pondo-a na cabeça, remetteram aos portuguezes, que já n'este tempo commettiam a cidade pela ordem seguinte.

Desembarcou a nossa gente em baixa-mar parte pela lama e parte pela agua, até sahirem a uma praia, onde fizeram tres bandeiras; a primeira levava o sota-capitão Simão de Brito de Castro. A do meio levava o capitão mór da costa de Melinde. A terceira levava o capitão mór da armada. E com esta ordem foram marchando para a cidade, assim pela banda da praia, como pela parte da terra, onde havia infinitos mouros que estavam esperando aos portuguezes com muito exforço, e com elle os commetteram e pelejaram varonilmente; mas durou pouco tempo sua resistencia, porque os nossos lhe romperam logo as tranqueiras e foram entrando a cidade pela parte do mar com tanta furia, que os fizeram retirar. Por outra parte o capitão mór da armada foi rodeando a cidade, até que tomou um tezo alto, onde mandou tocar as trombetas, e ao som d'ellas foi commettendo grande numero de mouros, que estavam juntos em um corpo com o rei, e principe, pelejando como leões, no terreiro dos paços, onde logo foram mortos muitos mouros, entre os quaes morreu tambem o Cacis grande, que era como seu bispo, chamado Atibo, cuja morte ficaram os mouros mui desanimados, mas nem por isso deixaram de pelejar como exforçados, pelo seu rei que presente estava, e á vista de suas mulheres e filhos, que tudo lhe acrescentava o exforço, e vontade de pelejar. Porém não podendo resistir tanto á valentia dos portuguezes, o rei cahiu morto a seus pés, e muitos mouros ao redor d'elle. Mas nem tudo isto bastou para os mais inimigos se darem por vencidos, antes se recolheram em suas casas, onde se fizeram fortes de dez em dez e de vinte em vinte e d'ali se defendiam mui valorosamente, fazendo muito damno aos nossos. Finalmente nada lhe valeu para escaparem do castigo que mereciam, porque foram mortos quasi todos, por respeito de um pregão, que se lançou entre os portuguezes, que não perdoassem a cousa viva, o qual se cumpriu tão inteiramente que foram mortas mulheres e meninos, bogios, papagaios e outros animaes innocentes, com tanta colera, quanta mereciam as culpas d'aquella cidade. E comtudo isto inda se captivaram trezentos mouros, e morreram á espada quatrocentos; e dos portuguezes morreram sómente quatro homens, que foram Francisco Rolim, D. Duarte de Mello, Vasco de Figueiredo e Antonio Fernandez Malaca, e foram mal feridos quarenta.

Depois que não houve resistencia na cidade, logo se deu saque em toda ella, o qual foi mui grosso e de muita importancia; e depois que os portuguezes foram satisfeitos, se largou o saque aos negros nossos amigos, e ajuntando-se para isso quasi quatro mil, dois dias inteiros acarretaram fato, e até as portas das casas levaram. O capitão mór da armada armou muitos cavalleiros n'este logar, e mandou tomar a cabeça do rei, levantada na ponta d'uma lança, e que fossem rodeando e correndo a cidade com este pregão, que se dava ao som das trombetas.

Justiça que manda fazer Sua Magestade n'este traidor, e rebelde Estambâdur, rei que foi d'esta cidade, a qual manda seja queimada e assolada para sempre pelas traições que n'ella foram commettidas contra os portuguezes. E logo lhe pozeram fogo, e a destruiram de maneira que não ficou pedra sobre pedra. E porque os mouros não tornassem a povoar aquelle sitio, foram cortados ao machado quantos palmares tinha em circuito, que seriam passante de oito mil palmeiras que é a principal fazenda e sustentação d'estes mouros; de modo que não ficou ali mais que o campo raso, onde foi a soberba cidade de Ampaza.

CAPITULO VI

De como foi castigada a cidade de Mombaça, e do mais que succedeu a esta armada

Tornou a partir a nossa armada d'este porto, e foi correndo a costa e sujeitando outra vez de novo a cidade de Lamo, Lusiva, e outras, que estavam levantadas, deixando-as tributarias a El-Rei de Portugal como d'antes estavam. E querendo o capitão mór castigar o rei de Lamo, por entregar Roque de Brito aos turcos, soube como era fugido pela terra dentro, e logo ó declarou por levantado. E d'aqui se fez á vela, e foi correndo a costa até Melinde, cujos moradores ainda que mouros, sempre foram nossos amigos, e conservaram a lealdade que deviam aos portuguezes. O rei veiu logo á nossa armada, e entrou na galé capitaina mui contente e galante. Vinha vestido com uma cabaia de damasco rôxo, trazia na cabeça uma touca branca, bordada de amarello, e perfilada de ouro, ferragoulo de grã, calções portuguezes, alparcas ricas nos pés e um terçado cingido, que El-Rei D. Manuel tinha mandado a seus antepassados. Era mancebo de vinte e quatro annos, de côr baça, e mui grave. Tanto que entrou na galé, assentou-se na cadeira do capitão mór, que estava na tolda, e mandou ao capitão mór, que se assentasse, o que fez em um banco que alli estava. Aqui festejou muito a vinda da nossa armada, e o bom successo que até então tivera. Os mouros seus vassallos por festa jogaram em terra á choca, luctaram e correram com grande contentamento.

Alguns dias gastou a nossa armada n'este porto, onde deixou alguns feridos para se acabarem de curar, e d'aqui se partiu para Mombaça, indo em sua companhia el-rei de Melinde com trez navios seus, e levando comsigo muitos mouros, em favor da nossa armada. Chegados ao porto de Mombaça, o capitão mór se foi a terra com toda a soldadesca, deixando toda a armada entregue a el-rei de Melinde, cousa que o rei estimou grandemente. Os mouros da cidade quizeram fazer rosto aos portuguezes, e pelejaram com elles com grande confiança, mas durou-lhe pouco tempo seu atrevimento, porque logo nos primeiros encontros, voltaram as costas com tanto medo, que nem dentro na cidade se deram por seguros, antes dasamparando-a de todo fugiram para os mattos da ilha, onde se embrenharam, e os portuguezes lhe foram dando nas costas, e matando quantos alcançavam; e juntamente entraram na cidade, sem acharem resistencia n'ella, por estar toda despejada, e logo lhe pozeram fogo, com que ardeu muita parte d'ella; e assim mais lhe derrubaram os muros quasi todos e totalmente ficara posta por terra, se os mouros não acudiram com bandeira de paz, pedindo misericordia e concerto, o qual lhe concederam, e cessou a distruição da cidade, e por isso deram quatro mil cruzados, para as despezas da nossa armada, e assim ficou Mombaça castigada com pouco damno dos portuguezes.

Depois de concluidas as cousas d'esta costa, partiu-se d'ella Martim Affonso de Mello com toda a sua armada, e foi correndo a mais costa até o estreito de Meca, e tomou porto na illa de Sacotora (que está na bocca do mesmo estreito) onde se refez de agoa, e do mais necessario para a armada. E d'alli partiu para a fortaleza de Ormuz, onde chegou a salvamento, e n'ella adoeceu de uma grave enfermidade, e morreu. Pela qual razão seu sogro, que estava n'esta ilha, chamado Simão da Costa, homem de muito ser, levou aquella armada em paz, e a salvamento a Gôa. A cabeça de el-rei de Ampaza, foi tambem levada a Gôa, mirrada, e o vice-rei D. Duarte de Menezes a mandou levar por toda a cidade na ponta de uma lança, com trombetas e tambores, e pregão diante que dizia: justiça que manda fazer El-Rei de Portugal Nosso Senhor, ao rei de Ampaza, chamado Estambâdur, por ser tredo aos portuguezes, com quem tinha pazes, e dar entrada no seu reino aos turcos seus inimigos.

CAPITULO VII

De como Mirale Beque tornou com quatro galés a esta costa, e de como foi lançado do porto de Melinde

No tempo que Martim Affonso de Mello veiu da India com sua armada castigar os mouros levantados, e tredos da costa de Melinde, estava o turco Mirale Beque dentro no estreito de Meca, negociando algumas galés para tornar a esta costa, e tomar n'ella força e assento, como tinha promettido aos mouros d'ella, mas não se poude aviar tão depressa como desejava, pela muita falta de madeira, que ha dentro no estreito, e por esse respeito se deteve alguns annos em se aviar para esta vinda. Muito mal soffriam os mouros d'esta costa sua tardança, porque desejavam summamente sua vinda, para os vingar dos portuguezes, de quem ficaram tão magoadas e castigados, como temos visto no capitulo atraz, e não soffrendo tanta dilação mandaram seus embaixadores dentro ao estreito, com presentes e cartas a Mirale Beque, pedindo-lhe muito apressasse sua vinda e viesse vingar as affrontas, perdas e mortes, que tinham recebido dos portuguezes, e lançal-os d'esta costa.

Por esta causa logo Mirale se resolveu em vir, para o que armou quatro galés, e a fusta que tinha tomado a Roque de Brito, e sahiu pelo estreito fóra no anno do Senhor de 1589, e veiu correndo a costa até Magadaxo, cidade povoada de mouros, onde o receberam com muito alvoroço, e lhe deram muito dinheiro, pedindo-lhe que quizesse d'alli por diante ser seu protector e defensor contra os portuguezes. Daqui tornou a dar vella, e veiu correndo as demais cidades, e logares de mouros d'esta costa, onde todos lhe deram dinheiro, uns com medo, outros forçados, e outros por sua vontade, e d'esta maneira veiu até Melinde, onde chegou uma tarde já quasi noute, e logo mandou amainar as vellas, e lançar ancora ao mar, com determinação de dormir alli aquella noite, e no dia seguinte combater a cidade, e fazer-lhe todo mal que podesse, porquanto era de rei grande amigo de portuguezes.

Matheus Mendez de Vasconcellos (capitão que então era d'esta costa) estava n'este tempo aqui em Melinde com el-rei, e vendo que Mirale tinha ancorado no porto, mandou logo trazer uns falcões, e assental-os em cima de uma corôa de areia que estava no mar, perto das galés, e d'alli as mandou esbombardear de noite, e posto que fazia escuro, e os tiros fossem dados á ventura de acertar as galés, com tudo alguns pelouros deram n'ellas de que os turcos receberam algum damno; e por quanto não sabiam d'onde lhe vinha o mal, nem se podiam defender d'elle, nem podiam offender a quem lh'o fazia, levaram ancora, e fôram-se na volta de Mombaça, sua ultima derrota, com tenção de se fazerem fortes n'esta ilha, e d'alli sahirem com suas armadas para destruir Melinde, e lançar os portuguezes d'esta costa, o que Deus não permitiu por sua misericordia, atalhando as suas damnadas tenções. Porque antes que estas galés sahissem fóra do estreito, se soube em Melinde de sua vinda por espias e vigias, que o capitão d'esta costa traz sempre no estreito. E tendo esta certeza, mandou uma fusta com estas novas á India, avisando ao governador Manuel de Sousa Coutinho da vinda dos turcos a esta costa com galés, para que lhe socorresse logo com armada, antes que os turcos chegassem e fizessem primeiro algum damno.

CAPITULO VIII

De como o governador Manuel de Sousa Coutinho mandou uma grossa armada da India soccorrer a costa de Melinde, e do que lhe succedeu na viagem

Tanto que o governador teve estas novas, temendo o muito damno, que os turcos podiam fazer na costa, negociou logo uma grossa armada, em que entravam duas galeaças, cinco galés, seis galeotas de traquete, seis navios, e uma manchua para o serviço da armada; e mandou por capitão mór d'ella Thomé de Sousa Coutinho seu irmão, com quem se embarcaram para esta empreza novecentos homens de peleja. Negociadas todas as cousas necessarias, partiram da barra de Gôa aos trinta de janeiro, do anno do Senhor de 1589 com prospero vento; mas depois que se engolpharam no mar, tiveram tantas tormentas, que uma das galés abriu e arribou a Gôa, fazendo muita agua, e a mais armada alijou ao mar muita parte da carga que trazia, e apartando-se as duas galeaças da mais frota de remo, ficaram-se no golphão, e os navios e galés vieram fazendo sua derrota para a costa demandando a terra do deserto da Ethiopia, aonde chegaram a salvamento milagrosamente, porque vindo uma noite marrando já com terra, quasi mettidos no rollo do mar, viram em terra dois fogos, de que ficaram maravilhados, assim por ser terra deserta e deshabitada, como por lhe parecer que vinham inda longe d'ella, mas com tudo logo voltaram para o mar, e d'esta maneira atemorisados andaram toda a noite, sem saberem em que paragem estavam. Vindo a manhã, que foi em vinte de Fevereiro, tiveram vista da terra deserta, e achou-se toda a armada, sem faltar vella alguma, salvo as duas galeaças que tinham ficado no golphão, pelo que deram muitas graças a Deus, reconhecendo a mercê que lhes tinha feito, em lhe dar o signal dos fogos, sem o qual toda a armada houvera de dar á costa, e perder-se. Com este contentamento foram correndo a costa, fazendo sua derrota para Melinde, e o primeiro porto que tomaram foi a cidade de Brava, povoada de mouros amigos nossos, ou fingidos ou forçados, como são ordinariamente os mais d'esta costa. Aqui acharam nova certa de como os turcos eram vindos do estreito com quatro galés, e uma fusta e tinham passado para Melinde, indo tyrannisando os reis da costa, e pedindo-lhes grandes tributos, a uns quatro mil, a outros oito e dez mil cruzados, conforme a posse de cada um.

Sabida esta nova certa de sua vinda, foi pela armada mui festejada, com toda a artilheria, trombetas, tambores, pifaros, e gritas em geral com grande alegria. E com ella mandou o capitão mór levar ancoras, e dar vellas aos vinte e dois de fevereiro, e foi tomar o porto de Ampaza, cidade de mouros que Martim Affonso de Mello havia dois annos tinha destruido, matando-lhe o rei, como fica dito. O principe de Ampaza (que tinha outra vez povoada esta terra, e remendado suas ruinas e incendios) vendo a grossa armada dos portuguezes, ficou assombrado, e mandou logo pedir seguro ao capitão mór, e licença para vir á sua galé; a qual lhe deu, e veiu a ella, onde foi bem recebido do capitão mór, e despedido com esperança de lhe fazer pazes da volta que fizesse, provando elle ser amigo dos portuguezes, e não ter recebido nem agasalhado os turcos. D'aqui sahiu o capitão mór, e foi tomar a ilha de Lamo, onde fez aguada, por ser a melhor de toda esta costa, e de pouco trabalho, por estar á borda do mar. Aqui estava recado de Matheus Mendez de Vasconcellos, capitão da costa, para o capitão mór d'armada, em que lhe dava conta como as galés dos turcos estavam mettidas em Mombaça, e como vinha n'ellas por capitão mór Mirale Beque, de quem os portuguezes d'esta costa tinham recebido tantos males como ficam ditos. Pelo que lhe pedia muito não se detivesse, porque se o Turco tivesse novas da sua vinda, havia de fugir. Sabida esta nova pelo capitão mór, mandou logo dar vella para ir a Melinde, onde chegou a tres de março, e ahi foi recebido com muito alvoroço, assim dos portuguezes como dos mouros. Veiu logo Matheus Mendez á galé capitaina, e deu conta miudamente ao capitão mór do estado dos turcos, e de como lhe defendeu que não desembarcassem em Melinde, e estava apparelhado das cousas necessarias para esta guerra, e que toda a tardança n'ella era muito perigosa. Informado o capitão mór de todas estas cousas, mandou logo lançar pregão, que ninguem desembarcasse em terra. E tanto que foi noute, elle sómente com alguns fidalgos desembarcou, e foi visitar el-rei de Melinde, amigo leal dos portuguezes, e levou-lhe um bom presente, que lhe mandava o governador da India, o qual recebeu com muito gosto e festa. Estava aqui tambem el-rei de Pemba e o principe, contra os quaes se tinham levantado seus proprios vassallos, e esperavam que os portuguezes os tornassem a metter de posse de seu reino, como fizeram, e adiante contarei.

Concluidas todas as cousas necessarias para esta guerra, partiu o capitão mór com toda a armada, que era de quatro galés, sete galeotas e oito navios, em que entrava uma formosa galeota e um navio, que Matheus Mendez tinha na costa, e levou comsigo o mesmo Matheus Mendez, e o rei e principe de Pemba, para o mandar metter de posse de seu reino. Foram navegando ao longo da costa todo este dia e a noute seguinte; e quando amanheceu, acharam-se defronte da barra de Mombaça, que foi um domingo cinco de Março; com cuja vista se alegraram todos grandemente. Tanto que foram vistos pelos turcos, que estavam em um forte, que já tinham feito á entrada da barra, logo dispararam d'elle uma grossa peça de artilheria e embandeiraram o mesmo forte, mostrando-se guerreiros e contentes com a vinda dos portuguezes. E tanto que a armada se foi chegando, começaram de a servir com muitos pelouros de ferro coado, por amor dos quaes se abrigou a nossa armada com a mesma ilha de Mombaça, para d'alli se dar ordem á entrada do rio, que parecia mais difficultosa do que foi, como se verá no capitulo seguinte.

CAPITULO IX

De como foram tomadas as galés dos turcos, e destruida Mombaça, e do mais successo d'esta guerra

Tanto que o capitão mór Thomé de Sousa Coutinho se poz na barra de Mombaça, metteu-se em uma barquinha, para dar ordem á entrada dos navios, e mandou a Matheus Mendez, capitão da costa, que fosse na dianteira com os navios pequenos e apoz elle fossem as galeotas, ficando elle capitão mór na retaguarda com as quatro galés. Isto ordenado levou-se toda a armada mui embandeirada, com tanta grita e alvoroço, ao som de trombetas, pifaros e tambores, que parecia isto mais ser entrada de paz e regosijo, que conflicto de guerra. E d'esta maneira foram entrando todos os navios em ala, e passando pelo forte dos turcos, d'onde lhe tiraram muitos pelouros, mas quiz Deus que nenhum mal lhe fizeram, de que os inimigos ficaram muito sentidos, e em particular Mirale, que estava no mesmo forte, e sempre cuidou meter no fundo os nossos navios, e com tudo esperou pelas galés, parecendo-lhe que n'ellas por serem maiores empregaria melhor os pelouros; no que tambem ficou frustrado, porque tanto que a galé capitaina emparelhou com o forte, disparou n'elle sua artilheria, e matou-lhe o condestable dos primeiros tiros, com cuja morte cessou o forte de tirar, e os inimigos, que n'elle estavam, começaram de fugir para a cidade. O que vendo Mirale Beque, arrepelando as barbas, cavalgou em um cavallo que alli tinha, e foi-se com muita pressa para a cidade, onde estava o rei da terra. Logo no mesmo tempo se sahiu um mancebo fidalgo com cinco companheiros, e foram a terra em uma barquinha, e commeteram o forte; onde acharam dois turcos mortos e dois vivos, que logo mataram e tiraram as bandeiras do forte (que eram de seda muito formosas) e tornaram-se outra vez a metter na galé, d'onde sahiram, com muita festa.

Succedeu n'este mesmo anno, que uma nação de cafres, chamados Zimbas, sahiram de suas terras, que estão junto dos rios de Cuama, e vieram correndo meia Ethiopia, destruindo, matando, e comendo toda a cousa viva que achavam, assim gente, como animaes e bichos; e d'esta maneira foram assolando todas as terras por onde passaram, até chegarem defronte d'esta ilha de Mombaça, e assentarem seu arraial na praia da terra firme, com determinação de entrarem na ilha, por um passo, que de maré vasia se passava com agua pela cinta, para matarem e comerem os moradores de Mombaça, como tinham feito aos de Quiloa, de que já fallei. E por este respeito os turcos dividiram sua armada, pondo duas galés e a fusta junto dos muros da cidade, e as outras duas galés n'este passo, para defenderem a entrada aos Zimbas, que eram mais de vinte mil homens, e com elles pelejavam quasi todos os dias no mesmo passo. N'esta conjuncção entrou a nossa armada pelo rio dentro, como tenho dito.

Os navios pequenos, que iam adiante com Matheus Mendez, remeteram logo ás duas galés e fusta, que estavam surtas junto do muro da cidade, as quaes dispararam n'elles duas vezes toda sua artilheria, mas quiz Deus que nenhum mal lhe fizeram, pelo que os navios foram continuando com seu accommettimento, e abalroaram as galés com tanto impeto, que em menos de cinco credos as renderam e tomaram, matando alguns turcos, que quizeram resistir, porque os mais d'elles se lançaram ao mar, e nadando fugiram para a cidade que estava muito perto, e foi tanto o animo dos portuguezes, que se lançaram alguns a nado no alcance dos turcos, e na praia mataram alguns á espada, e para os recolher foi necessario lancar-se um capitão dos navios a nado, e chegar a terra e mandal-os recolher, e embarcar. Estas duas galés e fusta estavam ricas, e tinham em si muito ouro, prata, ambar, algalia, marfim, roupas finas e muitos escravos, de que os nossos soldados houveram grandes despojos. Depois de rendidas estas duas galés, e fusta, mandou o capitão mór aos mesmos navios que as renderam que passassem ávante com duas galés mais, e fossem ao passo onde estavam as outras duas galés dos turcos, e pelejassem com ellas, e as tomassem.

O capitão mór se deixou ficar com duas galés

e dois navios defronte da cidade, dando ordem para se tirarem as duas galés e a fusta dos turcos de junto da cidade para o mar largo, como logo se fez, e depois d'isto mandou a D. Francisco Mascarenhas com cem companheiros que fossem ao forte que estava na barra, e lhe tirassem toda a artilheria que tivesse; o que se fez no mesmo dia posto que com muito trabalho por serem as peças mui grandes e pezadas, que eram esperas e meias esperas, e uma peça mui formosa que levava pelouro de trinta arrateis.

Os navios que passaram ávante em busca das duas galés dos turcos, que estavam no passo dos Zimbas, tanto que chegaram a ellas, logo as abalroaram e renderam, posto que com mais trabalho que as primeiras, porque n'estas estava todo o pezo, e a melhor gente dos turcos, por causa dos Zimbas com quem pelejavam. Mas ainda que a briga fosse mui travada, não morreram mais que quatro portuguezes, mas foram muitos feridos, e dos turcos morreram quasi cento, e foram captivos n'este fragrante mais de setenta, afóra os christãos que vinham a banco nas galés, que logo foram soltos, e afóra muitos escravos de portuguezes que se tornaram a seus donos. Acharam-se n'estas galés vinte e tres peças de bronze, entre as quaes estava um canhão forçado, peça mui formosa e grande, de ferro coado, e cinco peças mais de ferro, que estavam assestadas no passo contra os Zimbas, para lhe defenderem a entrada na ilha.

Estes Zimbas estavam na terra firme da outra parte do rio á mira vendo toda esta briga, que os portuguezes tinham com os turcos, d'onde tambem exercitavam sua crueldade, porque alguns turcos, que fugiam das galés para a terra firme com medo dos portuguezes, logo eram tomados pelos Zimbas, esquartejados e comidos. Pela qual rasão, vendo os turcos o pouco abrigo, que tinham na terra firme, alguns d'elles se tornaram para os navios dos portuguezes escolhendo antes serem captivos, que comidos pelos barbaros Zimbas. Todo este dia se gastou em despojar as galés de muita riqueza que tinham, em aferrolhar os captivos e em curar os feridos.

Passado este dia, logo na noite seguinte veiu um recado d'el-rei de Mombaça á galé capitaina, pedindo misericordia ao capitão mór. O qual lhe respondeu, que se elle entregasse os turcos que tinha em sua companhia, então alcançaria o que pedia, e faria pazes com elle; para o que lhe dava vinte e quatro horas de espaço; e não querendo fazer o que pedia dentro n'este tempo, escusasse mandar-lhe mais resposta, porque logo lhe havia de dar na cidade, pondo a ferro e fogo quanto n'ella houvesse sem deixar pedra sobre pedra.

Ao outro dia pela manhã, sete de março, tempo em que se acabavam as vinte e quatro horas de treguas, vendo o capitão mór que não tornava recado, nem resposta d'el-rei, desembarcou em terra com quinhentos portuguezes mui bem armados, e guiados por uma bandeira em que estava Christo crucificado, foram entrando na cidade sem acharem resistencia alguma, porque todos os mouros d'ella eram fugidos e embrenhados pelos matos da ilha. Como o capitão mór viu que não havia resistencia na cidade, mandou-a saquear, e pôr lhe o fogo; e depois d'isto se veiu recolhendo aos navios, e de caminho mandou queimar uma formosa náo e outros muitos navios dos inimigos, que estavam na praia da cidade varada em terra; e juntamente mandou quebrar os muros da cidade, e o forte que os turcos tinham feito na barra.

CAPITULO X

De como foi captivo Mirale Beque, com os mais turcos, por meio dos Zimbas

Depois que a cidade de Mombaça foi destruida, vendo os Zimbas que já os portuguezes não tinham ali que fazer, mandaram um recado ao capitão mór, dizendo que elles eram seus amigos, e não queriam guerra com elle nem com gente sua, e pois os portuguezes tinham acabada sua empreza tão honradamente e com tanto damno de seus inimigos, que tambem elles queriam acabar a sua, em que estavam havia muitos dias, que era entrar na ilha de Mombaça e buscar os mouros que estavam escondidos pelos matos para os acabarem de matar e comer. Não pesou ao capitão mór com esta embaixada, porque entendeu que os mouros e turcos, que estavam escondidos na ilha com medo de serem comidos pelos Zimbas, fugiriam para a praia, querendo antes o captiveiro dos portuguezes com vida, que serem mortos e comidos pelos barbaros; como aconteceu, porque sabido o tempo em que os Zimbas haviam de entrar na ilha, mandou o capitão mór no mesmo alguns navios e barquinhas das galés, que fossem ao longo das praias da ilha, e se pozessem em paragem onde fossem vistas da gente da terra, o que os navios fizeram com muita diligencia.

Estando pois n'este logar viram vir grande multidão de gente fugindo para a praia, e gritando pelos navios que os tomassem, porque os Zimbas lhe vinham no alcance para os matar e comer; pelo que logo se chegaram a terra quanto poderam, e ás espingardadas defenderam os fugidos que se poderam chegar mais perto dos navios; entre os quaes veiu o capitão mór dos turcos Mirale Beque fugindo em cima d'um cavallo com o qual se meteu pelo mar até lhe dar a agua pelo pescoço, pedindo aos dos navios que o tomassem, como fizeram logo, posto que com algum trabalho, porque choviam sobre elle infinitas frechas dos Zimbas que o vinham seguindo, e o desejavam matar, pela muita resistencia que lhe tinha feito no passo em que pelejou com elles. Vieram mais com este capitão trinta turcos honrados, entre os quaes vinha um capitão das suas galés, homem de muita feição, e um xarife, que era provedor da sua armada. Tomaram aqui mais passante de duzentos mouros de Mombaça, que escaparam da bocca dos Zimbas. E não poderam recolher mais gente, por serem os navios pequenos, e estarem já mettidos no fundo com esta, que se tinha embarcado. Era magua vêr afogar muitas mulheres e creanças, que por medo dos Zimbas se lançavam ao mar, escolhendo antes a morte d'agua, que a do ferro cruel dos barbaros.

Depois que os navios recolheram a gente que podiam boamente levar, voltaram para a nossa armada, que estava surta no meio do rio, e foram despejando parte da gente pelos outros navios, Mirale Beque foi levado á galé capitaina, e tanto que entrou n'ella fez sua cortezia e cumprimentos ao capitão mór, como de servo a senhor, e disse com muito animo e prudencia: Não me espanto de minha adversa fortuna, porque são successos de guerra, e mais quero ser captivo de christãos (de quem já outra vez o fui em Hespanha) que ser comido dos Zimbas barbaros, e deshumanos. O capitão mór o recebeu com benignidade, dizendo, que fizera boa escolha, de que lhe não havia de pesar ao diante. Captivou-se aqui tambem um filho e um irmão d'el-rei de Quilife, que estavam com el-rei de Mombaça. O filho se resgatou, mas o irmão foi degolado, por se lançar da banda dos turcos, como adiante direi. N'este dia, que foram quinze de Março, chegaram os galeões á barra de Mombaça, os quaes tinham ficado no golphão da India. O capitão mór lhe mandou logo recado da victoria que lhe Deus tinha dado, a qual foi mui festejada nos galeões com uma formosa salva d'artilheria. N'este mesmo dia chegou o principe de Pate com a sua gente, porque assim lh'o tinha mandado o capitão mór, para se ajudar d'ella na terra se fosse necessario. E porque já não havia que fazer, mandou que se tornasse para sua terra, e fosse de caminho dando as boas novas da victoria aos reis da costa amigos dos portuguezes, o que elle fez de melhor vontade, que pelejar com turcos e mouros de Mombaça, que elle tinha por amigos.

Concluidas estas cousas de Mombaça, determinou logo o capitão mór de entender nas de Pemba; pelo que mandou a Matheus Mendez de Vasconcellos capitao da costa, que fosse metter de posse o rei de Pemba, que trouxera comsigo de Melinde, o qual por rebellião, e lèvantamento de seus vassallos estava desapossado do reino. Foram em sua companhia alguns navios da armada, para que se os da ilha não quizessem obedecer a seu rei, fossem castigados, e o rei mettido de posse por força de armas. Mas tanto que Matheus Mendez chegou a Pemba, não achou resistencia, nem contradicção alguma; antes mui pacificamente metteu o rei de posse de seu reino, porque tão grande era o medo que toda aquella costa recebeu com a vinda d'esta armada, que nenhuma cousa commetteram então os portuguezes, por difficultosa que fosse, que não alcançassem n'ella com muita facilidade.

Não havendo já que receiar na ilha de Mombaça, nem que fazer em seu porto, entregou o capitão mór as galés dos turcos aos capitães que as haviam de levar para a India, provendo-as de chusma, munições officiaes e mantimentos, e mandou levar toda a armada, fazendo sua derrota para Melinde, aos vinte e dois de Março, e d'ahi a dois dias chegou á dita cidade, onde foi recebido com muita festa e alegria, assim do rei como dos mouros da terra. E logo o rei, o principe e regedores de Melinde foram visitar o capitão mór á sua galé, e com grande admiração louvavam a mercê que Deus fizera aos portuguezes em lhe dar tão brevemente uma tão insigne victoria. E depois que entraram na galé, e viram n'ella preso a Mirale Beque com os mais turcos, e mouros nobres de Mombaça, ficaram pasmados, e disseram: com os portuguezes não se tome ninguem, porque tarde ou cedo lh'o hão de pagar. Antes que el-rei de Melinde chegasse á galé, disse o capitão mór a Mirale Beque que fallasse a el-rei com muita cortezia e gravidade; ao que respondeu o turco: por mais que o asno se queira fazer cavallo sempre ha de ficar asno; querendo n'isto dizer que um capitão pouca gravidade podia mostrar. No dia seguinte foi o capitão mór a terra visitar o rei; onde foi recebido com muitas festas, musicas, tangeres e bailes, e não se fartavam todos de louvar os portuguezes, e dar graças a Deus pela mercê que lhes fizera em os livrar de tão grande corsario, como era Mirale. Aqui deixou o capitão mór a Matheus Mendez, capitão da costa, com dois navios mais da armada, e alguns soldados para se defenderem dos zimbas que vinham correndo a costa, e haviam de passar por Melinde. Depois d'isto se despediu d'el-rei, e partiu para Lamo aos vinte e sete de Março, onde chegou no dia seguinte, e o que mais fez n'esta costa se verá no capitulo que se segue.

CAPITULO XI

De como el-rei de Lamo foi preso, e justiçado com os mais mouros levantados da costa de Melinde

TANTO que o capitão mór chegou á ilha de Lamo, e lançou ancora no seu porto, logo o rei da terra o veiu visitar mui confiado á galé, como se fôra leal e verdadeiro amigo, e não tivera entregue Roque de Brito aos turcos com os mais portuguezes de sua companhia. M s tanto que entrou na galé, logo o capitão mór o mandou prender n'ella, e o mandou para o banco, e depois chamou a conselho todos os fidalgos e capitães da frota, e sahiu do conselho que o rei de Lamo fosse degolado para exemplo, e espanto dos outros reis da costa. D'esta ilha se partiu levando ao rei preso, e chegando a Pate, mandou dizer ao principe da terra, e ao rei de Sio, e ao principe de Ampaza, que viessem assistir á morte d'el-rei de Lamo, e trouxessem comsigo seus regedores e todos os mouros principaes de suas cidades; o que inteiramente cumpriram. E depois de todos juntos mandou o capitão mór fazer um cadafalso alto na praia, em cuja guarda mandou pôr duzentos soldados. Isto feito desembarcou em terra com grande estado, acompanhado de todos os fidalgos e capitães da armada, e logo mandou desembarcar os que haviam de ser justiçados; o que tudo foi feito em uma manhã, seis de abril de 1589.

Desembarcados aquelles mouros que haviam de ser justiçados, subiram logo ao rei de Lamo no cadafalso, estando presentes todos os principes mouros e regedores, que fica dito, e mandaram ao rei que se lançasse em cima de uma alcatifa, que estava para isso posta no theatro, o que elle logo fez. E deitado n'ella lhe cortaram a cabeça, dando primeiro o seguinte pregão em lingua portugueza e depois na lingua da terra, para que todos os mouros soubessem a causa de sua morte: Justiça que manda fazer o muito alto e poderoso rei D. Philippe, Nosso Senhor, e em seu nome o senhor Thomé de Sousa Coutinho, capitão mór d'esta sua armada: manda degolar este rei de Lamo, por nome Banebaxira, e confiscar-lhe todos os seus bens, para a corôa de Portugal, por ora o achar mettido de posse do reino de Lamo, contra justiça e razão, sendo elle tido e havido por tredo, e levantado como é, e entregar aos turcos falsariamente a Roque de Brito com quarenta portuguezes, entre homens, mulheres e meninos, e como rebelde se tornar agora confederar com os mesmos turcos, e ajudal-os. E porque isto seja notorio a todos os reis d'esta costa, manda sob pena de serem havidos por tredos, e postos no mesmo logar com as proprias penas, que ninguem dê sepultura a seu corpo. Acabado este pregão lhe cortaram a cabeça.

Logo apoz este rei, foi subido no cadafalso o irmão d'el-rei de Quilife, que foi achado em companhia dos turcós, em Mombaça; ao qual da mesma maneira cortaram a cabeça e além d'isso o fizeram em quartos para os pendurarem em diversas partes. Trouxeram logo os dois regedores de Pate, que tinham ido ao estreito de Meca em busca dos turcos, que tambem foram tomados em sua companhia na ilha de Mombaça; e por honra do sangue real, não quiz o capitão mór que fossem degolados em cima do theatro, senão ao pé d'elle sobre um cepo, que para isso lhe pozeram no chão, onde foram degolados e esquartejados, e postos seus quartos pelos muros da cidade, e logares publicos. E como estês regedores eram naturaes da mesma cidade, foi mui sentida sua morte. E as mulheres e parentes davam por sua vida muito dinheiro, mas nada lhe valeu para deixarem de ser justiçados. Foi esta justiça cousa, que assombrou todos os reis e mouros d'esta costa, e tremiam com medo de lhe poder a cada um succeder o mesmo castigo. E posto que todos o não tivessem no corpo, na bolsa o sentiram, porque o capitão mór condemnou aos mouros de Pate, em quatro mil cruzados para as despezas da armada, por quanto tinham recebido aos turcos, dando-lhe seu dinheiro sem pelejarem com elles, nem lhe defenderem a desembarcação no seu porto, podendo, como eram obrigados, conforme ás pazes que tinham feito com os portuguezes. Além d'isso lhe mandou que logo quebrassem um formoso baluarte, que tinham de pedra e cal, pois lhe não valeu para se defenderem dos turcos, porque para os portuguezes não servia, o que os mouros acceitaram e fizeram, posto que não de boa vontade.

El-rei de Sio, tambem foi preso na galé, e posto a banco por duas causas: a primeira por receber os turcos, e lhe dar dinheiro, a segunda por não ir a Mombaça como foi o principe de Pate tendo-lh'o mandado o capitão mór para se ajudar d'elle contra os turcos, pelas quaes culpas o condemnou, que pagasse tres mil cruzados para as despezas da armada, e mandasse quebrar os muros da sua cidade de Sio, que todos eram de pedra e cal e não foi solto da galé até não cumprirem inteiramente esta pena, que lhe tinham dado.

CAPITULO XII

De como foi destruida a ilha de Mandra, e das pazes que o capitão mór fez com os reis da costa de Melinde, e sua tornada para a India

DEFRONTE de Pate, está uma ilha chamada Mandra, de muito mau desembarcadouro, onde está uma cidade povoada de mouros, os quaes havia muito tempo estavam levantados sem quererem pagar as pareas que eram obrigados a dar á corôa de Portugal. E tão soberbos estavam, que quando esta armada passou para Mombaca, quiz um navio d'ella fazer aguada na mesma ilha, e os moradores d'ella lhe disseram que não desembarcassem em terra, porque em Mandra sómente o sol podia entrar. Pela qual razão, depois de concluidas as cousas de Pate e Sio, mandou o capitão mór alguns soldados, com todos os navios de remo, que fossem destruir e pôr por terra a cidade de Mandra. Os quaes foram; e tanto que chegaram á vista da ilha, logo os mouros d'ella desampararam a cidade, pelo grande medo que tinham concebido dos portuguezes, e fugiram para os mattos da ilha. Pela qual razão os nossos desembarcaram n'ella pacificamente, e pozeram a cidade por terra, e cortaram-lhe mais de duas mil palmeiras, que é a mór guerra que se póde fazer a esta gente. E para este effeito mandou o capitão mór aos mouros de Pate e de Sio, que fossem na companhia dos portuguezes, com serrotes e machados, para ajudarem a cortar as palmeiras da ilha; o que elles fizeram com muito gosto, por ganharem a vontade do capitão mór, e cobrarem a paz e amisade dos portuguezes.

Concluida a destruição de Mandra, e junta toda a armada, partiu o capitão mór do porte de Pate para o de Ampaza, aos dez de Abril, onde assentou e fez pazes com o principe da mesma cidade, por achar que não tinha offendido aos portuguezes em cousa alguma; e para isso mandou vir o principe á sua galé, onde se achou tambem presente o principe de Pate e o rei de Sio, e todos os fidalgos e capitães da frota, e deante de todos fez o principe de Ampaza um solemne juramento em seu Moçapho, de guardar inteiramente o concerto das pazes. O qual era, que elle seria obrigado a dar em cada um anno vinte escravos para as galés do estado da India, e não deixaria entrar em suas terras homens tredos á corôa de Portugal. E sendo o caso que viessem turcos a costa, elle se ajuntaria com o rei de Sio e Pate (pois eram todos visinhos, moradores na mesma ilha, e vassallos d'El-Rei de Portugal) e lhe defenderiam o porto, até morrer na contenda; e assim mais lhe não dariam agua, nem pilotos, nem favor, nem cousa alguma de suas terras, sob pena de serem havidos por tredos, e castigados como foi Mombaça, Mandra, e o rei de Lamo. As mesmas condições de pazes juraram os reis de Pate e Sio, com todos os seus regedores. E o capitão mór em nome de Sua Magestade prometteu de cumprir e guardar as ditas pazes, cumprindo elles o que tinham jurado. Acabada esta cerimónia foi jurado por rei natural o principe de Ampaza com muita festa, som de trombetas, tambores, pifaros e artilheria.

Postas as cousas d'esta costa nos termos que tenho dito, partiu o capitão mór d'este porto com toda a armada para a India, aos quinze de Abril, levando em sua companhia as galés e fusta dos turcos, e os captivos que tomou em Mombaça. E d'esta maneira foi navegando até á ilha Sacotorá, onde chegou a vinte e oito de Abril; e tomando na ilha mantimentos e agua, mandou levar ancoras, e largar as vélas e navegar para Gôa; aonde chegou com prospero vento a dezeseis de Maio, e achou na barra o governador Manuel de Sousa, o qual tendo já noticia de sua vinda, o estava alli esperando.

Tanto que a armada surgiu no rio, veiu logo o governador á galé capitaina mui alegre, dando graças a Deus pela mercê, que lhe tinha feito de tão gloriosa victoria. Mirale Beque se lançou a seus pés, e o governador se levantou da cadeira, e em pé lhe disse que se levantasse; e tornando-se a assentar lhe perguntou como estava. Ao que o turco respondeu: Como escravo de V. S. Disse-lhe então o governador: Alegrae-vos e esperae em Deus, que já eu fui captivo de peior senhor, de que vós sois, que foi o Malavar, e agora estou n'este estado que vêdes; assim vos póde succeder a vós. A isto respondeu Mirale: Senhor, verdade é que eu sou captivo, mas sendo-o de V. S. me tenho por grande senhor. No dia seguinte entrou a armada para dentro, e foi recebida e festejada na cidade de Gôa, com muitas festas, som de artilheria, como tal victoria merecia. Mirale Beque foi mandado para Portugal, onde se converteu e fez christão: no que restaurou para sua alma todas as perdas e quebras, que tinha recebido no corpo. Os mais turcos e mouros ficaram servindo nas galés do estado da India.

CAPITULO XIII

De alguns mouros feiticeiros, que houve na costa de Melinde, e da herva dutrò, a que os cafres chamam herva feiticeira

N'ESTA costa de Melinde, de que vou fallando, houve grandes feiticeiros, e ainda hoje ha muitos mouros, que se presam d'esta habilidade. Estando eu n'esta costa morava na ilha de Zanzibar um grande feiticeiro por nome Chande, mui conhecido e nomeado por suas obras diabolicas. D'este me contaram, que tomando-lhe o feitor do capitão da costa, que ali residia, uma embarcação, para lh'a mandar a Melinde sem sua licença, elle se foi á praia onde o feitor a estava carregando para a mandar, e lhe pediu muito que lhe não tomasse a sua embarcação, nem lh'a mandasse fóra, porque tinha necessidade de fazer viagem n'ella muito cedo. Mas o feitor zombou d'isso, e não lh'a quiz largar, dizendo que a havia mister para o serviço d'El-Rei (capa com que estes ordinariamente cobrem muitos forças, que n'esta costa fazem aos mouros d'ella). Vendo Chande a forca que o feitor lhe fazia, foi-se para sua casa, jurando que o seu pangaio não havia de sahir do porto sem sua licenca. Sem embargo d'isso, o feitor o ficou carregando, e aviando de marinheiros, e depois de apparelhado, mandou levar fateixa e dar á vela, o que logo se fez, e a véla se encheu de vento mui bom que ventava em pôpa, mas o pangaio não se boliu nem se moveu do lugar onde estava, e assim quêdo esteve posto á vela mais de uma hora, ao que acudiu o feitor e outros portuguezes e mouros que ali se acharam, todos admirados do caso nunca visto. Disse então um d'aquelles mouros ao feitor, que se desenganasse, porque o pangaio não se havia de bolir d'aquelle logar, sem vontade de Chande, seu dono. Pela qual razão o feitor se foi logo a casa de Chande, e lhe pediu muito quizesse fertar-lhe o seu pangaio, para o mandar a Melinde, porque importava muito, e que lh'o não tomara por lhe fazer força, se não pela necessidade que d'elle tinha, e que logo lh'o mandaria tornar, e lhe pagaria seu frete, e o serviria tambem outro dia no que se offerecesse. Com estas rasões e palavras brandas que o feitor lhe disse se quietou este feiticeiro, e ficou satisfeito. E logo se foi com elle á praia onde estava o pangaio posto á vela, sem se querer bolir do mesmo logar, e disse-lhe em alta voz: Pangaio, vae embora onde te manda o senhor feitor. No mesmo ponto que o mouro acabou de dizer estas palavras, partiu logo o pangaio do logar onde estava como uma setta e foi sahindo pelo rio fóra e fez sua viagem a salvamento.

Um soldado portuguez fez um aggravo a este Chande feiticeiro, de que ficou mui maguado, mas elle por se vingar do soldado lhe fez uns feitiços graciosos, e foram taes, que todas as vezes que o soldado abria a bocca para fallar, antes que dissesse alguma palavra lhe cantava um gallo na barriga sahindo-lhe a voz do gallo pela bocca tão claramente, que se ouvia muito longe, de que o soldado andava tão envergonhado, que não ousava sahir fóra de casa, nem fallar com pessoa alguma, porque todos se riam d'elle, e lhe davam matraca. D'esta maneira andou mais d'um mez, e jurava mil juramentos, que havia de matar o Chande, suspeitando que elle lhe fizera alguns feitiços, por onde padecia o mal que tinha. Andando d'esta maneira, foi aconselhando que se fosse a casa do Chande, e se lançasse a seus pés, pedindo-lhe perdão do aggravo que lhe fizera, e que em satisfação d'isso seria mui grande seu amigo d'alli por diante, e o serviria no que lhe fosse necessario, e que lhe pedia o curasse d'aquelle mal que tinha. E posto que o soldado estava indignado contra o feiticeiro, e jurava de o matar, com tudo a necesidade em que se via lhe fez mudar o parecer, e acceitou o conselho que lhe deram, e foi a casa do Chande, e pediu-lhe perdão, e remedio para sua enfermidade. O mouro acceitou sua satisfação, e disse-lhe, que elle não lhe tinha feito o mal que padecià, nem feitiço algum, mas que elle faria muito pelo curar, e sarar d'aquella enfermidade, e que se fosse embora para sua casa, confiado em ter saude; o que o soldado fez, e tanto que chegou a sua casa nunca mais cantou como gallo, como até aquella hora fazia, quando queria fallar.

A Melinde veiu ter um mercador da India com muitas mercadorias e roupas, e uma noute lhe furtaram uma trouxa de canequins, que valeria duzentos cruzados. Achando elle menos a trouxa e não sabendo quem lh'a pudesse furtar, foi-se uma noute secretamente a casa de um mouro feiticeiro afamado, que vivia em Melinde, e dando-lhe conta do furto que lhe tinham feito, pediu-lhe muito lhe quizesse descobrir a sua trouxa, porque era homem pobre, e n'ella lhe levaram muita parte de seu remedio, e que por isso lhe daria vinte cruzados. O mouro lhe respondeu, que elle era já velho, e não usava d'quella arte, mas que por ser obra de misericordia o serviria no que podesse, e que tornasse a ter com elle a noute seguinte ás mesmas horas. Tornando o mercador a noute seguinte como lhe mandara o feiticeiro, tornou-lhe elle a preguntar miudamente pelo furto que lhe fizeram, e o dia em que acontecera, e depois d'isso se foi com o mercador a sua casa, onde lhe tinham feito o furto, levando comsigo uma peneira e uma thesoura, e pondo a peneira no meio da casa no logar d'onde se tinha levado a roupa, disse umas certas palavras, e começou de tanger com as pernas da thesoura, dando com uma na outra, ao qual som deu a peneira uma volta no meio da casa, e depois d'isso se sahiu correndo pela porta fóra, e o mouro apoz ella tangendo. O mercador fechou logo sua porta, e se foi depressa apoz o mouro, que ia tangendo, e a peneira correndo diante d'elle, e assim foram por duas ruas, até que a peneira chegou a uma porta onde parou, sem se mais bolir; e então o mouro a levantou do chão, e bateu á porta, e acudindo-lhe de dentro outro mouro, fez com elle que abrisse a porta, e aberta lhe disse: uma trouxa de canequins está n'esta casa, a qual é d'este portuguez que vem commigo, mandae-a logo aqui vir sem mais detenção, e ficará isto em segredo, e senao sabel-o-ha El-Rei e capitão, e custar-vos-ha caro terdes furtos em vossa casa. O ladrão, que conhecia muito bem o feiticeiro, teve grande medo d'elle, e sem mais replicas nem razões lhe entregou a roupa toda, sem faltar cousa alguma, e elle mesmo a levou as costas até a casa do portuguez pedindo-lhe tivesse segredo no furto, e desculpando-se que elle a nao furtara, senão um marinheiro gentio do mesmo mercador, o qual lh'a levara a sua casa para d'ahi a vender. Esta historia me contou o mesmo portuguez mercador, estando eu na ilha de Quirimba. Outras muitas feiticarias faziam estes mouros similhantes a estas, e particularmente em descobrir cousas perdidas ou furtadas.

Em muitas partes d'esta Ethiopia se cria uma herva a que os portuguezes chamam dutrô, e alguns cafres banguinî, e por outro nome lhe chamam machaya moroy, que e o mesmo que herva feiticeira, significando com este nome, que seus effeitos são de feitiços. Esta herva e quasi similhante á de beringellas bravas, assim na folha como no fructo, e dentro n'elle tem muita semente, da feição de gergelim; a qual moida, e deitada no comer ou beber, tira totalmente o juizo a quem a toma; e de qualquer modo que está quando come, ou bebe a tal semente, do mesmo anda vinte e quatro horas; quero dizer, que se a pessoa quando come esta alegre, tal fica, rindo sempre, e se esta triste, chora todas as vinte e quatro horas, e depois que torna em si, nada lhe lembra do que fez, nem disse em todo o tempo, nem menos da fe do que lhe fizeram; e com esta semente dizem que se fazem muitos feiticos, e cousas mui mal feitas.

CAPITULO XIV

Dos cafres mosseguejos, e de seus costumes barbaros

PELA terra dentro, que corre ao longo da costa de Melinde, habita uma nação de cafres, chamados mosseguejos, muito barbaros e mui exforçados, os quaes ha muito poucos annos que começaram; cujo principio e origem foi de pastores de vaccas, no qual officio e trato vivem inda hoje todos estes seus descendentes, e assim tem grandissimas creacões de bois e de vaccas. O seu principal mantimento é leite das mesmas vaccas, as quaes tambem sangram muitas vezes, assim por lhe não abafarem e morrerem de gordas, como para se sustentarem do proprio sangue. Do qual fazem uma potagem misturada com leite, e bosta fresca das mesmas vaccas, e tudo isto junto, e quente ao fogo, o bebem, dizendo que os faz robustos e fortes.

Os machos de edade de sete ou oito annos para

cima são obrigados a trazer a cabeça coberta de barro pegado nos cabellos e no couro da cabeça, de tal modo que lhe fica como outro casco ou capacete, mui bernido por cima e quando se greta o barro, tornam-lhe a dar com outro molle por cima, e a concertal-o de novo com muito primor, estimando muito sua perfeição. E ha cafre, que traz n'este capacete de barro cinco ou seis arrateis de pezo, e com elle dormem, e andam, como se não trouxeram nada. Este barro não podem tirar da cabeca, nem fallar em ajuntamento de homens velhos, nem entrar em conselho, até que não matem algum homem em guerra ou briga justa. Pela qual razão todos os mancebos pretendem que haja guerras para n'ellas se mostrarem e fazerem cavalleiros e nobres, matando algum inimigo n'ellas. E para se saber que o mataram, são obrigados depois da briga acabada, levar diante do seu capitao um signal evidente do homem que mataram; e os que levam mais signaes d'estes, são tidos por mores cavalleiros e exforçados na guerra, e por isso mais honrados e estimados. Pela qual razão logo o capitao os arma cavalleiros, tirando-lhes o barro da cabeça, e d'ali por diante ficam gozando dos privilegios dos outros cavalleiros.

A principal causa porque estes barbaros fazem isto, é por serem temidos de seus inimigos, vendo com quanto gosto entram na guerra, apostados a lhe tirar a vida, pela honra que d'isso lhe resulta, da qual são tão ambiciosos, que pelejam uns com os outros, em porfia de quem ha-de chegar primeiro ao inimigo que cae ferido para este effeito, não dando logar para que outrem lhe tire esta honra.

O senhor da ilha de Macoloê me contou, que

achando-se elle na guerra de Quilife (de que abaixo tratarei) vira estar dois mosseguejos pegados em um mouro, que cahira no chão mal ferido, em grande porfia sobre qual d'elles o cortaria primeiro; e por outra parte o mouro, que estava inda vivo, defendendo-se d'elles o melhor que podia. E finalmente um dos mosseguejos que mais força teve levou o que pretendia, e depois d'isso tornou á briga, em que andavam os mais companheiros; a qual acabada, se foi diante do seu capitão, e lhe mostrou o signal que levava de ter morto homem na guerra, e foi armado cavalleiro por isso, com outros muitos, que fizeram o mesmo na mesma guerra.

Tão barbaros são estes mosseguejos, que guardam estes signaes de sua valentia, para depois se honrarem com elles nos dias de suas festas, em que se querem mostrar, levando-os comsigo, para que todos conheçam por elles sua valentia e cavallaria, e sejam estimados por isso. A mesma brutalidade permittem a suas mulheres quando se hão de achar em algumas festas ou bailes; para lá serem estimadas, e conhecidas por mulheres de homens honrados e exforçados. Outras muitas brutalidades podéra contar d'esta nação de cafres, assim n'esta materia como em outros costumes, e abusos que calo, por serem mui deshonestos e incrediveis.

Os abexins e alguns mouros seus visinhos, e os gallas gentios d'esta Ethiopia, todos tem este mesmo costume dos mosseguejos, como refere o patriarcha D. João Bermudez, no livro que fez do Preste João. De modo, que d'este costume usam algumas nações d'esta Ethiopia. Outra cousa quasi como esta se acha na sagrada Escriptura, no primeiro livro dos Reis, onde se conta que Saul pediu a

David por lhe dar sua filha Michol em casamento, lhe trouxesse cem prepucios de phylistheus, que matasse na guerra; e elle lhe trouxe duzentos. O que Saul fez (como diz Nicolau de Lyra explicando este logar) assim porque por este signal se conhecesse serem philistheus os que David matara na guerra, e não hebreus, que eram circumcidados; como tambem por acrescentar o odio dos philistheus contra David, e elles lhe procurassem a morte, por quanto os circumcidava; cousa que elles grandemente abominavam. E como depois o filho de Salomão e da rainha Sabbá veiu reinar n'esta Ethiopia (como já disse) cousa provavel é, que traria de lá este costume, e o mandaria usar n'esta Ethiopia.

CAPITULO XV

De duas victorias que el-rei de Melinde alcançou d'el-rei de Quilife, e do de Mombaça, com ajuda dos mosseguejos, e do capitão da costa

No anno do Senhor de 1592 estando eu n'esta costa, alcançou el-rei de Melinde duas victorias d'el-rei de Quilife, e d'el-rei de Mombaça seu parente, com ajuda do capitão da costa, e seus soldados portuguezes, e com ajuda dos mosseguejos seus visinhos e amigos. Quilife é um rio, que está entre Mombaça e Melinde, de que era rei um mouro parente d'el-rei de Monbaça, o qual fazia tão ruim visinhança aos mouros de Melinde, em odio dos portuguezes, que consentia a seus vassallos fazerem-lhe mil forças e aggravos. E era isto tanto, que os moços e negras de serviço não ousavam ir aos matos que estão junto da cidade a buscar lenha, porque n'elles os salteavam, roubavam, e espancavam os de Quilife. Vendo el-rei de Melinde tanto desaforamento, e tantos aggravos, quantos cada dia recebia dos de Quilife, consultou este negocio com o capitão da costa, e assentaram ambos de lhe fazer gúerra e tomar vingança d'estas affrontas. E para este effeito negociaram as cousas necessarias e ajuntaram os portuguezes e mouros, que havia em Melinde, e juntamente mandaram chamar os mosseguejos, para que os viessem ajudar; o que elles logo fizeram, e todos juntos foram a Quilife, onde acharam o rei com sua gente entranqueirado, e fortificado, porque já tinha noticia de sua ida. Tanto que os de Melinde chegaram, foram commettendo a cidade, e os de Quilife lhe sahiram ao encontro, e começaram uma cruel e travada briga em que todos pelejaram mui exforçadamente. Porém inda que os de Quilife pelejavam por defender sua patria e familias varonilmente, comtudo os de Melinde os commetteram com tanta vantagem de animo e exforço, que em breve tempo lhe fizeram virar as costas. E foi tanto o aperto em que os pozeram, que os mais d'elles indo fugindo para a cidade se metteram em uma estacada, onde se encravaram nos estrepes e abrolhos de páo, e ferro que ahi tinham metido e ordenado, para os de Melinde se espetarem. E n'este passo foram mortos e desbaratados quasi todos juntamente com o mesmo rei de Quilife. Alcançada esta victoria, saquearam os de Melinde a cidade, levando d'ella muitos despojos e captivos, e depois d'isso a pozeram por terra, e se tornaram para Melinde mui contentes, assim pela victoria que tinham alcançado, como por estarem desapressados de tão ruins visinhos e inimigos. Alguns mouros que poderam escapar da briga, fugiram para Mombaça desbaratados.

Sabida por el rei de Mombaça a destruição da cidade de Quilife, e morte do rei d'ella, e de seus vassallos, sentiu grandissimamente tal perda de parentes e amigos, e logo determinou tomar vingança d'el-rei de Melinde. E para isso ajuntou passante de cinco mil mouros seus vassallos e visinhos, quasi contra vontade de todos elles, porque nenhum queria pelejar com os mouros de Melinde, por respeito dos portuguezes, que estavam em sua companhia, dos quaes entendiam que não haviam de levar a melhor, e por isso todos faziam muito por se escusar d'esta guerra. Mas o rei que estava maguado e tinha os desejos mui accesos da vingança que pretendia tomar de Melinde, nunca quiz desistir de seu intento; antes logo se poz ao caminho por terra, indo marchando com a sua gente, ordenada e quasi forçada; e d'esta maneira chegou ás terras dos mosseguejos amigos d'el-rei de Melinde, onde assentou seu arraial, e determinou pelejar primeiro com estes barbaros e desbaratal-os, porque entendia mui bem que se passasse ávante, e lhe ficassem nas costas, que lhe poderiam fazer muito mal, por serem amigos d'el-rei de Melinde, e era certo que o haviam de soccorrer e ajudar, como tinham feito no tempo que ali foram os zimbas. com cujo soccorro foram destruidos e desbaratados, ficando el-rei de Melinde victorioso, como fica dito. Pelas quaes rasões se poz logo em feição de pelejar, e representou batalha aos mosseguejos; os quaes tanto que souberam de sua vinda tambem se fizeram prestes sahindo lhe ao encontro como exforçados que são, e com tanto impeto, que logo dos primeiros encontros fizeram fugir a mór parte dos mouros que vinham a esta guerra forçados, ficando somente no campo el-rei de Mombaça, com tres filhos seus e alguns mouros fidalgos, que com vergonha se deixaram ficar e não fugiram, os quaes todos alli morram como exforçados pelejando com os mosseguejos. E proseguindo estes barbaros a victoria, foram no alcance dos que fugiam, matando sempre n'elles ate as terras de Mombaca, e d'ali passaram á mesma ilha de Mombaca, onde entraram sem haver resistencia alguma, e captivaram muitas mulheres, meninos e velhos, que não poderam fugir para os mattos da ilha. E depois que foram senhores da cidade, tomaram um menino filho d'el-rei de Mombaça, que ficou na ilha, e a gente principal, que poderam haver ás mãos, e metteram todos em duas embarcações, que acharam no porto da ilha, e pozeram-lhe gente de guarda, e mandaram que fossem a Melinde dar obediencia e vassalagem ao rei de Melinde, que havia de ser d'ali por diante seu rei e senhor. E mandaram dizer ao mesmo rei que viesse tomar posse de Mombaça, que elles tinham ganhado; contando-lhe o mais successo da guerra que tiveram com o soberbo rei de Mombaca, e como ficavam na ilha esperando que fosse tomar posse d'ella.

Bem differentes eram os pensamentos d'el-rei de Melinde, o qual estava na sua cidade, e o capitão da costa, prestes com todos os portuguezes e mouros, que se acharam ali n'aquelle tempo, esperando a vinda d'el-rei de Mombaça, que sabiam vinha por terra com mão armada sobre Melinde, e até então não tinham noticia do que lhe succedera no caminho com os mosseguejos, antes se apparelhavam para pelejar com elle quando chegasse. Estando pois d'esta maneira esperando a vinda d'el-rei de Mombaça, chegaram ao porto de Melinde os dois navios que vinham de Mombaça mandados pelos mosseguejos, e desembarcando os embaixadores, foram levados a el-rei de Melinde, que estava na mesma praia com o capitão e mais gente da cidade, cuidando serem chegados os inimigos por mar; mas ficaram logo desassombrados com as novas que os embaixadores lhe deram da morte e destruição d'el-rei de Mombaça, e de como os mosseguejos ficavam na ilha, esperando a ida d'el-rei de Melinde para lh'a entregarem, e finalmente relataram todo o mais successo d'esta victoria. El-rei de Melinde e o capitão da costa, e os mais que presentes estavam, ficaram espantados de tal successo, e caso não esperado, e não podiam crêr o que ouviam, parecendo-lhe ser sonho. Finalmente o rei mandou desembarcar o menino filho d'el-rei de Mombaça, com todos os mais prisioneiros, que vinham nas duas embarcações; os quaes chegando a terra se foram lançar aos pés d'el-rei, e elle os recebeu benignamente, acceitando-os por vassallos e amigos; e logo se começou de aviar, e em breve tempo se embarcou para ir a Mombaça, levando em sua companhia o capitão da costa com todos seus soldados e muitos mouros de Melinde, e chegando á ilha de Mombaça logo os mosseguejos entregaram a cidade com muito gosto, festas e alegrias. E d'então até agora ficou esta ilha de el-rei de Melinde, e passou sua casa para ella, onde ora vive; deixando em Melinde seus governadores e regedores postos de sua mão. N'esta ilha está hoje uma fortaleza nossa que fundou e principiou D. Francisco da Gama, conde da Vidigueira, quando invernou n'esta ilha, indo de Portugal por vice-rei da India, no anno do Senhor de 1596.

CAPITULO XVI

Dos maracatos e eunuchos d'esta costa, e das partes orientaes

Já temos visto as principaes cousas d'esta costa da Ethiopia, que ficam da linha para o Sul; resta agora relatar a mais costa que vae correndo da mesma linha para o Norte, até fenecer no estreito do mar Roxo.

Esta costa é a mais esteril e aspera, que se póde vêr. N'ella esta situada a cidade de Brava, pequena, mas muito forte, povoada de mouros amigos dos portuguezes e vassallos d'el-rei de Portugal. E' terra muito quente, porque está um grau sómente da linha equinocial da parte do Norte. E certo que lhe está mui bem o nome de Brava, porque tem uma barra tão trabalhosa e brava, que não se pode tomar nem entrar, senão com muito risco e perigo. Esta cidade não tem rei, como as mais d'esta costa, mas é governada por vereadores ou governadores eleitos pela mesma republica, como

Veneza. D'aqui por deante vae correndo esta costa para o Nordeste com a mesma braveza, até a cidade de Magadaxó, situada em tres gráos e meio da banda do Norte. A qual cidade é grande, forte e bem cercada de muro alto; tem muitos edificios de pedra de cantaria; é mui sumptuosa, e ornada de muitos alchorões que são torres das suas mesquitas; os moradores d'ella são mouros soberbissimos e ricos e os móres inimigos que os portuguezes tem n'esta costa.

Pela terra dentro que fica entre Brava e Madagaxó habita uma nação de ethiopes a que chamam maracatos, gentios, mui pretos e azevichados, mas tem o cabello corredio e boas feições de rosto; são polidos e bem entendidos, e mui similhantes nos costumes aos abexins, dos quaes cuido não estão muito longe. Estes maracatos costumam cozer as femeas, quando sao meninas de tenra edade, por não poderem conceber quando forem grandes, pelo que são muito estimadas; e ordinariamente fazem isto ás moças captivas, para as venderem por mais preço, e assim valem mais que as outras, por serem mais castas, e terem occasião tirada de serem ruins mulheres, e por esse respeito fiam mais d'ellas seus senhores, entregando-lhe suas despensas e o governo de suas casas.

Costumam tambem estes maracatos cortar os meninos captivos de modo que ficam rasos, para os venderem por mais dinheiro. Este costume de cortar os meninos, quando são de tenra edade, é quasi geral em muitos reinos e provincias do Oriente, povoadas de gentios, e particularmente nos reinos de Bengalla, onde fazem eunuchos aos meninos captivos, para os venderem por mais dinheiro, e assim é, que estes são mais estimados e valem mais que os outros que não são eunuchos; e isto não sómente entre os portuguezes, mas tambem entre os mesmos gentios e mouros, porque d'estes se fiam e lhe entregam o serviço e guarda de suas mulheres; particularmente os reis e senhores, que n'estas partes usam de muitas. Além d'isto os reis e principes do Oriente estribam tanto n'estes, que lhe entregam capitanias e governos mui grandes, e de muita importancia. Em a cidade de Chaul de cima esteve muitos annos por capitão e governador dos mouros da dita cidade, um eunucho posto pelo Melique, homem terrabilissimo, e de grande governo, o qual fez e sustentou guerra crudilissima contra os portuguezes de Chaul, e muita parte do Norte, por espaço de tres annos, e fez aquella grande e admiravel fortaleza sobre o morro de Chaul, que os portuguezes depois tomaram quasi milagrosamente, como adiante contarei.

D'estes eunuchos ha muitos na China, mui honrados e nobres por este respeito, porque d'estes se serve o rei da China em sua côrte, e de suas portas a dentro, e por estes são ordenadas e governadas todas as cousas do reino. E por quanto estes hão de communicar e despachar com el-rei todos os negocios de importancia, que acodem a elles de todas as provincias da China, e entrar onde o rei está com suas mulheres, onde nenhum outro homem pode entrar; portanto são todos eunuchos e logo de pequenos lhe manda el rei ensinar todas as leis do reino, e mais sciencias necessarias para o governo da republica, antes que entrem no paço, e depois que são mui doutos n'ellas e instruidos nas artes liberaes, então ficam sufficientes para entrar no governo e serviço do rei. E para isto ordinariamente se escolhem os mais prudentes e de melhor entendimento. Aos quaes depois de postos n'esta dignidade chamam Loutias, como conta o padre Fr. Gaspar da Cruz no livro que fez da China. De maneira, que estes eunuchos são tão estimados pela impossibilidade que tem de poderem gerar, como as maracatas da Ethiopia, pela que tem de não poderem conceber; e tambem porque são mais fieis, mais castos e limpos, e mais tirados de occasiões e obrigações que forçam muitas vezes os homens e as mulheres a fazer muitos desmanchos e injustiças, movidos pela desordenada afeição.

CAPITULO XVII

Em que se dá conta de toda a mais costa, e do deserto d'esta Ethiopia, até o mar Roxo.

Avante da cidade Magadaxó para o Nordeste vae correndo a costa mais de cento e cincoenta legoas, até a ilha de Sacotorá, a qual costa é quasi toda deserta e deshabitada, e tão esteril, que não tem uma folha verde, nem fontes, ou ribeiras de agua, senão grandes areaes, e terra infructifera, pelo qual respeito lhe chamam o deserto da Ethiopia Oriental. N'este deserto se criam grandissimas aves, a que chamam emas, as quaes tem o estomago tão calido, que gastam e esmoem pedras e ferro, como já muitas vezes se tem experimentado. Estas quando voam ordinariamente não levantam os pés do chão, por serem mui carregadas, mas vão correndo e voando, com as azas abertas, levantando e abaixando ora uma aza ora outra, e d'esta maneira com ambas, estendidas ao vento, como vellas, vão voando.

e tocando de quando em quando com os pes no chão tão ligeiramente, como as outras aves o fazem voando pelos ares; e ordinariamente vão correndo e voando, atravessadas de ilharga como náo, que vae pela bolina. Estas emas são todas brancas, cinzentas, e os ovos que põem tambem são brancos, e tão grandes, que leva cada um quasi uma canada; tem a casca muito dura e grossa, fazem seu ninho em cima da areia, onde criam sómente dois filhos, como fazem os pombos.

N'este deserto se perdeu a nao Madre de Deus, que Mathias d'Albuquerque sendo vice-rei da India mandava para Portugal, mui rica e prospera; a qual partindo de Gôa em janeiro de 1595, veiu demandar este deserto, como fazem todas as náos que da India navegam para esta costa, por assegurarem a viagem; e depois de terem vista d'este deserto, tornam a voltar para o mar, e vão correndo a costa cinco ou seis legoas e mais, afastados de terra, até chegarem aos portos para onde navegam. E as náos que de Gôa partem para Portugal vem seguindo esta mesma derrota, até passarem o Cabo Delgado, Moçambique e o Cabo da Boa Esperança. Mas esta nao de que agora fallo teve peor ventura que as outras, porque vindo demandar este deserto (fazendo-se o piloto inda longe de terra) veiu marrar com ella uma noute bem descuidada do que lhe podia succeder; e tanto que tocou em fundo logo se fez em pedaços, e se afogou muita parte da gente que trazia, a qual foi inda menos opprimida de trabalhos, que a que chegou a terra com vida, porque essa teve depois mais penosa e lastimosa morte, ficando posta em uma terra esteril, deserta e deshabitada, sem mantimentos, sem agua e sem abrigo, nem repairo para o grande calor do sol, que n'esta paragem tão accesamente fere com seus raios, que parece abrazar a terra. De modo que n'este deserto foram morrendo poucos e poucos, consumidos e mirrados do sol, da fome e da sêde. D'estes escaparam sómente dezeseis, que fazendo logo seu caminho ao longo da praia, vieram ter a Magadaxó, sustentados com uma pouca d'agua e biscoito, que salvaram da náo, mas chegaram todos esfolados do sol, e negros, como cafres; e taes, que mais representavam a figura da morte, que a de homens vivos. Esta náo se perdeu por descuido do piloto, que tambem acabou com ella, ou por enganarem as aguas que correm grandissimamente do mar para esta costa. Pelo que os pilotos deviam dar grandissimo resguardo a esta terra, muito antes que se fizessem com ella, deixando de a vir buscar de noute, por fugirem a similhantes desastres, como foi o d'esta náo e de outras, que se viram já no mesmo perigo.

No fim d'esta costa está uma grande ponta de terra em doze gráos largos da banda do Norte, a qual lança muito ao mar para o Levante; e chama-se Cabo de Guardafuy. Esta terra pelo sertão dentro é povoada de algumas aldeias de mouros pastores barbaros do reino de Adel, cuja cidade principal e cabeça de todo o reino é Arar. D'este cabo voltando para dentro da enseada, antes que cheguem ás portas do mar Rôxo, estão os portos de Methe, Micha, Barbora, Zeyla, logares povoados de mouros do dito reino; e a toda esta costa chamam Baragião. Zeyla é uma cidade situada vinte e seis legoas antes que cheguem ás portas, na qual ordinariamente vive o rei de Adel, por ser porto de mar. Este rei foi antigamente vassallo do Preste João, mas depois se levantou, e isentou d'elle, e de então para cá traz guerra com a provincia Ianamora, sugeita ao mesmo Preste, que confina com o seu reino pelo sertão dentro. Lopo Soares d'Albergaria, sendo governador da India, veiu com uma grossa armada para o estreito de Meca; e chegando ao porto d'esta cidade de Zeyla pacificamente, os moradores d'ella o não quizeram receber, nem menos dar-lhe por seu dinheiro os mantimentos que pedia para provimento da sua armada; pela qual razão a mandou combater, e a entrou por força d'armas, e a queimou toda.

CAPITULO XVIII

Da ilha de Sacotora, e do sangue de dragão, e do aloè, ou azeure que n'ella se cria

No fim de toda esta costa da Ethiopia Oriental, que começa do Cabo da Boa Esperança e fenece no estreito do mar Roxo, defronte do Cabo de Guardafuy, em doze gráos da banda do Norte, jaz situada a ilha de Sacotora, que por outro nome (segundo os escriptores antigos) se chama Dioscorida. Esta ilha tem de circuito mais de trinta legoas; é terra montuosa, e cheia de mui grandes serras tão altas que se vão ás nuvens, e ordinariamente andam afumadas com nevoas, que quasi se não enxergam. E' cercada em torno de fragosas e altas penedias, pelo que em poucas partes tem desembarcadouro seguro. E' terra mui secca e esteril, onde se não pode semear cousa alguma, que nasça. Não chove n'ella mais que obra de um mez, pelo qual respeito é mui doentia e quente, e em particular para os estrangeiros, que a ella vão ter.

Criam-se n'esta ilha muitas hervas medicinaes e de grande virtude, e em particular uma que se chama coto, cujas raizes são mui excellentes para o ar. Cria-se tambem grande abundancia de herva babosa, da qual se colhe muito aloè, a que n'esta costa chamam azeure. Este se faz da maneira seguinte: Em certos mezes do anno vão-se os naturaes d'esta ilha aos logares onde se cria esta herva, e dão-lhe um golpe em cada folha, por onde corre toda a humidade que tem, e n'ella se vae coalhando, como faz a resina nas arvores, e d'ahi a alguns dias a colhem das folhas onde está pegada, a qual é mui verde, transparente e formosa, e mui medicinal. Gasta-se nas boticas e serve para purgas; os naturaes se curam com ella, e tambem a vendem aos mercadores que vão ter a esta ilha, por preço acommodado.

Colhe-se tambem n'esta ilha muito sangue de dragão, que a terra dá em grande abundancia. D'este sangue tem alguns auctores diversas opiniões. Plinio diz, que o verdadeiro sangue de dragão é o que corre e se coalha das feridas do dragão, quando fica mal ferido das brigas, que tem muitas vezes com o elephante; o que é falso n'esta ilha, porque n'ella não ha elephantes nem dragões, e ha muito e fino sangue de dragão. Esta opinião de Plinio refuta tambem Mathiolo Senense, escrevendo sobre Dioscorides; onde diz que se o sangue de dragão fôra verdadeiro sangue de animal, tanto que cahisse no chão, logo se houvera de fazer preto, como faz o mais sangue, e tomar alguma areia ou pó da terra, e não ficar tão limpo, vermelho e transparente, como vemos que elle é. Outros disseram que o sangue de dragão era uma certa especie de vermelhão, muito fino e apurado. O que tambem é falso, porque o verdadeiro vermelhão é mineral, e tira-se de minas, que estão debaixo da terra (posto que haja outro artificial) e d'este sangue de dragão sabemos o contrario, pela experiencia que hoje temos, do que se colhe n'esta ilha, o qual se estilla de umas arvores mui grandes, que n'ella se criam, chamadas commummente dragões, e d'ellas se congela este licôr ao modo de resina, feita em lagrimas mui vermelhas e transparentes. E como isto seja trato e veniaga dos moradores d'esta ilha, sangram estas arvores muitas vezes, dando-lhe golpes na casca, onde acode a humidade que tem, e ali se coalha, e faz em resina vermelha e dura, do modo que tenho dito; e este é o verdadeiro sangue de dragão, de que se usa nas boticas. Esta mesma opinião é de Mathiolo e de Amato Lusitano, o qual diz que nas ilhas Canarias, e na ilha da Madeira se criam tambem estas arvores, a que chamam dragões, de que se tira esta resina, chamada sangue, por ser muito vermelha, a qual é similhante a esta de Sacotora.

Em alguns valles d'esta ilha, e ao longo de algumas ribeiras que tem d'agoa doce, se criam tamareiras que dão muitas e boas tamaras; nos quaes logares os moradores da terra semeiam tambem alguns legumes e aboboras, porque em todas as mais partes da ilha não se pode semear cousa alguma, por ser a mais aspera e fragosa terra, que se pode imaginar. Nos matos d'esta ilha se criam gatos de algalea, porcos montezes, veados e asnos silvestres. Tambem ha muitas creações de vaccas, cabras e ovelhas, que os naturaes da ilha criam, e apascentam toda a sua vida, porque não tem outra mais que serem pastores, e por esse respeito os mouros lhe chamam biduins, que na lingua arabica quer dizer pastores de gado. No mar que cerca esta ilha se cria infinidade de peixe de diversas castas, muito gordo e saboroso, posto que não é muito sadio, do qual se sustentam os biduins que vivem ao longo das praias, mas os que vivem pela serra dentro mantem-se de leite, manteiga, tamaras e da carne d'animaes que matam, e do gado que lhe morre, e tambem d'algumas fructas silvestres que os matos criam; e com esta pobreza e aspera vida que têm vivem tão contentes, como se foram os mais ricos homens de todo o mundo. São mui pusilanimes, e de fraco coração, porque facilicimamente se deixam dominar dos mouros arabios seus visinhos da cidade Caxem, situada na terra firme de Arabia Felix; os quaes senhorearam esta ilha, sem os moradores d'ella lhe resistirem, antes lhe pagam vassalagem, e tributo; e por este respeito vivem aqui de presidio sempre alguns mouros arabios de Caxem, os quaes moram ao longo do mar em trez povoações pequenas, onde nenhum biduin habita.

No anno do Senhor de 1507 foram estes biduins libertados da sujeição d'estes mouros por Tristão da Cunha e Affonso de Albuquerque, os quaes indo de Portugal, cada um com sua armada para a India, chegaram ambos juntos a esta ilha, onde actualmente estava Abrahemo, filho d'el-rei de Caxem, com muita gente de guarnição, em uma fortaleza que tinha feita na mesma ilha, d'onde opprimia e tyrannisava os moradores d'ella. Sabido isto pelos dois capitães, mandaram dizer a Abrahemo que largasse a fortaleza e se fosse em paz, deixando libertos os moradores d'aquella ilha, que diziam serem christãos e viviam tyrannicamente dominados pelos mouros, sem justiça nem direito. A este recado respondeu Abrahemo, que não conhecia dominio, nem tinha obediencia mais que a seu pae rei de Caxem, e que todos os mais principes e capitães despresava, e tinha em pouca conta. Esta soberba resposta sentiram muito os nossos capitães, e logo desembarcaram na ilha com seus esquadrões de soldados armados, e os mouros lhe quizeram defender a praia com muito impeto e exforço, mas o dos portuguezes era tão desegual e avantajado que os mouros sentindo sua grande melhoria, foram logo desamparando as praias, e deixando muita parte d'ellas semeada de corpos mortos, e os mais que poderam escapar da morte, se recolheram á fortaleza, mas nem ella lhe valeu, porque os portuguezes a escallaram, e entraram e mataram quantos dentro estavam. Alcançada esta victoria, forão chamados estes biduins para se lograrem d'ella, e da liberdade que os portuguezes lhe tinham alcançado; pelas quaes cousas davam muitas graças a Deus, e agradecimentos a quem os tirara do captiveiro e jugo dos mouros em que estavam. N'esta fortaleza ficaram logo alguns portuguezes para sua guarda, mas pelo tempo em diante a puzeram por terra, e se foram para a India, por acharem que era cousa de muito pouca importancia, e a christandade que cuidavam havia nos moradores da ilha de muito menos, pois nenhuma cousa tinham de christãos, antes muitas de gentios e mouros, como direi no seguinte capitulo. Depois que os portuguezes desampararam esta ilha, tornaram a senhoreal-a os mouros de Caxem sem contradicção alguma dos naturaes da terra, e n'ella vivem hoje pelas fraldas do mar, como tenho dito.

Outras ilhas pequenas estão pegadas a esta de Sacotora, povoadas de gentios baços, mais barbaros a meu vêr que todas as nacões do mundo, porque não tem, nem querem trato ou commercio com gente alguma, vivem pelos matos embrenhados como silvestres animaes, de cujas fructas se sustentam, e de bichos e feras que matam. N'estas ilhas dizem que ha muitas minas de fino vermelhão, que se leva d'aqui para muitas partes do Oriente.

CAPITULO XIX

De como o glorioso apostolo S. Thomé veiu ter á ilha de Sacotora, e da christandade que n'ella fez, e dos costumes que hoje tem os naturaes d'ella

DEPOIS que os sagrados apostolos foram mandados pelo Espirito Santo a pregar o Santo Evangelho pelo mundo, repartindo entre si as provincias a que cada um havia de ir, coube ao glorioso S. Thomé apostolo esta parte Oriental, onde ha muitas e mui diversas nações e castas de gentios, os mais d'elles barbaros e edolatras. Partindo pois de Jerusalem com esta empreza, veiu ter (segundo parece) ao mar Roxo (que é distancia quasi de oitenta leguas, onde se embarcou para ir á India, e sahindo pelo estreito fóra, veiu tomar a ilha de Sacotora, onde a não deu á costa com uma grande tormenta que lhe sobreveiu, estando surta no porto da mesma ilha. O que não careceu de mysterio e misericordia que Deus quiz usar com os naturaes d'esta ilha, porque vendo-se o apostolo sem não para seguir sua viagem, ficou-se na ilha, e pregou o Santo Evangelho, e converteu e baptisou os moradores d'ella, e juntamente fez algumas egrejas, ajudando-se para isso da madeira da sua náo, que tinha dado á costa, das quaes dizem que ainda hoje se conserva uma egreja que está em pé por memoria do apostolo que a fez. Depois que este glorioso santo teve a gente de esta ilha convertida, ordenou-lhe ministros, que cultivassem e sustentassem esta christandade, e embarcou-se para a India, indo correndo a costa da Arabia, foi ter ao estreito da Persia, onde se deixou ficar alguns annos, e pregou por aquellas partes entre os persas, medos e parthos, convertendo alguns gentios á fé de Jesus Christo. E d'alli se tornou a embarcar para a India, onde chegou a salvamento, e n'ella fez a christandade que hoje está nas serras do Malabar, de que adiante fallarei alguma cousa.

Os christãos que ficaram em Sacotora foram continuando, e perseverando muitos annos na doutrina que S. Thomé lhe tinha ensinado, até que o patriarcha de Babylonia veiu ter conhecimento d'elles, e tomou posse d'esta christandade mandando-lhe bispos que a regessem e cultivassem; o que fizeram muitos annos com grande augmento da verdadeira lei e fé de Christo Nosso Senhor; mas depois que estes bispos acceitaram a falsa doutrina de Nestor, essa mesma foram ensinando aos moradores de Sacotora, até o tempo em que foram dominados pelos mouros arabios de Caxem, que os opprimiram e tyrannisaram de maneira, que lhe não deixaram vir mais bispos de Babylonia; e por esta falta que tiveram de pastores, que os apascentassem no christianismo, foram pouco e pouco perdendo a doutrina, e ceremonias christãs. Além d'isso com a alliança que tiveram por via do casamento com os mouros arabios, foram tomando muitos costumes e ceremonias suas, e tão esquecidos estão já do christianismo, que nem o nome tem de christãos, nem menos são mouros, nem gentios, mas de cada lei tem seu pouco. Porque como christãos tem egrejas como as nossas, jejuam, e vão fazer oração á cruz, que tem em cima do altar, a que adoram. Como mouros circumcidam os filhos, e não usam de baptismo, e fazem grande festa o dia que aparece a lua nova. Como gentios adoram a lua, tendo-a por Deus, que lhe dá as novidades e a creacão dos gados, e por esse respeito lhe fazem sacrificios do mesmo gado em certo tempo do anno, com grandissimas festas, musicas e bailes. Chamam ás suas egrejas mocâmos, e aos sacerdotes hodâmos. As mulheres todas se chamam Marias, nome certo que parece lhe ficou commum a todas do tempo que eram christãs, posto pelo glorioso apostolo S. Thomé, em memoria da Virgem Maria Nossa Senhora, da qual estes barbaros hoje não tem noticia, nem conhecimento de Jesus Christo Nosso Senhor, nem de sua sacratissima paixão e morte; nem menos os mysterios da cruz que veneram e adoram sem saberem o porque lhe fazem a tal adoração nem o que significa. E sendo perguntados por isso, respondem, que adoram aquella cruz ou aquelles dois páos armados n'aquella figura, porque seus antepassados a adoraram, e lhe deixaram lei que a adorassem e venerassem como cousa divina, o que fazem sem haver falta n'isso e nenhuma outra figura tem, nem imagem, que adorem nas suas egrejas. Queira Nosso Senhor abrir caminho a esta christandade, que o apostolo S. Thomé principiou, e cultivou para que se torne a reduzir a seu principio santo, e ao verdadeiro christianismo, que tem perdido.

CAPITULO XX

Dos costumes barbaros d'estes Biduins

Todos estes biduins se prezam de feiticeiros, pelo que são mui dados a encantamentos e arte magica, e a ensinam uns aos outros, e tem isto por tradicção antiga de seus antepassados, cousa mui difficultosa entre elles de aprender, pelo que nenhum é perito n'esta diabolica arte. Carecem de todo o genero d'escolas e sciencias. Não tem moeda, mas trocam umas cousas por outras. Não tem povoações em que morem juntos, antes vivem espalhados pela ilha em covas e lapas que tem feito pelas serras, onde se recolhem com seus gados. Não usam de navios, nem navegam pelo mar. Tem feito lei entre si, que não tenham commercio com outra nação, nem que gente estrangeira viva entre elles, nem aceitem costumes ou lei alguma mais que a sua brutal, que dizem lhe ficou de seus antepassados. Geralmente são todos elles grandissimos ladrões, que furtam o gado uns aos outros, pela qual razão se matam, e não tem pena por matarem o ladrão, mas se o ladrão foge para a egreja não morre, porém se o apanham fóra d'ella, cortam-lhe a mão direita por justiça. Esta pena de cortarem as mãos aos malfeitores é mui commum entre estes barbaros.

Cortam a mão direita a todo aquelle que quebra o jejum da quaresma, e ao que acham, ou sabem que não é circumcidado. Os seus sacerdotes trazem uma cruz de páo pequena comsigo por sua divisa, e se consentem que alguem lhe ponha a mão, ou andam sem ella, cortam-lhe a mão direita. Se alguma pessoa que não é sacerdote toma a cruz na mão, cortam-lh'a logo sem remissão; e por outras similhantes culpas dão esta pena, pela qual rasão muitos d'elles têm as mãos e os dedos cortados, os quaes tambem lhe cortam por culpas mais leves. Os seus juizes e governadores são os sacerdotes, e estes julgam suas causas, e dão n'ellas sentença final como lhe parece, sem haver appellação nem aggravo. Estes sacerdotes não dizem missa nem rezam o officio divino, nem menos tem noticia d'isso; sómente servem nas egrejas de circumcidarem os mininos, e de rezarem certas orações; e estas ensinam os sacerdotes aos que lhe hão de succeder no officio, a qual oração fazem duas vezes cada vinte e quatro horas, que é quando sae a lua, e quando se põe. Tambem fazem procissões ao redor da egreja uma vez em cada mez, quando apparece a lua nova. Todos jejuam a quaresma, a qual começa em a lua nova d'abril, e dura sessenta dias, nos quaes não comem peixe, nem carne, nem cousa de leite. As mulheres não podem entrar na egreja, nem os meninos que estiverem por circumcidar. Cada um vae á egreja se quer, porque ninguem é obrigado a isso contra sua vontade.

Duas castas de biduins ha n'esta ilha, uns que procedem de mouros arabios e de mulheres naturaes da ilha, biduinas, os quaes vivem ao longo das praias, e geralmente são pescadores. Outros são biduins, sem mistura de sangue mourisco, os quaes habitam pela terra dentro, e vivem de criar e apascentar seus gados, e estes são mais alvos e mais bem assombrados, que os pescadores. E todos são altos de corpo, e bem dispostos. Nunca cortam o cabello da barba, nem da cabeça, antes se prezam de o trazer mui crescido, solto e atado atraz como mulheres. Vestem pannos grosseiros e asperos, que elles mesmos tecem de lã de cabras, cingindo-se com um panno da cintura para baixo, e outro maior pelos hombros como capa, do qual modo andam assim homens, como mulheres. Usam de fundas com que matam passaros, e lhe servem de armas, e tambem usam de espadas curtas todas de ferro, que trazem penduradas nos cintos. Tem quantas mulheres querem, e todas as vezes que as querem repudiar o fazem, e tomam outras, o qual costume tomaram dos mouros d'esta costa que fazem o mesmo. Podem perfilhar quantos filhos alheios quizerem, os quaes ficam herdeiros egualmente como seus filhos legitimos. Cada geração tem uma cova muito funda onde lançam os seus defuntos, sem os cubrirem de terra, e aos doentes que já estão mal, e desconfiados da vida, não aguardam que acabem de morrer, mas antes que expirem os lançam dentro nas covas, dizendo que tanto monta estar já morto, como estar para morrer. Outras muitas brutalidades, abusos e supersticcoes tem estes barbaros, muito alheias do christianismo, por onde se enganam algumas pessoas d'esta costa, que commummente lhe chamam christãos.

CAPITULO XXI

Do estreito do mar Roxo, ou Vermelho, e das opiniões que ha sobre este nome, e da causa porque é vermelho

O mar Vermelho, ou Roxo tão afamado, se conhece por trez nomes. O primeiro, e mais geral que tem nas partes do Oriente, é estreito de Méca, por respeito da cidade Méca, situada perto d'este mar, onde jaz sepultado o corpo do maldito Maphamede. O segundo é estreito do mar Arabico, por quanto cinge com suas aguas muita parte das praias da Arabia. O terceiro nome porque se nomeia commummente n'esta Europa, e em muitas partes d'Africa e Asia é mar Vermelho ou Rôxo; sobre que ha muitas opiniões, assim entre os escriptores, como entre os mouros d'estas partes, os quaes dizem que é vermelho por causa de ter o fundo de barro vermelho, e que sendo a mesma agua branca e clara, parece vermelha por respeito de ter o fundo vermelho. Outros mouros dizem que se faz vermelho no tempo das invernadas, com as muitas aguas que recebe vermelhas, a qual cor tomam de algumas terras de barro vermelho por onde passam, até se metterem n este mar. No que elles cuidam ter alguma razão e probalidade, por quanto muitas terras que correm pelo sertão dentro da parte da Arabia, são de barro tão vermelho como sangue, e assim no tempo do inverno tomam as aguas a côr d'este barro por onde correm em tanta maneira, que quando se vem metter n'este mar parecem sangue, e particularmente as que vem correndo pelas terras circunstantes ao monte Sinay, onde está sepultada a gloriosa Santa Catharina martyr. Tambem da outra parte da Ethiopia ha muitas terras barrentas e tingem as aguas que por ellas passam, e assim tintas se vem metter n'este mar. Mas ainda que tudo isto seja verdade, não podem estas enxurradas fazer tanto effeito no mar, que o tinjam mais que ao longo das praias, e isto sómente emquanto duram as invernadas, que é muito pouco tempo, e a vermelhidão que se vê n'este mar, não é sómente pelas bordas d'elle, e no inverno, mas tambem pelo meio, e em todo o tempo, quando o céo está sereno, e reverbera o sol n'elle com seus raios. Plinio, Aristoteles e Pomponio Mella, dizem, que este mar Vermelho tomou o nome de um rei que morava nas suas praias chamado Erythreo, que quer dizer vermelho. Quinto Curcio e outros auctores affirmam que tem este nome por causa do sangue que os egypcios n'elle derramaram quando ali morreram afogados, indo no alcance dos filhos de Israel, denotando com este nome de Vermelho, o grande castigo e mortes, que tiveram n'este mar, as quaes se declaram mais ao vivo por sangue, que significa crueza, e que por isso lhe chamaram Vermelho.

Mas todas estas opiniões que tenho referido d'este mar Vermelho (posto que algumas sejam de tão graves auctores) se podem refutar, e desfazer com a seguinte, verdadeira, certa e verificada pela experiencia. Este mar nunca teve, nem tem as aguas vermelhas, mas com tudo algumas vezes apparecem ruivas em muitas partes d'elle, por causa do muito coral vermelho que tem nascido pelo fundo d'aquellas mesmas partes; e por essa razão não apparece todo da mesma côr, senão sómente n'aquelles lugares onde ha este coral, que faz parecer a mesma agua vermelha, ou roxa com a reverberacão do sol quando as aguas estão claras. Esta experiencia fez D. João de Castro quando veiu a este mar, em uma grossa armada da India, da qual elle depois foi governador. Este prudente capitão correu de proposito quasi todo este mar Rôxo como elle conta nos seus commentarios geographos, que fez de todas estas terras; e nos lugares onde via estas manchas vermelhas, mandava mergulhar alguns homens grandes mergulhadores, que já levava para este effeito, os quaes indo abaixo ao fundo do mar para fazerem experiencia d'aquella vermelhidão, trouxeram muitos pedaços de coral vermelho que arrancaram do fundo, e affirmaram que toda a mais vermelhidão que apparecia, era coral vermelho.

Na entrada d'este mar Rôxo está situada a ilha Babelmandel, que o faz dividir em dois canaes, a que chamam portas; a que fica da parte da Ethiopia tem cinco legoas de largo por onde as náos podem entrar, e sahir francamente; a outra bocca da parte da Arabia, é de legua e meia, pouco mais ou menos, e tem muitos seccos e areias, que impedem a navegação a grandes embarcacões. A terra firme da Ethiopia, que está defronte d'esta ilha faz uma ponta, a que chamam Rosbel; e da parte da Arabia faz outra chamada Ara. D'aqui para dentro vae correndo este mar até Suez, ultima terra d'este Estreito; que é distancia de quatrocentas leguas de comprido, e de largo quarenta. Das portas para dentro d'este mar, até a ilha de Camarão ha muitos baixos pela qual razão se não pode navegar se não de dia; mas do Camarão até Suez é o mar limpo, e tem fundo de vinte e cinco até cincoenta braças, e pode-se navegar por elle de noute, sem perigo de baixos.

Das portas para dentro está um porto na Ethiopia, chamado Belie, povoado de mouros do reino de Angalli, que confina com o de Adel. D'estes dois reinos para dentro do sertão está uma grande provincia repartida em vinte e quatro senhorias povoadas de mouros, a que chamam Dobas, de que já fallei, que são fronteiros da provincia Ianamora, povoada de christãos sujeitos ao Preste João, com quem ordinariamente trazem guerra. Por esta costa do mar Rôxo acima, da parte da Ethiopia, estão os portos de Dalâça, Aquîco, e da ilha de Maçua, por onde facilmente se pode haver entrada para os reinos do Preste. As terras que correm ao longo d'estas praias, muitas d'ellas são povoadas de mouros alarves, pastores de vaccas, e muitas desertas, onde se criam bichos peçonhentos, e feras, como são tigres, leões, onças, adîbes, e muita caça de lebres, perdizes e porcos. Os logares povoados são fertilissimos e abundantes de mantimentos e legumes. Finalmente n'estas praias do mar Rôxo fenece a Ethiopia Oriental de que temos fallado.

LAUS DEO OPT MAX

FIM DA PRIMEIRA PARTE

INDEX

LIVRO PRIMEIRO

LIVRO SEGUNDO

Pag.

LIVRO TERCEIRO

Pag.

LIVRO QUARTO

Pag.

LIVRO QUINTO